我们一起解决问题

华为如何培养人

范金 ————— 著

发现精兵、
提拔干将、
持续增长

人民邮电出版社
北京

图书在版编目（ＣＩＰ）数据

华为如何培养人：发现精兵、提拔干将、持续增长 /
范金著. -- 北京：人民邮电出版社，2022.10
ISBN 978-7-115-59897-4

Ⅰ．①华… Ⅱ．①范… Ⅲ．①通信企业－企业管理－
人才培养－研究－深圳 Ⅳ．①F632.765.3

中国版本图书馆CIP数据核字(2022)第151361号

内 容 提 要

人才发展与成长是人力资源管理乃至企业管理的重要主题，但有不少企业将人才成长简单地等同于做培训，最终导致企业做了大量培训但见不到人才成长的效果，做了人才培养的工作但留不住真正的人才。作者将通过深入阐述、剖析华为的人才成长体系并列举大量真实案例，帮助大家破解这些难题。

本书共分为 8 章，作者以华为的理念、方法和具体实践为基础和样本，提炼出了人才成长的 6 大典型场景，并重点介绍了人才成长型组织构建、人才成长的底层逻辑、人才裂变、人才突变、人才密度、人才厚度、人才新生、人才重生等方面的内容。书中内容一方面可以帮助企业转变人才发展理念，另一方面可以帮助中高层管理者和人力资源工作者掌握人才赋能成长的具体方法和技能。

本书适合各类企业的中高层管理者及人力资源工作者阅读，也可以作为相关咨询、培训机构的参考读物。

◆ 著　　　范　金
　　责任编辑　陈　宏
　　责任印制　彭志环

◆人民邮电出版社出版发行　　北京市丰台区成寿寺路 11 号
　邮编 100164　　电子邮件 315@ptpress.com.cn
　网址 https://www.ptpress.com.cn
　北京虎彩文化传播有限公司印刷

◆ 开本：700×1000　1/16
　印张：17.5　　　　　　　　　　2022 年 10 月第 1 版
　字数：230 千字　　　　　　　　2025 年 2 月北京第 9 次印刷

定　价：79.80 元

读者服务热线：（010）81055656　印装质量热线：（010）81055316
反盗版热线：（010）81055315

前言

人才是推动企业良性增长的关键，在标杆学习过程中，企业常常羡慕华为等知名企业人才济济。一谈到人才，自然就绕不开人才发展这个话题。但是，一谈到人才发展，不少企业往往就将其与培训、培养画等号。

10 年前，我在完成《任职资格与员工能力管理》一书之后，就一直计划写一本有关人才发展的书。在近 20 年的培训和管理咨询实践过程中，我也一直在跟踪研究和实践探索这个主题。《任职资格与员工能力管理》主要阐述能力模型及能力评价，类似于告诉郭靖需要练习"降龙十八掌"，然后看看郭靖的功力达到了第几层。

2020 年春节期间，我开始构思本书的内容框架并着手素材的收集和书稿的撰写，历时两年半、八易其稿，本书终于付梓。纵观人才发展方面的图书，主要还是以阐述培训、培养为主题。本书虽然涉及不少关于培训和人才培养的内容，但核心立意在于阐述人才如何快速有效地成长，类似于洪七公教郭靖练习"降龙十八掌"，快速成为江湖中的顶尖高手。

很多企业在人才培训、人才培养方面的投入也不能说不大，但往往收效甚微，最后总感觉"白花花的银子白花了"。**培养只是手段，成长才是结果**！人才成长的效果不理想，其中既有"道"的问题，也有"术"的问题。

典型的"道"的问题如下。

- **人才不是培养出来的，是留下来的。**这显然是将人才成长与人才使用和保留混淆了，如果这样理解，人才成长的内涵就扩展得太大了。

- **人才不是培养出来的，是选拔出来的。** 任正非说过："我们不搞培养制，我们没有责任培养你。"但是，我们要理解任正非说这句话的背景，不能断章取义。

- **培训是一种福利。** 人才成长其实是一种苦修，如果将培训理解为福利，那人才成长岂不是成了一种"享受"？

外面的人才那么多，我们没有必要培养人，自己培养费心费力还可能留不住。 无数优秀企业的管理实践证明，除非在初创期和转型期等特殊时期，绝大部分核心人员仍然需要依靠企业自己培养。

典型的"**术**"的问题如下。

- **人才成长就是要靠培训，要么多请"大师"来讲课，要么我们多走出去参加培训。** 在人才成长过程中，培训只能发挥 10% 左右的作用，寄希望于通过培训解决人才成长的问题就和缘木求鱼差不多。

- **人才培养是人力资源部门和企业大学的工作，业务部门的主管领导太忙了，还是应该将主要的精力放在业务上。** 人才成长本身就是管理者的关键职责之一。在这个充满不确定性的时代，赋能成长更是领导力的核心元素。

- **人才培养是重要不紧急的工作，等业务稍微松一点，我们有时间了再组织培训也不迟。** 人才促进组织发展，组织发展后也会给人才提供更加广阔的发展空间，二者是相辅相成的。人才成长不能光靠培训，还需要提供实战的机会。要想让员工在实践中成长，就要有策略地给他们安排工作任务。人才培养与工作任务安排看起来是两件事，其实是一件事的两面。

- **人才成长就是要多给新人压担子。** 培养人与使用人，看似相同，其实是完全不同的境界。人才往往在压力与挑战下才能更快地成长，因此要给他们安排具有挑战性的工作任务，但并不等于随意地分配工作任务。

资质相当的新人进入不同企业之后，2~3 年内就开始出现差异，3~5 年之后可能就完全不在相同的层次上了。人才能否成长，既要看人才本身的成长潜力，还要看我们所采取的培养措施是否得当，以及组织的环境是否支持人才成长。

本书共分为 8 章。第 1 章阐述人才成长的价值；第 2 章阐述人才成长的底层逻辑，这也是后续所有章节的指导思想与解决方案；第 3 章至第 8 章阐述人才成长的 6 个典型场景，可以理解为第 2 章的"应用题"。

第 3 章阐述成熟业务规模复制场景下的核心人才赋能成长（人才裂变），第 4 章阐述新业务探索场景下关键领军人才的成长（人才突变），我称之为"2 变"。第 5 章阐述现有核心管理团队的成长（人才密度），第 6 章阐述后备人才梯队的成长（人才厚度），我称之为"2 度"。第 7 章聚焦组织的未来，阐述企业新鲜血液即新人的成长（人才新生），第 8 章具有一定的探索性质，主要阐述在数字化转型过程中的人才赋能成长（人才重生），我称之为"2 生"。其实，第 8 章的核心内容与方法并不局限于数字化转型，同样适用于企业在其他转型过程中的人才赋能成长。

上述人才成长的 6 大典型场景可以归纳为"2+2+2"场景，即"2 变（裂变 + 突变）+2 度（密度 + 厚度）+2 生（新生 + 重生）"。

本书的内容框架如图 1 所示。

从构思选题和内容伊始，我就希望本书能对企业的中高层管理者和从事人才发展、培训的专业人员有所帮助。中高层管理者决定和影响组织人才成长的环境，他们需要转变观念，这是"道"的层面。同时，中高层管理者也是人才成长的操盘手，我希望他们掌握、提升具体的方法和技能，这是"术"的层面。企业中从事人才发展、培训的专业人员一方面需要承担人才发展的项目管理工作，另一方面需要给企业的中高层管理者进行人才成长方面的赋能，我希望书中有关"术"的内容能对他们有所帮助。

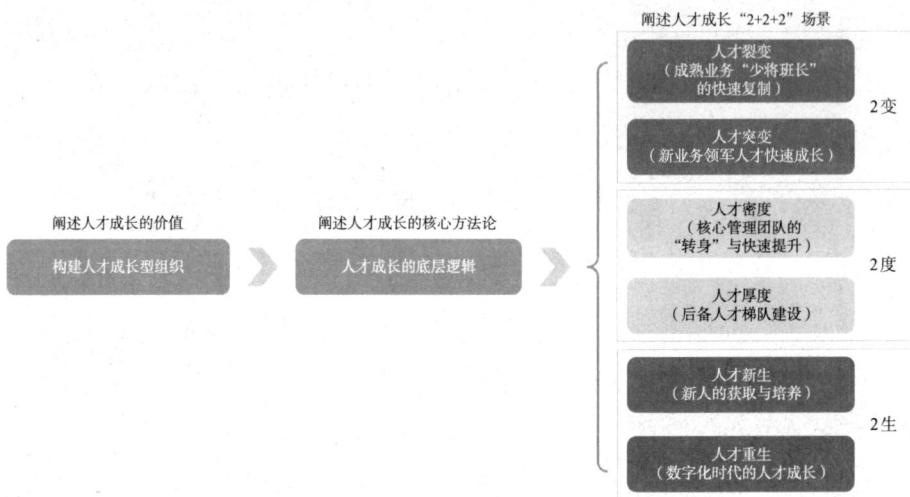

图 1　本书的内容框架

本书重点阐述人才成长这个主题，看起来似乎是我在"助力"企业实现人才成长。其实，在本书的写作过程中，我个人何尝不是收获了成长。衷心感谢朋友和家人在此期间的关心与帮助，更要感谢合作企业的支持，是你们给了我实践探索的机会和平台。每次与合作企业交流人才成长的困惑与解决方案之后我都有所得，都希望把这些内容补充到书里面，总感觉书中内容有不完善之处。限于本人的能力和时间，书中必然存在不足之处甚至谬误，还望各位读者批评指正，也希望能有机会向大家多多请教！

范金

2022 年 7 月 25 日于深圳前海

目录

第 1 章

构建人才成长型组织

没有人会否认人才的价值，人才是组织良性发展的关键。人才成长与组织成长是一枚硬币的两面，人才成长推动着组织发展，组织发展则为人才成长提供了更加广阔的平台。营造良好的组织环境、构建人才成长型组织是人才成长的前提条件。但是，人才成长不等于人才培养，培养只是手段，成长才是结果。

1.1 人才成长与组织成长是一枚硬币的两面

1.1.1 造物先造人

1917年，一位日本人与妻子商量："我打算辞职创业，开一家小豆粥店。"谁知妻子坚决反对："不行，你不适合做买卖！"此人无奈之下只得作罢，转而埋头改良当时总出问题的电灯插座。可是，当他拿着自己苦心研究得来的成果向所在公司汇报时，却丝毫没有受到重视。虽然他事后自己说"这种新插座有利也有弊，可谓失败之作"，但当时他十分气愤，下定决心辞职自己生产这种新产品，要让世人对他刮目相看。

故事中的这位日本人就是松下幸之助，也就是松下电器的创始人。在2001年的巅峰时期，松下电器排在世界制造业500强的第26名，松下幸之助也被誉为"经营之神"。松下幸之助有一句名言："**松下是做电器的，但首要的是育才，是将'造物先造人'作为企业经营的根本，而不是把员工看成**

衙门里的流水兵。"

那时国内有很多企业学习松下电器，就像现在大家学习华为一样。当时的华为也在向松下电器学习。2001 年，松下电器攀上"巅峰"，华为却进入"冬天"。在遭遇困境之时，任正非专程访问了松下电器。当时，松下幸之助已经是 80 岁高龄，任正非还不到 60 岁。回国之后，任正非写了一篇经典的文章《北国之春》，在业界广为流传。

1998 年，华为开始推行任职资格体系。华为除了想为员工提供职业发展路径，还有一个很重要的目的就是提升员工的职业化水平。职业化包括专业化，但还有职业礼仪、做事规范等方面的内容。谈到职业化，当时日本的一些优秀企业肯定是国内企业的标杆。

任正非曾在公司内部说过："我 10 多年前买了台松下的洗衣机，现在我都换了 3 次房子了，这东西还没有坏。如果华为的产品也能做到这样，那我们就不得了了。"任正非多次说过，华为的员工要改变马马虎虎的习惯，如果华为的人不改变，产品是不可能做好的。从这个意义来说，华为当时推行任职资格体系是在"造势"，也是在"造人"。

什么样的企业不缺人？当然是发展处于停滞状态甚至开始衰退的企业。

企业发展态势越好、发展速度越快，往往就越缺人，尤其缺高端人才、缺领军人才。人才问题得不到解决，必然会成为企业持续发展的瓶颈。正如任正非在 1997 年所说："华为发展不快，有内部原因也有外部原因，内部原因是不会管理，而外部原因是社会上难以招到既有良好素质又有国际大型高科技企业管理经验的人才，即使能够招到一人、两人也不行，我们需要一个群体。"

许多企业寄希望于大规模地引入空降兵来解决问题，但通用电气、IBM、华为、阿里巴巴等优秀企业的诸多实践已经证明，除了初创期和剧烈转型期，引入人才只能作为一种补充性的手段，培养企业内部人才才是最好的机制。通用电气前首席执行官（Chief Executive officer，CEO）杰克·韦尔奇（Jack Welch）在我国参加中央电视台财经频道的《对话》节目时曾说："**企业 85% 以上的人才需要依靠内部培养**。"《基业长青》（*Built to Last*）的作者吉姆·柯林斯（Jim Collins）将人才内部培养的重要性提到了更高的高度，他说："**企业 97% 以上的高管需要依靠自身培养**。"

1.1.2　人才成长造就华为商业帝国

2018 年 3 月 23 日晚间，华为公布了新一界董事会成员名单。孙亚芳退居幕后，梁华接替孙亚芳出任董事长。

打开华为官方网站，我们可以查阅梁华、郭平、徐直军、胡厚崑等 17 位董事会成员的信息，包括每个人的履历。看完每一位董事会成员的介绍，我们可以发现，他们基本上都是从学校毕业以后就直接进入华为工作并逐步发展起来的（少数人有其他企业很短暂的工作经历，如郭平、陈黎芳等）。换句话说，华为现在最核心的管理团队，基本上都是华为从新人开始培养起来的。

华为的现任高管基本上都是内部培养的。在长期的发展过程中，华为极少引入空降高管。1995 年，四通副总裁李玉琢曾经空降华为担任副总裁。后来，他几起几落，最终于 2000 年元旦离职。现在，华为即使引入空降兵，也通常不会将其安排到关键管理岗位上，而是安排其担任技术专家或管理副职。近十几年，由于快速的国际化发展，华为在海外有不少高管是空降兵。但是，华为总部的核心高管仍然采用自主培养模式。

华为不仅在高管培养方面非常出色，而且其人才队伍的培养能力也非常出众。在国内，人才培养能力出众的企业，除了华为，还有阿里巴巴、万科和平安等。不过，万科培养的人才离开万科以后基本上还在房地产行业，平安也类似，这些企业培养出来的人才基本上仍在原行业中流动。相较而言，华为培养的人才更具有跨行业"迁徙"能力，这也说明华为的体系建设能力、平台深度是优于其他优秀企业的。

一般而言，科技公司竞争力强、发展空间大。有些科技公司位列世界500 强，但其"战斗力"就一定强吗？为了更加客观地判断一家企业真正的"战斗力"，国外一些分析师引入了**"人均产出"**这个概念，用人均产出对比分析业务模式基本相同的企业更有说服力。

我们强调人力资本不断增值的目标优先于财务资本增值的目标。

——《华为基本法》

截至 2020 年，22 年的时间过去了，我们可以对比华为的几项运营数据。

- **业务收入**：从 89 亿元增长到 8 914 亿元，增长至原先的约 100 倍。
- **员工数量**：从 9 400 人增长到 19.7 万人，增长至原先的约 21 倍。
- **人均业务收入**：从 94.7 万元 / 人增长到 452.5 万元 / 人，增长至原先的约 4.8 倍。

华为的人均业务收入与同行业企业相比，大致处于什么水平呢？

2000 年左右，华为做过与主要竞争对手（包括爱立信、诺基亚、思科、微软等）的对标分析，**华为的人均业务收入大致是这些世界优秀企业的1/6~1/3。**

2015 年，Expert Market 曾对世界顶级科技企业的人均业务收入做过一次调查，苹果公司高居榜首，其次是谷歌、软银和微软。如果仍然以 2015 年调查的企业为标杆，**按照华为 2020 年的人均业务收入，华为可以排在第八名或第九名。华为的人均业务收入大致是苹果公司的 1/3，Alphabet（谷歌的母公司）的 1/2，微软的 2/3。20 年前，微软的人均业务收入是华为的 5.6 倍，**

现在只有 1.5 倍了。

1.1.3　成为良性增长的组织

1. 要么增长，要么消亡

每一家优秀或曾经优秀的企业在最初的时候都是增长型企业，否则早就死在了初创阶段。但是，茁壮的幼苗并非都能长成参天大树，在后续的发展过程中遭遇增长瓶颈的企业肯定比最终发展到很大规模的企业多，否则这个世界上就都是"百年老店"了。

2005 年，那时我离开华为从事管理咨询行业的时间还不长，深圳有一家科技公司请我们去交流管理咨询项目。该公司领导在交流时说："10 年前，我们和华为都是深圳 10 大高科技公司，还是深圳市政府表彰过的。没想到，现在我们还是这么大，你们已经从华为出来给我们做咨询了，想想真是有点汗颜啊！"这不是个例，在 20 年的管理咨询实践中，我遇到的增长乏力的企业不在少数。

人们害怕没有增长的前景，无法增长的企业仿佛面临着一场随时可能爆发的灾难。我们常说，没有哪家企业没有问题，只是企业处于良性发展阶段时，某些问题会被掩盖或压制。有句俗语叫"树倒猢狲散"，如果你的企业增长前景欠佳，就算这棵大树还没有倒也没有死，只是生长停滞了，一大堆问题也很可能会接踵而至。

（1）**市场地位面临风险**。无论企业目前的市场表现有多好，其市场地位都将不再安全。那些迫切渴求增长的、实力雄厚的企业，那些你今天甚至不认为它们是竞争对手的企业，正在逼近你的市场。这些企业往往比你更有竞争力，能够更好地满足客户需求。如果你对此无动于衷，也没有采取行动，你将失去与它们抗衡的先机，企业的"护城河"正在逐渐被填平。

（2）**市场价值面临风险**。无论是上市公司的股东，还是为私营企业提供资金的银行，投资者都不会满足于仅仅依靠削减成本挤出来的利润，他们更希望看到的是增长驱动下的收入提升。相关研究表明，企业的收入增长与资产回报率及股价表现的相关性极强。如果企业是上市公司，一旦陷入增长乏力的困境，其在资本市场的表现就会随之恶化。

（3）**人力资本面临风险**。人往高处走，水往低处流。增速缓慢的企业不仅人才引入有问题，人才保留也有问题。如果企业不再增长，企业就无法吸引并留住所需的人才，那些充满自信、激情、雄心壮志、想象力与创造力的人才追求的是具有发展前景的企业。企业这颗大树虽然还没有倒，但有眼界的"猴子"就已经开始跑路了。

如果你的企业不再增长，你的员工将被剥夺在增长中获得的乐趣。对新生代员工而言，工作所带来的乐趣与成就感往往比职位、薪酬更有吸引力。工作是他们生活的中心，但在没有增长的企业中，他们是悄无声息的。最优秀的员工会在他们尚有能力的时候离开，企业也失去了生存与增长所需要的关键人才。

2. 增长型企业

既然企业增长非常重要，那么增长型企业与非增长型企业的区别是什么？

核心区别不在于其开展的业务，增长型行业中有失败者，衰退型行业中也有大赢家；核心区别也不在于企业所采取的策略，而在于企业的思维方式。

增长型企业的领导者从早晨醒来那一刻起便不断地思索增长的途径，增长是一种心态，**增长根植于他们的思维**。

他们不会因为自己的企业成为市场领导者而自满。相反，他们会继续寻找在更广阔的市场中获取份额的途径，创造更多的价值。但是，**他们只追求盈利性的、高资本效率的增长**，而不是单纯地扩大企业规模。

3. 良性增长

虽然增长非常重要，但并非所有的增长都是良性的。企业不应该一味地追求增长，而应该兼顾**流动性、盈利性和增长**，即追求**良性增长**。这样的增长才是可靠的增长，往往也更加具有可持续性。反之，恶性增长则是为了增长而增长，无法带来盈利，是一种浪费资金的轻率行为，许多企业正是因为一味追求规模上的增长而最终失败。

如何区分良性增长与恶性增长呢？

无论你的企业发展速度是快是慢，规模是大是小，标准都是相同的，你只需要问一个简单的问题：**投资回报率**（Return on Investment，ROI）**如何**？

作为领导者，你可以用一句话总结你的工作：**让今天获得的投资能在明天增值**。无论你是谁，在什么地方，处于什么文化背景，经营什么规模或类型的企业，标准都是相同的。

- 商店店主会问："我用借款挣来的钱够不够我还款给债主？"
- 上市公司 CEO 也会问："我们是否在创造股东价值？"

以华为的发展为例，这么多年来除了收入、利润在增长，它的人均业务收入也在增长，这是非常难以做到的。很多企业在发展过程中，随着规模的扩大，人均业务收入的增长会趋于停滞，甚至出现下降的趋势，也就是遭遇**"规模不经济"**的困境。

1.2　人才成长提升人力资本ROI

1.2.1　人力资本 ROI 关键评价指标

如何衡量一家企业的人力资本的投资管理水平？前文做了简要的描述，最关键的评价指标是**人均业务收入在行业中的分位值**，我们可以简单地将其理解为**人均业务收入的行业排名**。

人均业务收入的计算公式如下：

人均业务收入 = 企业年业务收入 ÷ 企业平均人数

与同行业的 3~5 家主要可比企业对比，如果企业的人均业务收入能够长期保持领先（5 年以上且可持续），企业的人力资本投资回报率（简称"人力资本 ROI"）在行业中就居于领先水平。美国的苹果公司（智能手机领域），国内的华为（通信领域）都是如此。反之，如果企业的人均业务收入的行业排名处于中游或下游，就说明人力资本 ROI 有较大的提升空间，换句话说就是当前的表现不佳。

完整的人力资本 ROI 关键评价指标可以从**"输入—过程—产出"**这三个视角分析，即 **IPO 模型**，如图 1-1 所示。

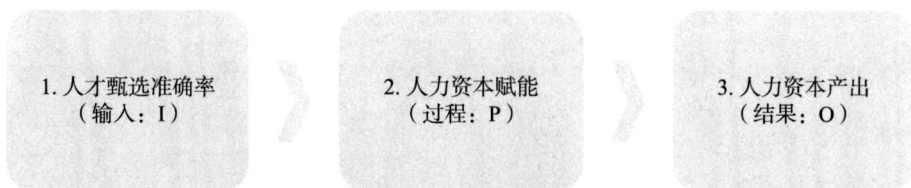

1.人才甄选准确率 （输入：I）	2.人力资本赋能 （过程：P）	3.人力资本产出 （结果：O）

图 1-1　IPO 模型

按照这个模型，前文介绍的**人均业务收入**属于**人力资本产出**指标之一。

下面系统地阐述一下 IPO 模型。

1. 人才甄选准确率

人才甄选准确率是人力资本 ROI 评价的输入指标，可以定义为：

人才甄选准确率 = 胜任岗位的人数 ÷ 到岗总人数

根据我在咨询和培训过程中的统计和了解，国内企业该指标平均值为 40%~50%，也就是每招聘或选拔 2~2.5 个人，只有 1 个人能基本胜任岗位。国内标杆企业该指标平均值为 70% 左右。如果你的企业该指标值在 50% 以上，你的企业就达到了良好水平。

可能有人不认同这个数据，他们会说："我们公司每年都做人才盘点，绩效不达标、不胜任的人只占 10% 左右，哪有你说的这么离谱！"之所以会出现这样的偏差，实际上是因为某些企业的岗位职责定位、人才画像、绩效指标设定与评估过程本身就存在问题。如果用本身就存在问题的指标去衡量，自然是错上加错。

从 1998 年到 2020 年，华为花了 22 年的时间，将人才甄选准确率从 50% 提升到了 78% 左右。世界一流企业的人才甄选准确率在 85% 左右，如谷歌等。85% 基本就是人才甄选准确率的极限值了，这个值不是通过增加面试次数、选择更好的面试工具就可以进一步提高的。谷歌有一个"面试不超过 5 次原则"，其理论依据如图 1-2 所示。该原则的要点是：经过 4 次面试后，每增加一次面试只能提升 1% 左右的准确度，因此一般面试将面试次数定在 5 次以内。

亚马逊的管理体系由六大模块组成，如图 1-3 所示。通过对这个系统的研究，我们可以发现，亚马逊的管理思想及其深层次逻辑与其他企业的有很大的不同。

平均面试准确度
提高的百分比

在4次面试之后，面试准确度的提高
幅度迅速趋于平缓

面试次数

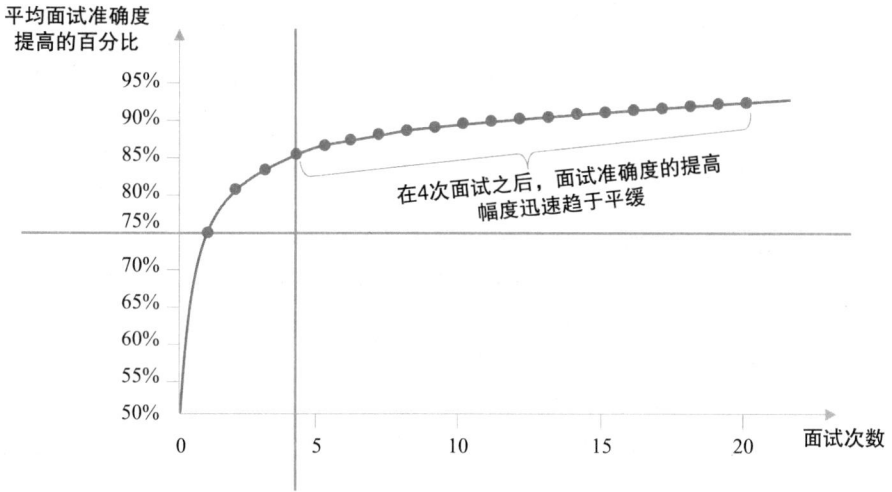

图 1-2　面试次数与平均面试准确度提高的百分比的关系

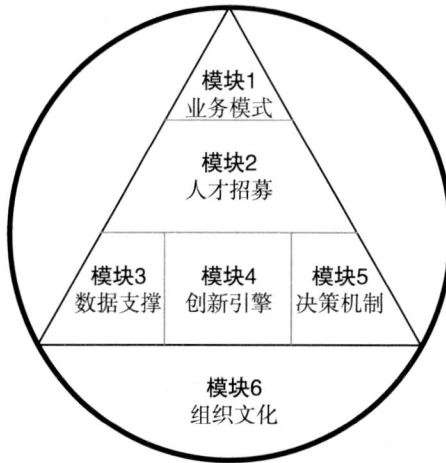

模块1
业务模式

模块2
人才招募

模块3
数据支撑

模块4
创新引擎

模块5
决策机制

模块6
组织文化

来源：拉姆・查兰（Ram Charan），《贝佐斯的数字帝国》

图 1-3　亚马逊的管理体系

　　亚马逊的管理体系明显不同于一般企业。在模块 2 的位置，大部分企业放的是组织架构，这正是亚马逊 CEO 杰夫・贝佐斯（Jeff Bezos）对管理体系理解的不同之处。

贝佐斯常说："你的人，就是你的企业。"

企业的成败关键在人，**人不对，再怎么补救也没有用**。因此，人员招聘在亚马逊被视为最重要的决策。那些天天喊重视人才的企业可以自检一下：

- 企业是否有清晰的人才标准？
- 在人才招聘、人才使用方面，各级管理者投入了多少精力？

2. 人力资本赋能指标

人力资本赋能指标就是人才成长的速度。例如，将一名优秀的基层管理者培养为中层管理者平均需要 2~3 年；将一名中层管理者培养为高层管理者平均需要 4~6 年。当然，不同行业的指标值会有差异，对比一下就可以大致判断你的企业的人才成长速度是否具有行业竞争力。至于人才成长如何有效地推动组织人力资本的增值，下一节会详细探讨。

3. 人力资本产出指标

人力资本产出指标是一个相对综合的指标，可以用以下三个分项指标衡量：一个是前文介绍过的**人均业务收入**，另外两个是**人力资本卖出指标**和**优质人力资本保留指标**。

（1）**人力资本卖出指标**。这个指标可以理解为核心人才被挖走时的溢价水平，最简单的判定方法就是，你们公司培养了 2 年以上的骨干人才是否被其他企业普遍青睐并愿意提供 1.5~2 倍的收入挖走。

优秀企业往往是行业的"黄埔军校"，甚至是跨行业的"黄埔军校"。工业时代的标杆企业通用电气曾经为其他世界 500 强企业培养了 200 多位 CEO！"超优"企业的人才常常会跨行业流动。这些年在为企业提供管理咨询服务的过程中，我经常碰到"不认识"的前华为同事，他们服务的企业并不局限于 IT 行业或手机行业，而是遍布房地产行业、机械制造行业、新能源行业、畜牧食品行业等各个行业。

早在 2005 年，我就在广州某企业碰到了前华为同事，她在该公司担任某部门经理。不过，她离开华为的时候是我所在部门的秘书。前两年，我在某高科技企业又碰到"不认识"的前华为同事，他在该公司担任副总裁，而他离开华为的时候是一个部门经理。

以上两家企业都是各自行业中的龙头企业，类似的例子并非个例。这些人从华为加入其他企业后，级别基本上都升了 1~2 级。按照常理推测，他们的收入翻一番是很有可能的。

（2）**优质人力资本保留指标**。这个指标可以理解为关键岗位人才的主动流失率。我们可以将企业内占比约 20% 的重要岗位列出来，统计每年的主动流失率。如果该指标值维持在 10% 以下，就说明企业优质人力资本保留水平处于优良；如果该指标值高于 17%，企业就要警觉起来，分析原因并力求改善。

如果关键岗位的主动流失率太高，就会导致企业辛辛苦苦引入、赋能、培养的人才为他人所用。

如果企业的人力资本 ROI 关键评价指标都能保持业内领先，那么这会给企业的长期发展带来哪些利好呢？企业将具有强大的市场竞争力，具体表现在以下几个方面。

（1）**强者愈强**。如同正反馈效应，企业的人力资本 ROI 高，自然就更敢于在人力资本方面花钱。因为更敢于花钱，人力资本增值自然就会越来越多。**其结果就是强者愈强，与竞争对手之间的差距越拉越大。**

过去 20 年，华为与其他同类企业之间的差距就是这样逐渐拉大的。我经常听到类似的说法："华为之所以在干部等核心人才管理方面有力度，是因为华为的人才队伍比我们的强大。"请大家思考一下，华为的人才队伍为什么比你们的强大呢？

（2）**弱者愈弱**。与强者愈强正好相反，企业的人力资本 ROI 低，所以对人力资本投入就会更加谨慎。例如，企业一旦发现持续涨薪无法带来高产出，加大培训投资也无法带来员工能力的提升，自然就会限制在人才方面的投资，其结果就是弱者愈弱。

在 20 年的培训和管理咨询职业生涯中，我不止一次遇到这样的情形：企业的业绩出现一点问题，就会缩减培训投入、暂停管理咨询项目，一些培训或管理咨询项目谈着谈着就没有下文了。

（3）**拥有成本低**。很多企业的人力资本 ROI 较低，这些企业会转而选择直接购买人力资本，也就是引入空降兵或通过收购、兼并等方式引入现成的人才。直接购买人力资本的做法确实解决了企业缺乏人才的问题，短期价值可能会很高，但引入高端人力资本后的融合成本巨大，总体回报率并不高。我们可以理解为，这样引入的人力资本总拥有成本高。相关研究表明，**除非发生特别情况（如重大业务转型、进入全新领域等），内部培养人才的长期 ROI 是外部获取人才的数倍**。

总结起来，在人才培养方面，企业只有一条可行的长期发展路径——**下苦功夫持续提升企业的人力资本 ROI**。我们看看国内的华为、腾讯、大疆等企业，再看看国外的苹果公司、亚马逊、谷歌等企业，这些企业的业务性质和商业模式千差万别，但在长期维持业内领先的人力资本 ROI 并持续加大人才投资这些方面的表现完全一致。

1.2.2　人才成长助推人力资本增值

1. 人力资本增值优先于财务资本增值

很多企业都会讲，员工是企业最宝贵的财富。早在 1997 年，华为的认识就达到了更高的境界。任正非说过：**"人才并不是华为的核心竞争力，对人**

才进行管理的能力才是企业的核心竞争力。"

2019 年，任正非说："资源就是优秀的骨干力量加上合理的作战队形。"

对于任正非的这句话，我们可以这样理解："优秀的骨干力量"就像明星球员，"合理的作战队形"如同球队的进攻和防守阵形。有球星、无阵形，或者胡乱安排阵形，再好的球队也是没有战斗力的，或者无法将球队的战斗力发挥到极致。

大家对人力资源的概念比较熟悉，那么人力资本又是什么意思呢？

"人力资本"这个概念是由经济学家、诺贝尔奖获得者西奥多·舒尔茨（Thodore Schults）提出的。20 世纪 80 年代，保罗·罗默（Paul Romer）、罗伯特·卢卡斯（Robert Lucas）等人在舒尔茨研究的基础上，通过分析进一步得出结论：**提高劳动力质量对经济增长具有极大的推动作用。**

根据卢卡斯模型，**对人力资本进行投资虽然会增加投入，但企业获得的收益是投入的 2.4 倍**，这是远高于财务投资收益的。换句话说，对人力资本进行投资，其收益远高于财务投资，是更划算的投资。

2002 年，华为推行"虚拟利润法"时测算过，**只要在人力资本上增加 1 元的投资，企业就可以增加 1 元的可分配利润，其中，员工和投资者各多得 0.5 元**。这是一个简单的双赢关系，也是华为倡导"**人力资本增值优先于财务资本增值**"的底层逻辑。

2. 人才赋能成长助推人力资本增值

既然**人力资本增值**具有非常高的价值，那么如何才能实现人力资本增值呢？实现人力资本增值的措施主要有以下三种。

- 薪酬：薪酬包括各种现金收入、福利、补贴等。人力资本是一种"主动资本"，需要适当的激励才能保留并发挥作用，这是其与财务资本的不同之处。

- 培养：逐年增加的人才赋能培养方面的投入。
- 其他：与员工相关的公共费用摊销，如办公场地、办公器材及用品、班车、食堂、宿舍等产生的费用。

千万不要小看后两项投入。对于知识型人才，后两项投入之和往往高于第一项投入；对于非知识型人才，后两项投入之和也会达到第一项投入的50%左右。

下面再了解一下华为"**获取分享**"的价值创造与分配机制，以进一步理解"**人力资本增值优先于财务资本增值**"这句话的内涵。

在传统的企业价值分配理念中，劳动所得计入企业的成本或费用，资本所得由股东进行分配。

- 劳动投入：企业主要通过对标行业标准确定薪酬的标准和结构。
- 资本投入：企业主要通过分享税后利润获得收益。

在华为"**获取分享**"的价值创造与分配机制中，理念上的根本性不同在于：**首先扣除所有与人无关的成本和费用，余下所得就是可分享的"激励总包"**。

在"**激励总包**"中，"**货币资本所得**"与"**人力资本所得**"之比为1：3，未来可能进一步演变为1：4，如图1-4所示。其中，"**货币资本所得**"即华为限制性股权收益，也就是财务资本所得。"**人力资本所得**"则包括工资、奖金、福利和"时间单位计划"（Time Unit Plan，TUP）。

根据前文所述，我们可以得出以下结论。

- 人力资本增值产生的投资收益高于财务资本。
- 逐年增加在人才培养方面的投入最终将带来**人才成长**；激励体系能够保留人力资本并促使其发挥最大作用，最终实现人力资本增值。

传统企业的价值创造与分配机制

收入	
劳动所得	一成本 （制造、服务人员的薪酬） 一费用 （销售、市场、研发人员及其他职能部门人员的薪酬）
	一税收
资本所得	＝利润 （可供股东分享的剩余价值）

- 劳动投入：主要通过对标行业标准确定薪酬的结构和标准
- 资本投入：主要通过分享税后利润获得收益

华为如何激发在价值创造中作用不同的三类人群

华为"获取分享"的价值创造与分配机制

收入	
	一所有与人无关的成本和费用 （物料费、营销费、运输费、差旅费、税……） ＝可分享的激励池（激励总包） （可供分享的利益）

类别	货币资本所得		人力资本所得		
	ESOP收益	TUP	工资	奖金	福利
比例	1			3	

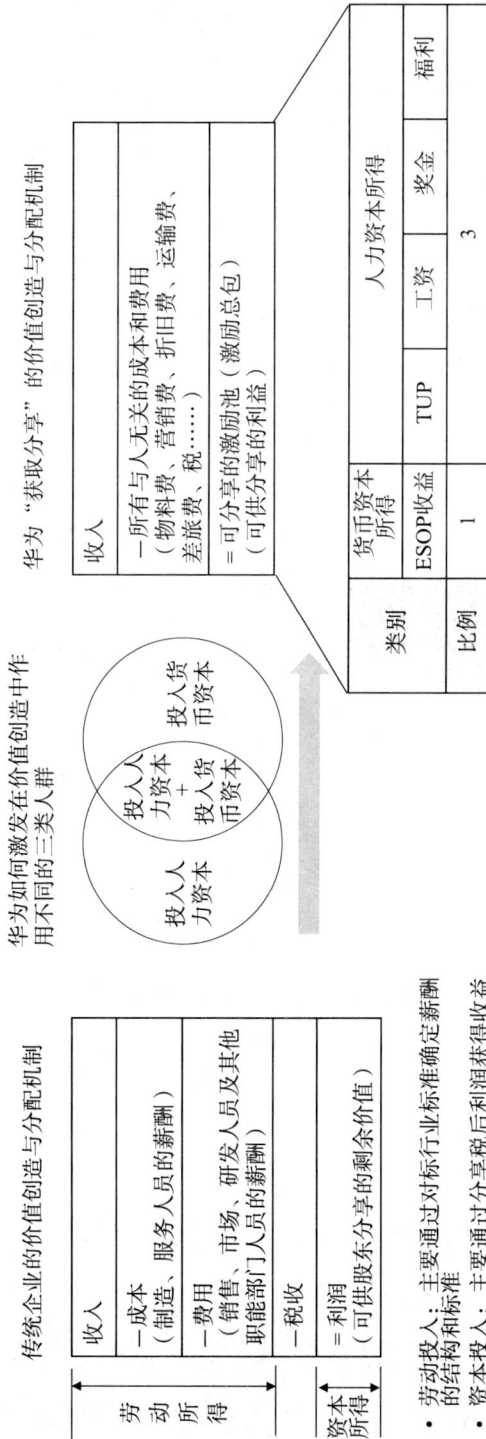

图 1-4　华为"获取分享"的价值创造与分配机制

17

换句话说，人才成长可以推动人力资本增值，并进一步推动企业良性增长。从某个角度来讲，我们可以说，华为既不是做通信设备的，也不是做手机的，而是一家经营人才的公司，华为是通过经营人力资本来创造财务资本的。

1.2.3　培养是手段，成长才是结果

前一段时间，我与某家企业的企业大学交流人才培养的工作。他们学习华为，也在推行集成产品开发（Integrated Product Development，IPD），希望培养其中的一个关键角色——项目经理。在交流的过程中，对方问我："项目经理有没有必要去参加 PMP 的学习和认证考试？"

我反问："你们的项目经理参加 PMP 的学习和认证考试了吗？效果如何？"

对方回答："有的项目经理参加了，但他们反映，回到公司后还是不太会做项目管理，感觉学的东西大部分都用不上。"

类似的问题并不是个例，而是具有相当的普遍性。项目经理当然可以去参加 PMP 的学习，但切莫将其等同于项目经理的培养。PMP 介绍的项目管理是放之四海而皆准的项目管理，与 IPD 架构下的项目管理有很大的差异，不能期望学完 PMP 就学会项目管理了。即使你参加了华为的项目经理培训班，仍然无法完全解决项目经理培养的问题，因为华为的业务场景与你们企业的不同（背后的道理请参阅本书第 2 章的相关内容）。

我们一说起人才培养，往往马上就会想到培训上课，搞人才培养班，实施各类人才培养项目。人才培养班的基本套路往往是：开班，请领导讲话，然后发布培训过程中的照片和视频，最后不了了之；或者培训过程看起来很热闹，但最终见不到可衡量的人才成长效果，**雷声大、雨点小，虎头蛇尾**。

近年来，与线下培训偃旗息鼓形成鲜明对比的是，各种线上培训开展得如火如荼。然而，一个尴尬的现实仍然摆在我们面前——**线下培训效率低，线上培训效果差**，这个问题依然没有得到有效的解决。

京东创始人刘强东说自己只有两条用人逻辑：

- 一是在能力范围内要市场上最贵的人；
- 二是如果要不起，就花钱把普通人培养成最贵的人。

"人才为先，以人为本"之类的口号，我们的耳朵都听出茧了。然而，有多少企业能够真正做到清晰定义人才标准，在识人、用人方面投入大量的精力（从招聘、入职到成长、岗位转化、绩效表现、离职等环节进行持续跟踪及数据分析）呢？

能做到刘强东说的第一条当然很好。从 2019 年开始，华为实施"天才少年"招聘计划。任正非在接受英国《金融时报》采访时表示，华为招聘"少年天才"时提供的薪酬比谷歌还高。

客观而言，大多数企业面临的问题是怎么做好第二条。回首华为 30 多年的发展历程，华为在大部分时间所采取的人才发展策略主要是第二条。这有几个方面的原因。

- 良禽择木而栖，企业挑人才，人才何尝不挑企业？
- 人才也遵循正态分布，真正优秀的人才就那么几个。企业要想发展还是要依靠占大部分的普通人。用阿里巴巴的话说就是：让平凡人做非凡事。
- 受限于企业目前的发展阶段，高端人才来了之后可能也难以发挥作用，而且企业需要平衡各个发展阶段的人力资本投入。

1.3 构建人才成长型组织

基本条件差不多的两位同学，毕业后去了两家企业。两家企业属于同一个行业，看起来规模也差不多。但是，两年以后，两位同学再见面，两人的差距很大，这是为什么？

早在 1998 年，任正非就说过："我们**并不缺乏创新的种子，我们缺乏的是创新的土壤**。"企业创新是如此，人才成长更是如此！

如何营造良好的组织环境，将自己的企业转变为一家人才成长型组织呢？

人才成长的组织环境既包括"软"环境，也包括"硬"环境，我们可以将其归纳为**"一软两硬"**三个要素，如图 1-5 所示。本章重点阐述人才成长的"软"环境，第 2 章将重点阐述人才成长的"硬"环境。

项目管理：
人才成长的管理
"硬"环境

组织氛围：
人才成长的组织
"软"环境

技术平台：
人才成长的技术
"硬"环境

图 1-5　人才成长的组织环境

所谓"软"环境，主要是指人、文化、人才机制等相关因素。

营造人才成长的"软"环境，需要企业"一把手"、各级管理者和员工三方共同努力、全身心地投入，也需要企业建立相应的人才管理机制。

何谓人才管理机制？

人才管理机制就是关于人才管理的流程制度、工具方法和系统平台。有了合理的机制，企业才能将合适的人安排在合适的位置上，才能排出合理的作战队形。

1.3.1　人才成长是"一把手"工程

1. 愿景激励

人类因梦想而伟大，人生因梦想而丰富多彩。即便艰难，梦想还是要有的，万一真的实现了呢？要想激发员工的成长动力，愿景描绘真的很重要。

"共启愿景"本身就是卓越领导者的五种关键行为之一。詹姆斯·M.库泽斯（James M. Kouzes）在《领导力》（*The Leadership Challenge*）一书中写到，描述清晰且令人神往的愿景，可以让大家的努力聚焦，可以发挥团队精神催化剂的作用。愿景必须真切可见，才能使员工充满干劲、专注力强。最好的愿景是员工一下子就接受了它，不需要解释。

企业的愿景并不虚。如果你觉得你们公司的愿景是虚的，那么肯定是你们自己没有做好。首先，我们要看企业领导班子是否认同企业的愿景。其次，我们要看企业有没有将愿景转化为行动，将其与企业的战略规划挂上钩。我们常说"耳听为虚，眼见为实"，但对企业的愿景而言则是"**因为相信，所以看见**"。

我们都知道，福特汽车在创立之初的愿景是让汽车进入寻常家庭。当时，主要的交通工具还是马车。福特汽车创始人亨利·福特（Henry Ford）曾说："我将为大众制造一种汽车……它价格低廉，任何薪水不错的人都能拥有一辆，驾驶着它与家人在广阔天地中享受美好时光……"

华为是从代理消防器材、交换机开始发展的，后来才开始研发交换机。

1990 年前后，全国有 200 多家做交换机的公司。在华为的初创期，从事产品开发的几位核心负责人，如郭平、郑宝用、李一男等，基本上都是刚刚毕业的学生，既没有产品开发经验，也不了解交换机。

在那个艰苦创业的岁月，任正非用梦想、胸怀、激情等在华为营造了一个良好的人才发展环境，最终使这批人脱颖而出。那时，项目组几乎天天加班，任正非经常给大家送午饭、送夜宵。空闲时，任正非经常坐在地上和大家聊天。聊到兴起处，任正非曾激昂地对大家说："10 年以后，华为要和 AT&T、阿尔卡特三分天下！"

大家哈哈大笑，以为任正非是在开玩笑。当时，华为的交换机还没有问世，而 AT&T、阿尔卡特已经是世界级的公司了。可是，谁曾想到，10 年后华为真的实现了这个目标！

我们可以说，这群天才推动了华为的发展。但是，我们也可以反过来说，华为给这群人提供了一个良好的发展平台，华为成就了他们。这个世界从来就不缺少聪明人。

2. 营造人才成长的氛围

我所了解的一家年收入几百亿元的集团公司正在孵化新业务，该业务是集团未来发展的战略重心。但是，新业务运作不到 1 年，亏损了 200 多万元，集团总裁就坐不住了。试想，在这样的组织环境下，新业务如何能够孵化出来？

1993 年，正是华为核心产品 C&C08 交换机开发的关键时期。在这个节骨眼上，项目组和公司却接连遭遇了诸多困难：

- 信号干扰问题难以解决；

- 公司财务状况非常紧张；

- 在此生死攸关之际，项目组发现之前订购的服务器弄错了，几百万元打了水漂。

那时的华为，所有的现金加起来也就 1 000 多万元。任正非没有责怪项目组成员，而是不断为项目组打气。这种敢于承担风险的精神始终贯穿华为的发展历程，即使有些项目不太成功，公司也会继续在各个方面提供支持，不以成败论英雄。

可以说，正是因为华为当年能够宽容失败，才让这些年轻人真的放开手脚、敢打敢拼、快速成长。

打造人才成长的组织环境，除了要宽容失败，还要真正建立**唯才是举**的机制，使人才不被某些条条框框所束缚。

有赞 CEO 白鸦（本名朱宁）没有名校学历背景，按照大部分公司的招聘要求，他找到产品开发、产品设计方面的工作几乎是不可能的。2006 年，他在一次行业会议上结识了百度设计总监郭宇，受到对方赏识并被破格录用。

2008 年，白鸦加入支付宝。当时，阿里巴巴已经开始开发支付宝，但产品不够好。2010 年，彭蕾担任支付宝 CEO，她力排众议，任命白鸦为支付宝首席产品设计师。最终，在白鸦等人的努力下，支付宝成了全球领先的支付平台之一。

3. 重要人才培养项目要"一把手"亲自抓

绝大部分企业都能认识到人才对自身发展的重要意义。但是，十年树木、百年树人，人才成长的周期长、投入大、见效慢，当人才成长目标与短期业务目标相冲突时，大部分企业还是会选择抓业务，将人才培养项目、人才成长计划往后排。在他们的眼里，人才成长是一件"**重要但不紧急**"的事情。

人才成长是企业的一项战略性工作，人力资源部、培训中心、企业大学的专职领导无法担负起这项重大责任，必须依靠高层领导的积极推动才有成功的可能。

人才培养效果好不好，首要的影响因素既不是钱也不是硬件设施，而是企业家的影响力。华为大学的最高领导一直都是任正非，后来由孙亚芳担任（华为前董事长），其他人只担任执行校长或副校长。

复盘一大批失败的人才培养项目后，我们可以发现，这些企业的最高领导在项目中的参与度往往都很低。为什么会这样呢？其中的道理很简单：**人才培养只是人才成长的手段之一，企业需要的是人才成长而不是人才培养。要想实现人才成长，就要安排实践锻炼，而实践锻炼与工作任务的开展是完全融为一体的**（其中的道理，请参阅本书第 2 章中的 "7-2-1 学习法则" 等内容）。

没有高层领导的支持，仅仅依靠人力资源部、培训中心是无法推动人才成长的，因为他们"使唤"不动业务部门的各级领导。此外，如何在短期业务目标与人才成长目标之间进行取舍与平衡，也非常考验企业"一把手"的领导力。

20 世纪 90 年代，华为还不像今天这样人才济济。但是，华为很早就开始重视人才。1996—2000 年是华为第一个高速发展期，华为每年都会从各个高校招聘上千名应届毕业生。每期的新员工培训，任正非都会参加最后的新员工座谈会，回答新员工提出的千奇百怪的问题。那时，华为每一位副总裁都要给新员工讲课。当然，也有讲课实在太差的副总裁，后来任正非就不再安排他们去讲课了。

20 世纪 80 年代，"世纪 CEO"杰克·韦尔奇开始担任通用电气的第 8 任 CEO。韦尔奇上任后，坚持每年亲自执教至少 40 个小时，平均每个月去克劳顿管理学院（通用电气的企业大学）一两次，在宣讲自己战略愿景的同时通过互动式教学了解市场的前沿动态。

华为、通用电气、腾讯、阿里巴巴、平安等优秀企业的实践经验告诉我们：**由企业"一把手"抓人才培养、担任重点人才培养项目发起人，既能保障各类资源的有效投入，对重点培养对象和教师队伍产生更加强大的带动**

力，也能确保重点人才培养计划的落实和培养目标的达成。

1.3.2 激发管理者培养人才的积极性

在构建人才成长型组织时，除了强调"一把手"的作用，为什么还要特别强调管理者的作用？

这是因为，在工作实践过程中进行人才培养是效果最好的（详见本书第2 章相关内容）。在工作实践中，与员工天天待在一起，真正了解员工实际情况，当然也是员工最方便求助的人，肯定是员工的直接领导。有了这样的安排，员工除了参加各种脱产培训，还可以在工作过程中得到主管领导的一对多甚至一对一的指导和帮助，成长速度自然就快。

除了工作过程中的指导与帮助，主管领导还可以在闲暇时间或工作结束后安排工作复盘、案例分享，每个人都可以贡献自己的经验，也可以向他人学习。有了这样的学习模式和环境，成长速度想不快都难。

1995 年前后，华为的各种文件、会议纪要及任正非的讲话都对各级干部反复提出人才培养方面的要求。这样的做法一直延续到现在，从未中断。

下面摘录几段华为关于人才培养的文件或讲话内容。

中高级干部任职资格最重要的一条是能否举荐和培养出合格的接班人。不能培养接班人的领导，在下一轮任期时应该主动引退。仅仅使自己优秀还不够，还必须使自己的接班人更优秀。

——《华为基本法》

一个领导的重要责任是无论何时何地都要发现人才、推荐和培养人才、考核及督导人才，并对推荐人才的品德承担连带责任。

——EMT 决议，2006 年第 30 号

地区部的主管现在是重视项目，对干部培养重视不够。今年我们将对各级管理团队的授权、行权、问责制加以规范与落实、考核，认真解决中层干部不决策的问题。地区部要重视干部的培养，特别是自身内部干部的培养。

——任正非在亚太地区部工作汇报会上的讲话，2006 年

作为一个领导，最重要的责任就是培养接班人。不培养接班人，就是对公司最大的不负责任。我说的接班人不是指一个人，而是整个团队，但不允许拉帮结派。

——《财经的变革是华为的变革，不是财经系统的变革》，2007 年

前文反复阐述过，人才成长需要实践锻炼，而实践锻炼与工作任务的完成是分不开的。有人可能会问：作为管理者，你在带团队的时候究竟是在用人还是在育人？我们能够讲清楚两者的区别吗？我们可以从任务安排和任务管理这两个维度进行对比和分析，如表 1-1 所示。

表 1-1　用人与育人的对比

对比项目	用人	育人
任务安排	• 基于职责，基于个人时间 • 基于任务完成的质量和效率	• 是否有利于成长 • 在确保成长的基础上，质量、时间、风险能否得到控制
任务管理	• 关注完成质量、时间及资源投入 • 关注关键节点的风险管理	• 赋能：示范、培训讲解、过程辅导、答疑解惑、启发思考 • 过程管理：关注完成质量、时间及资源投入，进行全过程风险管理

作为管理者，从任务完成的角度考虑，肯定是安排水平高、做事可靠的下属高效、高质量地完成任务最好。但是，我们也常常说另外一句话：要想"废掉"一个人，就让他总做自己最擅长的事情。因此，用人和育人在某种

程度上是相互矛盾的。

可能有人会说，我们的管理者也不都是不愿意培养下属，但是大家心存顾虑。有句老话说："**教会徒弟，饿死师傅。**"以前的武林高手教徒弟时往往都会留两手绝招，就怕徒弟人品不端，师傅留着绝招自保或清理门户。这种现象在企业中也较为常见。

- 我把他教会了，最后公司提拔了他，我岂不是给自己"挖坑"？
- 带过新人的都知道，带新人干活儿比自己干活儿还累。多一事不如少一事，何苦呢！
- 我为什么要教他？公司又没有多给我发工资！

如果企业采取强制性措施要求各级管理者去培养人才，就会出现"上有政策、下有对策"的情况，管理者要么以工作繁忙为由敷衍了事，要么"甩锅"给徒弟：该教的我已经教了，他领悟能力太差，我只能教到这个程度了。

企业要想建立良好的人才培养氛围，除了高层以身作则、身体力行，还要建立配套的管理制度，牵引各级管理者重视人才培养。

如何真正落实"牵引"？以下三个"挂钩"很关键。

1. 将人才培养与管理者个人收入挂钩

将人才培养与管理者个人收入挂钩的做法在海底捞得到了很好的落实。对连锁餐饮企业而言，店长培养的质量和速度直接关系到门店的扩张速度。

海底捞通过**师徒制**培养新店长，这是一种**奖励与惩罚并举的推荐制。**

首先，海底捞会对每家门店进行评级（分为 A、B、C 三级），只有 A 级店长可以优先开店。也就是说，只有优秀的店长才拥有培养新店长的资格。

其次，师傅可以推荐徒弟，徒弟经过系统培训并考核合格后，才有资格当新店的店长。但是，这并不意味着师傅可以随意推荐徒弟。店长培训是要占用公司资源的，如果徒弟在培训结束时未通过考核，师傅和徒弟必须支付徒弟的培训费用。这样的机制可以确保筛选出有能力的好苗子。

最后，徒弟走马上任之后，师傅有两种获取收益的方式。

方式一：师傅从自己管理的门店拿 2.8% 的提成。这个比例比较高，但与徒弟管理的门店的效益无关。

方式二：师傅将从自己管理的门店的提成比例从 2.8% 降到 0.4%，但从徒弟管理的门店拿 3.1% 的提成。如果有一天徒弟有了徒弟，师傅就可以从徒孙管理的门店拿 1.5% 的提成。假设师傅、徒弟、徒孙各自管理门店的效益相当，就相当于师傅可以获得 5% 的提成，显然比方式一高得多。但是，选择了方式二，并不意味着师傅可以坐享其成，如果自己管理的门店有两次被评为 C 级，就再也不能从徒弟、徒孙管理的门店获得提成了。

2. 将人才培养与管理者晋升资格挂钩

华为有一位副总裁，在其他人看来水平一般。但是，任正非特别信任他，经常对他委以重任。有一次，另外一位副总裁问任正非为什么这样做，**任正非说："我之所以提拔重用他，就是因为他经常培养出比自己水平还高的人！"**

华为干部管理制度中有明文规定：**如果中高层管理者没有培养出本岗位的接班人，就不能被提拔。**华为是从通用电气学来这项规定的。有了这样的规定，管理者为了个人的职业发展，就会主动培养人才，将人才培养作为自己的一项重要工作来抓，除非自愿放弃晋升。

将人才培养与晋升挂钩，华为不仅说到了，而且做到了。

3. 将人才培养效果与干部领导力挂钩

除了将人才培养与管理者晋升资格挂钩，还有一个策略是将人才培养与领导力挂钩，也就是将人才培养要求纳入领导力标准。这种做法在大部分已经建立领导力模型的企业中都可以见到。

1998 年，针对各层级管理者的管理能力评估与发展，华为推行管理类任职资格体系。在当时的评价标准中，人才培养是中高层管理者管理能力的一个重要方面。例如，在副总裁级高管的评价标准中"干部培养"占 35% 的权重，在总监级管理者的评价标准中"干部培养"占 15% 的权重。

在首次讨论这套管理类任职资格体系时，有些管理者认为"干部培养"所占权重太高。面对大家的质疑，任正非说：**"就是因为大家都不愿意培养人才，所以我才将这项的权重加大，矫枉必须过正。如果将来大家都愿意培养人才了，都善于培养人才了，我们再将这项的权重降下来。"**

1.3.3　营造人人成长的组织氛围

成长是一个自我蜕变的过程，将培训视为福利的观点是不正确的。对新人而言，他们所学的一切都是新东西。但是，对拥有一定工作经验甚至工作经验非常丰富的人而言，却不是这样的。

人们为什么对学习的兴趣不高，甚至排斥学习？除了培训内容与工作相关性弱，还有深层次的原因：在学习新东西的时候，需要丢弃一些已有的东西，而这些东西可能是他们过去最擅长、最引以为傲的东西。如同《笑傲江湖》中令狐冲学习"吸星大法"，《天龙八部》中段誉学习"北冥神功"一样，需要先散去旧功才能学成新功夫。

人才成长，除了需要训战结合等方法的支持，还需要人人成长的组织氛围。在这样的环境中，人才成长的起点、上限及速度都是不一样的。

字节跳动激励个人成长的机制是**"分布式决策 + 充分授权"**，每一位员工都是决策者，而不是执行者。字节跳动激励个人成长的机制看起来比较简单，但实际上肯定不止如此。

字节跳动创始人张一鸣在一次演讲中说："**人才机制主要包括三个要点。第一是回报，包含短期回报和长期回报；第二是成长，就是我们需要关注员工，他在这个公司能得到成长；第三是他在这个公司的精神生活如何。**"这三点，说穿了就是物质生活（当下＋未来）和精神生活两个层面。字节跳动的人才机制如图 1-6 所示。

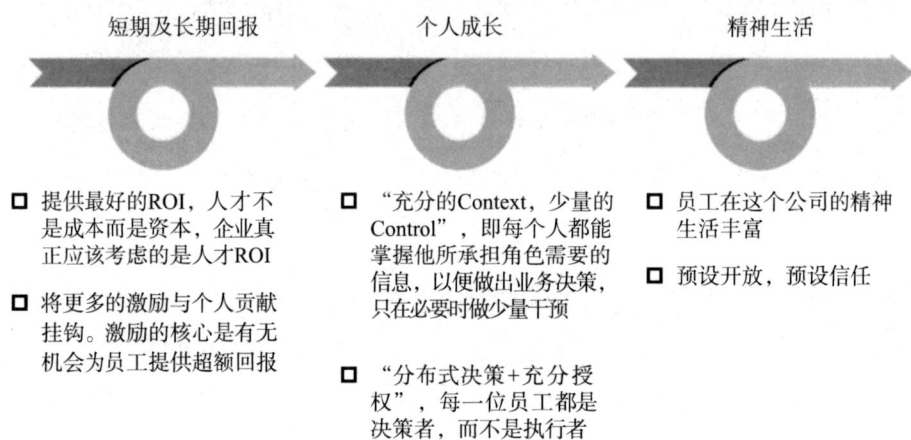

短期及长期回报	个人成长	精神生活

□ 提供最好的ROI，人才不是成本而是资本，企业真正应该考虑的是人才ROI

□ 将更多的激励与个人贡献挂钩。激励的核心是有无机会为员工提供超额回报

□ "充分的Context，少量的Control"，即每个人都能掌握他所承担角色需要的信息，以便做出业务决策，只在必要时做少量干预

□ "分布式决策＋充分授权"，每一位员工都是决策者，而不是执行者

□ 员工在这个公司的精神生活丰富

□ 预设开放，预设信任

图 1-6　字节跳动的人才机制

马云曾说："员工为什么离开企业，不外乎两个方面的原因，**一是钱挣少了，二是心委屈了。**"员工离开一家企业其实还有第三个原因，就是**员工感觉在这家企业没有发展了，也就是组织本身出现了问题。覆巢之下，安有完卵？**

如何有效地营造人人成长的组织氛围？这既涉及人才成长，也涉及员工激励，而成长本身就是一种重要的激励措施。

人的需求是多元的，因此，员工的激励体系也是复杂的。总体而言，员工激励体系可以分为五个部分，如图 1-7 所示。

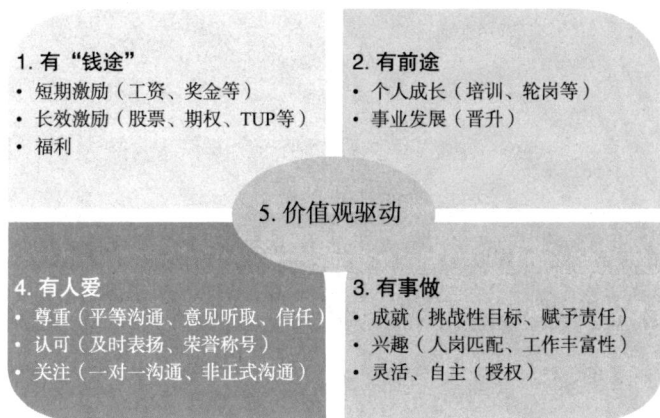

图 1-7 员工激励体系

在图 1-7 中，以下要素是与人才成长密切相关的。

- **长效激励**：这与员工的成长性相关，也是长效激励机制设计的重点考量因素。

- **有前途**：包括个人成长和事业发展。

- **有事做**：包括成就、兴趣、授权等。

价值观是如何影响人才成长的组织氛围的呢？

组织文化与价值观影响组织的各项流程制度，自然也会影响人才成长的组织氛围。下面看看华为和阿里巴巴的例子。

我们都知道，华为现在的核心价值观总结起来就是三句话："**以客户为中心，以奋斗者为本，长期艰苦奋斗**。"在长期的发展过程中，华为的核心价值观已经迭代过几次。此外，在相当长的一段时间内，华为的核心价值观还有一条，那就是"**坚持自我批判**"。

何谓"坚持自我批判"？

任正非不止一次说过，华为当年是因为"无知"才进入通信行业的。通信设备行业是对外开放最早的行业之一，当年的行业局面是"七国八制"，也就是主流的通信设备来自全球七个国家，有八种制式。可以说，华为成立之初就面临强敌环伺的局面，直接进入了全球竞争的环境。可以说，没有自我批判带来的强大内驱力，华为就不可能实现由小到大的发展，乃至超越竞争对手。

《华为基本法》起草人之一吴春波曾在演讲中对华为倡导的自我批判做过这样的总结：自我批判是华为这家企业的内在基因和特质。自我批判是华为由小到大乃至超越竞争对手的内在驱动力之一，30 年来，华为总结了四句话——在摸着石头过河中探索，在自我批判中进步，在自我优化中成长，在顶层设计中卓越。

很多企业都在讲"以客户为中心"，但有多少企业真正做到了呢？"以客户为中心"有两个强敌：一个是以自我为中心，另一个是傲慢。当一个人、一个组织无法坚持自我批判时，就不可能做到持续倾听客户，就会逐渐丧失前进的动力。

为了确保自我批判落地，华为在组织设置上做了两项重要的工作：一是 2006 年成立了员工自我批判委员会，二是 2014 年成立了道德遵从委员会。在华为，道德遵从委员会和董事会、监事会一起构成了华为公司治理的"三驾马车"。

在营造人人成长的组织氛围方面，华为除了坚持自我批判，当然也有正向激励。例如，华为员工有双重晋升发展路径（阿里巴巴称之为 M、P 序列，感兴趣的读者可以参考我写的另一本书《任职资格与员工能力管理》）。

重视人才不是一句空话，任正非说："**光砸钱不行，我们要砸科学家，要让科学家成为明星，请科学家走红地毯！**"

哪些科学家享受过华为的"红地毯"待遇呢？

作为 5G 极化码（Polar 码）的发现者，土耳其毕尔肯大学的埃尔达尔·阿里坎（Erdal Arikan）教授享受过这个待遇。2018 年 7 月 26 日，华为在深圳总部举行颁奖典礼，向阿里坎教授颁发特别奖项，活动场面十分隆重。

时任华为董事长梁华，轮值董事长徐直军、郭平、胡厚崑，CEO 任正非等核心高管悉数到场。一个颇令人回味的细节是，在仪式开始之前，包括任正非在内的华为最高管理层，为了迎接阿里坎的到来，在原地足足站了一二十分钟。

阿里坎在现场向任正非提了一个有意思的小问题："**如何评估中国的现状，特别是工程科学领域的教育问题？您对现状是否满意？**"

任正非说："如今有很多人不能坐下来研究学问。基础领域的突破不是一天、两天的功夫，是数十年默默无闻、辛苦地耕耘。"

华为的核心价值观强调自我批判，阿里巴巴则强调"**今天最好的表现是明天最低的要求**"，虽然表现形式不同，但内涵十分相似。其实，这句话也是阿里巴巴核心价值观"**六脉神剑**"中的一条，其具体要求是：

- 认真踏实，完成本职工作；
- 保持好奇，持续学习，学以致用；
- 不为失败找借口，只为成功找方法，全力以赴拿结果；
- 不满足现状，不自我设限，打破"不可能"的边界。

自我批判已经融入了华为管理的方方面面，阿里巴巴则将自我批评与考核挂钩，其考核方式是"**自评 + 他评**"，结果分为以下三档。

- A：超越自我，对团队有影响；与组织融为一体，获得广泛好评；属于标杆。
- B：言行表现符合阿里巴巴价值观要求，整体上是一位合格的阿里人。
- C：缺乏基本的素质，突破价值底线，根据程度不同改进或离开。

在阿里巴巴，单个考核周期被评为 C，可能还有改进的机会；如果连续两个考核周期都被评为 C，就铁定会被淘汰。

小结

- 先有人才，再有业绩，人才是组织良性发展的关键。

- 人才成长与组织发展是相辅相成的，是一枚硬币的两面。人才成长推动组织发展，反之，组织发展为人才成长提供了更加广阔的发展平台。人才培养不等于人才成长，培养只是手段，成长才是结果。

- 衡量一家企业人力资本的投资管理水平可以使用 IPO 模型，即人才甄选准确率（I）、人力资本赋能（P）和人力资本产出（O）。

- 营造良好的组织环境、构建人才成长型组织是人才成长的大前提。人才成长的组织环境既包括"软"环境（组织氛围），也包括"硬"环境（技术平台 + 项目管理）。

第 2 章

人才成长的底层逻辑

很多企业搞人才培养的时候看起来轰轰烈烈，但往往雷声大、雨点小，不见成效，最后感觉"白花花的银子白花了"。要想真正实现人才成长，掌握人才成长的几个底层逻辑是关键：

- 聚焦关键岗位、关键人群；
- 做到训战结合、学以致用；
- 做到效率为先、效果为王；
- 营造人才成长的组织环境。

前文重点阐述了人才成长对企业发展、组织能力建设的重要价值，并分析了很多企业面临的人才培养困境。那么，如何才能提高人才培养的ROI，真正实现人才快速成长呢？

我基于自身的管理咨询实践，结合对华为、腾讯、阿里巴巴、字节跳动等标杆企业管理实践的分析研究，总结出了人才成长的底层逻辑，如图2-1所示。

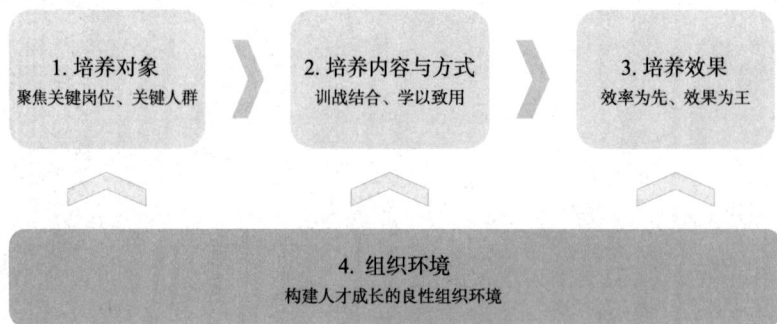

1. 培养对象	2. 培养内容与方式	3. 培养效果
聚焦关键岗位、关键人群	训战结合、学以致用	效率为先、效果为王

4. 组织环境
构建人才成长的良性组织环境

图2-1　人才成长的底层逻辑

2.1　人才培养必须聚焦关键岗位、关键人群

2.1.1　正理念：学习成长是个人的事情

美国管理专家詹姆斯·罗宾斯（James Robbins）在《敬业》（*Respect Calling*）一书中这样总结："职业给予人的薪水仅仅是员工工作报酬的一部分，而且是很少的一部分。除了薪水，职业给予的报酬还有珍贵的经验、良好的训练、才能的表现和品格的建立。这些东西与通过金钱形式体现的薪水相比，价值要高出很多倍。"

罗宾斯的话没有错，但不少企业在理解上出现了偏差。当领导让人力资源部组织一次中高层培训时，我们经常听到类似的话："大家平时上班都很辛苦，周末找个环境好的地方组织一下这次培训，顺便让大家放松一下。"

将培训视为公司提供给员工的一种福利，这样的培训理念是存在的，甚至一些较为知名的企业也这样认为。如果你们也像上面这家公司这样想、这样做，培训离失败也就不远了。

1981 年，韦尔奇接任通用电气 CEO 之后，就着手对通用电气进行全面改革。在改革的过程中，韦尔奇希望将组织变革的理念传达给尽可能多的人，这就需要借助克劳顿管理学院的力量。但是，韦尔奇发现，学院设施已经相当破旧了。而且，克劳顿管理学院更像一个提供安慰和奖励的地方，而不像精英聚集之地。这里的培训项目采用公开报名的形式，参加者良莠不齐，很多本该参加培训的未来领导者反而不屑于报名，这就是我们经常调侃的"该来的没来，不该来的来了"。这样的培训项目运作模式肯定无法满足韦尔奇的要求。我们希望每一位员工都能获得满意的收入，工作也开心，还能获得职业发展。但是，企业的资源毕竟是有限的，每个人的天分和努力也

不一样，企业要想发展，就不可能等待每一个人。企业的发展往往是在"悖论"中曲折向前的。

"28 法则"告诉我们，企业 80% 的价值是由 20% 的岗位创造的。企业的资源毕竟是有限的，因此，人才培养必须聚焦关键岗位，最大限度地提高人才培养的 ROI。进入**"超优时代"**后，核心人才创造的价值比例高达 98%，"28 法则"已经变成了"2-98 法则"，我们更加需要聚焦**关键岗位、关键人群**。

在 2000—2005 年，华为曾经花了很多时间和精力建立员工的学习路径图，基本上细化到了每一个专业。虽说这对提高员工的"能力水平面"起到了一定的作用，但 ROI 不高。后来，在华为大学的建设过程中，聚焦**关键岗位、关键人群**成了华为大学的核心理念之一，这也是华为大学能够取得成功的核心原因之一。不仅华为如此，平安、腾讯等企业的人才培养也是如此。

综上所述，**在任何企业内部，培训都是稀缺资源，从来都不是福利**。在华为，培训不仅不是福利，还可能是一种需要付费的投资。

不将培训视为福利，这个容易理解。参加培训的高管要自掏腰包，培训期间要请事假，这个估计就不太容易理解了，但华为就是这样做的。

2010 年，华为大学启动了一个培训项目，名为**"华为干部高级研讨班"**，华为干部分批参加了这个研讨班。研讨班一共 3 门课，每门课 2 万元，总计 6 万元，全都要学员自己掏腰包。外地去华为大学参加培训的学员不能报销差旅费。

这种安排乍一看很不合理，但华为的做法恰恰抓住了人性的弱点，也抓住了学习成长的本质——**学习成长是个人的事情**。如果个人不愿意主动学习，缺乏成长的动力，组织提供任何学习培训的资源，都是事倍功半甚至徒劳的。

2.1.2　找准人：聚焦关键岗位、关键人群

人才成长必须聚焦于**关键岗位、关键人群**，那么，谁是企业中的关键岗位、关键人群？

有人可能会说："这还用问吗，肯定是中高层干部啊！"

中高层干部确实属于关键岗位、关键人群，华为也非常重视对这个群体的培养。干部群体是一个承上启下的群体，如果他们的能力发展不到位，对企业核心价值观的理解和把握不到位，就可能严重影响企业的发展。因此，华为对干部的培养毫不放松，这也是华为人才培养的重心。

但这适用于全部企业吗？下面我们看看迪士尼乐园。

打造**"地球上最快乐的地方"**是迪士尼乐园的价值主张，为游客创造独一无二的快乐体验是迪士尼乐园最重要的能力之一。那么，如何才能做到这一点呢？

在迪士尼乐园里，与游客接触最多的人是谁？显然不是高管，而是清洁工！在迪士尼乐园，清洁工除了要负责清洁园区，还要为游客指路并提供其他帮助。因此，清洁工的表现在很大程度上影响甚至决定了游客的体验。在其他公司可能非常普通、微不足道的清洁工，在迪士尼乐园却成了关键人才。因此，如果迪士尼乐园强化对清洁工的筛选、加大对清洁工的培养投入，就能产生战略性的绩效结果。

对于关键岗位，企业往往用等级制度、人际关系或个人直觉做判断。很多企业简单地认为，最关键的岗位肯定来自**"级别最高的团队"**。事实上，这种想法是片面的。**关键岗位就是对组织战略达成有关键影响的岗位，这些岗位实际上散落在组织的各个角落，我们在组织的各个层级都有可能找到关键岗位和关键人员**（见图 2-2）。

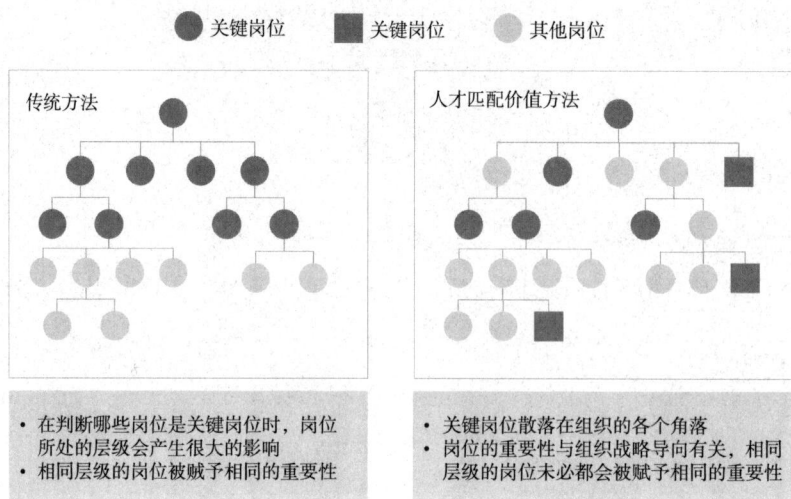

图 2-2 组织中的关键岗位

识别组织中的重要岗位是实施人才培养方案的核心步骤之一。关键岗位通常可以分为两大类，即**价值创造者和价值赋能者**。

- **价值创造者**：直接创造收入、降低运营成本、提升资本效率的岗位，如销售人员、产品经理、研发人员、供应链管理人员等。
- **价值赋能者**：为价值创造者提供支持的岗位，如人力资源管理人员、财务人员、法务人员等。

这些关键岗位在组织中的层级往往与其重要性并不匹配。通常来说，如果一家企业有意识地去识别这些岗位，就会发现：60% 的关键岗位比 CEO 低两级，30% 的关键岗位比 CEO 低三级甚至更多。简而言之，**关键岗位是分散的**。

识别关键岗位要从两个视角出发——**部门和流程**。假设按部门识别关键岗位，企业每一个业务部门的领导者都要与人才培养项目团队一起寻找关键岗位，此时可以尝试按照以下思路进行分析。

- 这个部门的价值来自哪里？换句话说，这个部门撤掉行不行？

- 哪个岗位最重要？换句话说，不设置这个岗位或将这个岗位的职责并入其他岗位是否可行？

- 新战略需要新岗位吗？

- 哪些重大变革有可能改变岗位的职责？

在回答上述四个问题时，要基于企业当前的业务及未来发展战略去思考。当前不重要的岗位在新战略中可能非常重要。另外，为了满足新战略的需要，必须设立一些新岗位，否则战略就会落空。显而易见，这些岗位也是关键岗位。

对华为这样的企业来说，组织运作方式已经转变为全流程运作，所以也可以按流程去分析、寻找关键岗位。**总而言之，人才培养需要聚焦关键岗位、关键人群，也就是需要识别出对战略达成有重大甚至致命影响的岗位。**

下面看看华为在几次发展变革过程中如何确定**关键岗位、关键人群**。

（1）**IPD 变革**：产品开发团队（Product Development Team，PDT）经理等关键角色的培养。1999 年，华为准备推行 IPD 流程。在挑选 PDT 经理时，华为发现能够担此重任的只有少数几位公司副总裁。华为以前的研发项目经理主要负责产品研发这一段，没有全生命周期的管理者——PDT 经理（相当于产品的 CEO）。新流程需要"产品 CEO"，而现状是只有"研发段的项目经理"，差距实在太大了。

（2）**国际化拓展**：国家代表培养。国家代表相当于华为在各国的销售总经理，直接影响华为在该国的业务拓展。

（3）**从线索到现金（Leads to Cash，LTC）变革**：为了匹配 LTC 流程的运作，华为启动了三个人才培养项目，分别是 C8 项目管理"**资源池**"人才培养项目、项目销售经理"**将军池**"人才培养项目、解决方案"**重装旅**"

人才培养项目。这三个核心角色的人才培养项目正好对应 LTC 流程中"**铁三角**"运作的三个核心角色——交付经理、客户经理、解决方案经理（C8 是指华为 LTC 流程中的项目经理、技术专家、采购人员、供应链管理人员、项目财务人员、合同经理、项目人力资源业务合作伙伴、质量专家这 8 个关键角色）。

2.2 人才培养必须做到训战结合、学以致用

2.2.1 教什么：聚焦场景、聚焦痛点

我们比较熟悉的人才培养模式的操作步骤大致如下：

- 企业根据战略意图定义人才标准，根据标准识别具备潜力的发展对象；
- 选拔人才，让他们进入人才发展项目；
- 输出符合标准的人才。

这种人才培养模式的结构性强，非常类似于工厂的生产模式。人才标准是"模具"，培养对象是"原材料"，人才发展项目就是工厂的"生产过程"，培养出来的合格人才就是"产品"，如图 2-3 所示。

上述"人才工厂"式的人才发展模式，也被称为**基于职业发展（能力）的人才发展模式**（Career-Based Talent Development）。这种模式的源头是组织战略。组织根据战略提出人才要求，然后识别差距，最后开展培养赋能，这是典型的三段式操作，也有一定的前瞻性，即：标准→差距→赋能。

图 2-3　"人才工厂"式的人才发展模式

在 2000—2005 年，华为基于任职资格体系，首先识别员工成长发展过程中的关键里程碑及成长要求，然后配套设计培训课程体系等学习任务包。某些企业将这种培养方案设计模式称为"学习路径图"。

说明： 华为将员工职业发展路径称为任职资格体系。任职资格体系的构建方法及基于任职资格体系的学习路径图设计可以参考我的另一本书《任职资格与员工能力发展》。

学习路径图如图 2-4 所示。

基于职业发展（能力）的人才发展模式逻辑性强且结构化，适用于企业环境相对稳定的情况，但在当前的环境中会出现一些问题。

现在，市场环境变化越来越快，企业战略难以做到清晰明了。正如任正非所说："战略只能大致清晰，但组织必须充满活力。"因为企业战略有一个逐步清晰的过程，所以人才标准也会经历从模糊到清晰的过程。而且，人才标准的清晰过程显然滞后于战略的清晰过程。问题在于，等到企业战略变清

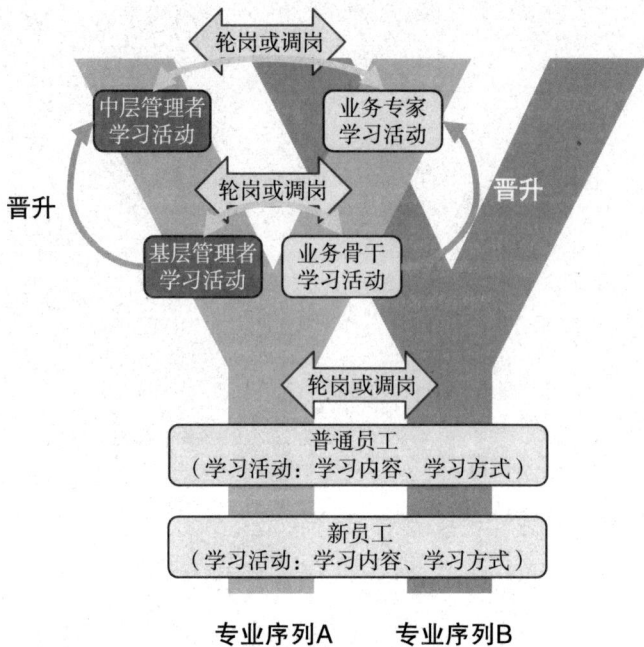

轮岗或调岗

中层管理者
学习活动

业务专家
学习活动

轮岗或调岗

晋升

晋升

基层管理者
学习活动

业务骨干
学习活动

轮岗或调岗

普通员工
（学习活动：学习内容、学习方式）

新员工
（学习活动：学习内容、学习方式）

专业序列A 专业序列B

图 2-4 学习路径图

晰、大家都能看清楚行业发展方向时，行业竞争也已经到了白热化的程度，这往往也是用人的爆发期。这就是企业常常感到人才培养慢半拍、人才的数量和质量总是难以满足业务发展需要的根本原因，越是发展势头猛的企业越是如此。

一方面是行业环境、企业发展变化快，新的岗位、工作内容、能力需求层出不穷；另一方面是人才供给跟不上。但是，企业发展不等人，在某些情况下只能"**跑步上岗**"，出现"**帽子大于头**""**小马拉大车**"等情况也很正常。因此，我们要辩证地看待**人岗匹配**，人岗匹配是动态的，处于发展过程中的企业不可能也没有必要做到完全的"人岗匹配"。

在无法系统规划、明确人才标准的情况下，结构化的"**人才工厂**"式的人才发展模式已经无法适应新的环境，**基于问题**的人才发展模式（Issue-based Talent Development）应运而生。基于问题的人才发展模式，通俗来讲就是"**急用先学**"。如同军队训练士兵，士兵战斗力的系统提升肯定是一件非常重要的事情。但是，如果部队马上要去打城市攻坚战，那么战役开始前几天练兵的重点一定是练习爬城墙、炸碉堡；如果是渡江战役或解放海岛，那么练兵的重点肯定是学习游泳，练习抢滩登陆及如何在颠簸的船上进行瞄准。

基于问题的人才发展模式，是企业**聚焦当前关键业务场景、业务发展重点而形成的人才发展模式**，立足于企业当下所需解决的关键业务问题，可以帮助员工快速填补当前能力与绩效要求的差距。例如，以本人服务过的某企业为例，他们希望提升订单交付及时率、改善客户满意度。针对供应商开发工程师在当前业务场景下面临的挑战，我们着力提升供应商开发工程师以下三个方面的能力。

- **供应商开发**：培训 + 经验分享 + 实践。
- **供应商绩效评估**：管理培训 + 经验分享 + 实践。
- **谈判技巧**：培训 + 经验分享 + 实践。

此外，某些供应商是客户指定的供应商，服务响应速度慢、管理较为困难。该企业需要通过合作方的有效沟通去影响和管理这些供应商。因此，这个方面的能力赋能也被纳入了项目。

要想系统地培养供应商开发工程师，肯定还要考虑其他方面的能力。但是，在这个项目中都暂时不予考虑。该企业供应商开发工程师**基于问题**的赋能培养内容分析过程如图 2-5 所示。

基于职业发展（能力）的人才发展模式和**基于问题**的人才发展模式各有优缺点，并不能说哪一种方法好、哪一种方法不好，关键要看企业面对的是什么样的业务场景。两种人才发展模式的对比如表 2-1 所示。

改善订单交付及时率的关键步骤	供应商开发工程师面临的挑战	供应商开发工程师所面临挑战背后的原因分析	供应商开发工程师赋能成长及方式
1 供应商开发： • 物料需求管理 • 询价、议价、商务谈判 • 供应商审核 • 供应商及物料信息沟通	• 如何快速找到质量好、配合度高的合格供应商？ • 如何与供应商谈判，为公司争得利益最大化 • 如何把好第一道入口关，确保供应商的TQRDC满足交付要求	• 对内部物料需求的理解不足 • 对订单交付整体业务链理解不足 • 缺乏与供应商开展谈判的能力	• 供应商开发：培训+经验分享+实践 • 供应商绩效评估：管理培训+经验分享+实践 • 谈判技巧：培训+经验分享+实践
2 供应商管理： • 数据收集分析 • 供应商评估考核 • 供应商关系维护 • 采购策略调整	• 从不同维度对供应商和物料的历史数据开展分析，为物料管控提供依据 • 主导供应商的分级、评审、改善监督及淘汰 • 维护和发展与供应商的关系，动态掌握供应商变化	• 缺乏收集分析供应商及物料数据的意识和能力 • 未将供应商评估考核真正落地，没有发挥管控作用 • 缺乏维护与供应商关系和调整采购策略的能力，对供应商关系重要性的理解不足	

改善订单交付
（提高稳定性并缩短交期）

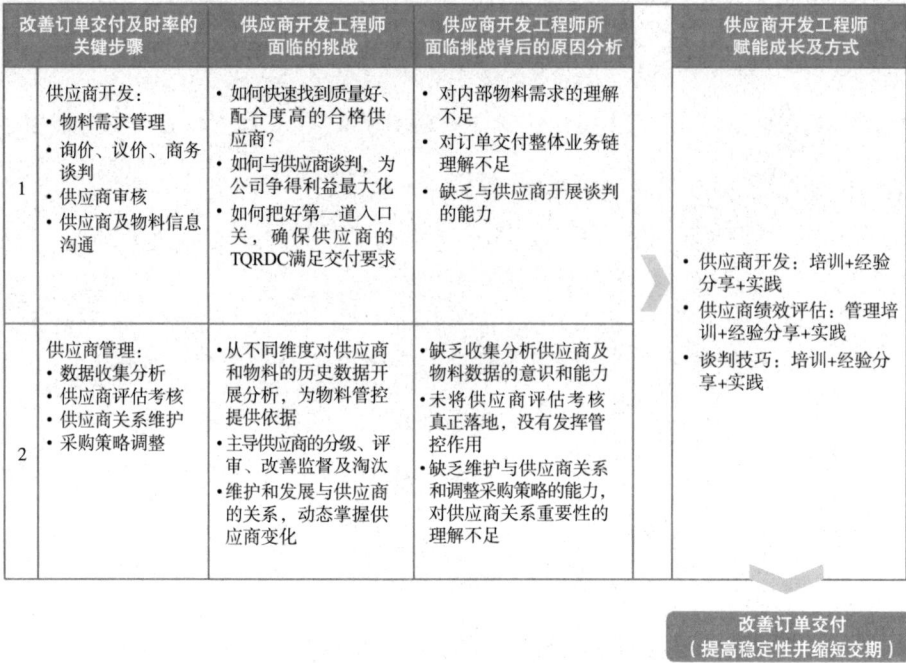

图 2-5　某企业供应商开发工程师基于问题的赋能培养内容分析过程

表 2-1　基于职业发展（能力）的人才发展模式和基于问题的人才发展模式对比

对比项目	基于职业发展（能力）的人才发展模式	基于问题的人才发展模式
周期和频率	体系化：周期长＋阶段性	短平快：周期短＋频率高
导向	"未来时"导向的人才发展模式	"现在时"导向的人才发展模式
目标	"以人为本"（People-Oriented）：基于员工未来职业发展需要，从任职资格的角度发展员工未来升职所需能力和素质，多层次、多维度、体系化地发展人才	"以事为本"（Issue-Oriented）：基于企业当下所需解决的问题，有针对性地发展员工解决问题的能力
效果	有助于协同员工职业发展与企业发展，确保二者的一致性	有助于快速填补员工当前能力与绩效要求之间的差距

实际上，**基于职业发展（能力）**的人才发展模式和**基于问题**的人才发展

模式并不是截然分开的，它们共同作用于员工发展。前者关注人才成长的长周期，关注人才成长、能力发展的质变，与战略落地、员工职业发展挂钩；后者关注人才成长的短周期，关注量变，与组织短期业绩目标的达成挂钩，如图 2-6 所示。

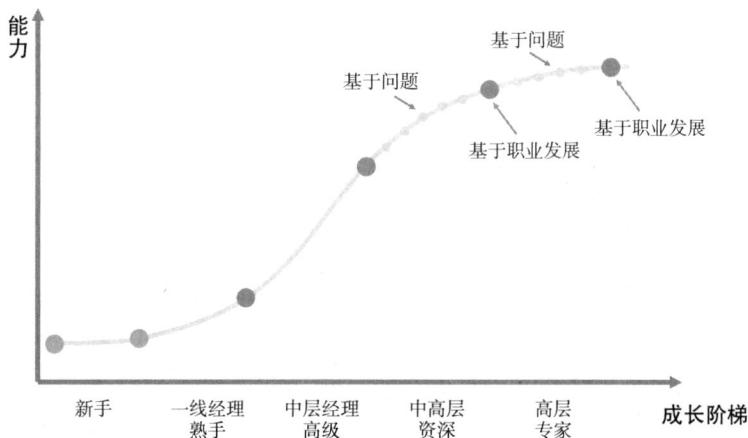

来源：德勤、华为，《数字化技术加速人才转型》

图 2-6　基于职业发展（能力）和基于问题的人才发展模式的作用

总而言之，人才培养的内容必须**聚焦需求、聚焦痛点**，不能教条地为了培养能力而培养能力，更不能跟风赶时髦。

2.2.2　如何教：训战结合、场景教学

"**纸上谈兵**"这个典故给我们阐述了一个道理：空谈理论而没有实际操作的经验，难以真正解决实际问题。**企业人才培养效果之所以不理想，是因为企业始终没能有效地解决学习效果转化的问题，其中的关键一点是实际工作场景与人才培养场景脱节。**

假设我们要给一家五星级酒店的前台服务员做上岗培训，传统的培养方法大致如下。

- 定义前台服务员的岗位职责，然后根据岗位职责提炼能力要求，如礼仪、外语、结账等。
- 根据能力要求，设计具有针对性的系列培训课程、如礼仪课程、结账课程等。
- 前台服务员上课、考试，通过考试后上岗实习。

如果真的就这样让前台服务员上岗，我们很可能会发现：这些服务员上岗以后，总是手忙脚乱、错误百出，还会引来一大堆投诉，他们仍然需要经过较长时间的摸爬滚打才能真正胜任岗位工作。

为什么会这样呢？因为老师讲的是知识点，甚至是单个的知识点，而这些知识点脱离了具体的应用场景。但是，员工的实际工作是场景化的，需要解决的问题往往是综合型的，需要灵活运用多个方面的知识才能解决。即使老师授课水平高、讲得生动有趣，学员在课堂上听得很认真，学员回到工作岗位后还是"**一动不动**"。这就好比我们在训练场上教会了新兵使用各种武器，但这个训练场是不是真正的战场，新兵上了战场后仍然不知道应该如何使用各种武器。

如何避免出现以上现象，提高培训的效果呢？**场景化**的人才培养方法可以破解这个难题。

学员要想将所学内容用在具体的**应用场景**中，就要灵活地运用多种知识与技能。人才培养要做到效果可检验并最终体现人才成长的效果，就必须**尽可能地贴近实际工作场景**。

蓝翔技校校长荣兰祥说过一句经典的话："**咱们蓝翔技校培养的是实打实的本领，不玩虚的。学开挖掘机就把地挖好，学烹饪就把菜做好。**"

那么，蓝翔技校在人才培养方面有哪些创新呢？

通过建设多种形式的工厂，蓝翔技校在培养学生的过程中将工厂"搬进"

了学校。学生在学习过程中能以工人的角色全方位、全过程地体验工厂的实际工作场景，一边学习理论知识，一边学习并掌握生产技能。这种办学模式解决了长期以来职业教育理论与实践脱节的问题，很好地做到了理论联系实际。

华为的人才培养指导思想是什么？华为力求在课堂上搭建的场景与实际工作场景几乎完全一致，力求在尽可能逼真的环境中实施培训。正如任正非所说：**"仗怎么打，兵就怎么练！"**

既然人才培养讲究训战结合，那么如何才能做到训战结合呢？人才培养有一个法则叫**"7-2-1 学习法则"**，通用电气、华为、阿里巴巴等优秀企业都在应用该法则，如图 2-7 所示。

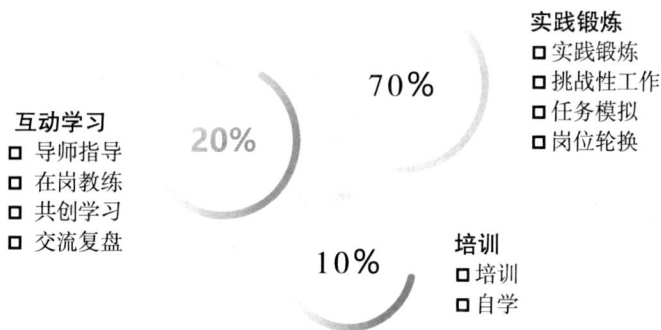

图 2-7　7-2-1 学习法则

按照 "7-2-1 学习法则"，人才在学习成长的过程中：

- 70% 的成果来自富有挑战性的工作实践（挑战性工作、实践锻炼、岗位轮换等）；
- 20% 的成果来自互动学习（传帮带、工作过程指导、团队共创学习、交流复盘等）；
- 10% 的成果来自知识传授（培训、自学等）。

在华为的内部课程中，课程引导和讲授只占 20%，有 50% 是学员在课堂上进行研讨、模拟演练和竞赛，还有 30% 是学员在晚课中进行案例研讨。华为如此设计课程，一方面可以保证课堂生动不枯燥，另一方面也能促进学员将所学与业务场景紧密地结合起来，真正做到学以致用。

去丰田参观过的人可能会注意到，在自动化程度极高的丰田工厂有时竟然还能看到人工生产线，显得很不协调。目前，丰田在日本有 12 家工厂推行这种重新引入人工生产线的措施。丰田为什么要这样做呢？

负责此项工作的是现任丰田副社长、工程师总监河合满，他在接受采访时讲了以下两个理由。

- 即使技术发展到了现在的水平，在某些特殊生产环节，自动化技术仍然无法超越手工。让生产制造的部分环节回归人工作业这一原始状态，可以降低产品的不合格率，减少不必要的浪费。

- 这种原始的生产体验能够充分打磨员工的基本技能，锻炼工人的技术和"第六感"，增强工作所带来的成就感，培养那些真正懂得生产原理的年轻人。

丰田**返璞归真**的生产线管理方法，为**实践锻炼**在人才培养中的价值做了最好的注解。遗憾的是，不少企业的人才培养方式正好与"7-2-1 学习法则"相悖，这些企业把主要精力放在培训上课上，把人才培养等同于培训上课。以这种模式操作的人才培养项目，其结果往往都是"**听着激动，回去以后还是'一动不动'**"。"7-2-1 学习法则"听起来简单但落实很难，因为最重要的部分——实践锻炼需要依靠员工的主管领导。企业的人才培养效果不理想，从某个角度而言，是因为企业管理者的领导力不足，至少在人才培养方面需要大力提升。

明白了"7-2-1 学习法则"之后，如果按照字面意思理解训战结合，就很容易将其理解为：**人才培养需要先培训上课，然后开展案例分享，最后在**

岗位上实践锻炼。换句话说，就是将"7-2-1 学习法则"和训战结合理解为"先培训，再实战"，即先训后战。

这种理解对吗？不能说完全不对，但这样的理解有些片面，甚至在某些情况下是无法操作的。我们看看以下三个场景。

- 场景一：员工排斥上课，不愿意参加培训。
- 场景二：没有现成的教材，等开发完教材再上课、实战，时间来不及了。
- 场景三：企业过去没有积累，培训教材开发不出来。

如果你真正理解人才成长的真谛，即使遇到以上三个场景，仍然有办法进行人才培养，实现人才成长的目标。

训战结合并不是将训与战截然分开，二者本来就是融为一体的。根据具体情况，我们既可以采取**先训后战**的模式，也可以采取**问题共创**的**边训边战**模式。问题共创既是学习、训的过程，也是解决问题、战的过程。

某企业的主营业务采取项目式运作模式，人员分散在各地，项目经理的能力参差不齐，该企业计划组织实施项目经理培养项目。但是，该企业面临以下两个难题：

- 企业目前没有成熟的项目经理培养方案，不知道应该培训什么；
- 不少项目经理排斥上课培训。

针对上述情况，我们采取了分批次**问题共创**的边训边战模式，以帮助项目经理在解决实际业务问题的过程中获得成长。项目实施步骤如下。

- 将项目经理分组，每次安排三个项目组。培训开始时，请项目经理介绍自己的项目组在开展业务的过程中遇到了哪些问题。
- 全体学员分组讨论这些问题，共创并分享自己的解决方案。

- 提出问题的项目经理从大家提出的解决方案中萃取适合自身业务场景的最佳解决方案。

- 提出问题的项目经理带着共创所得的解决方案，回到自己的项目中落实解决方案，解决自身的业务问题，在解决业务问题的过程中跟踪解决方案的实施效果，并对解决方案进行迭代优化。

- 其他项目经理提出自己的问题，重复以上步骤，直到全部项目组都分享过一遍。

该企业可以对通过问题共创获取的真实案例做进一步的萃取，设计出**场景化**的项目经理培养方案。后续再次培养项目经理时，该企业就不再面临"目前没有成熟的项目经理培养方案"的问题，可谓**一箭双雕**（见图 2-8）。

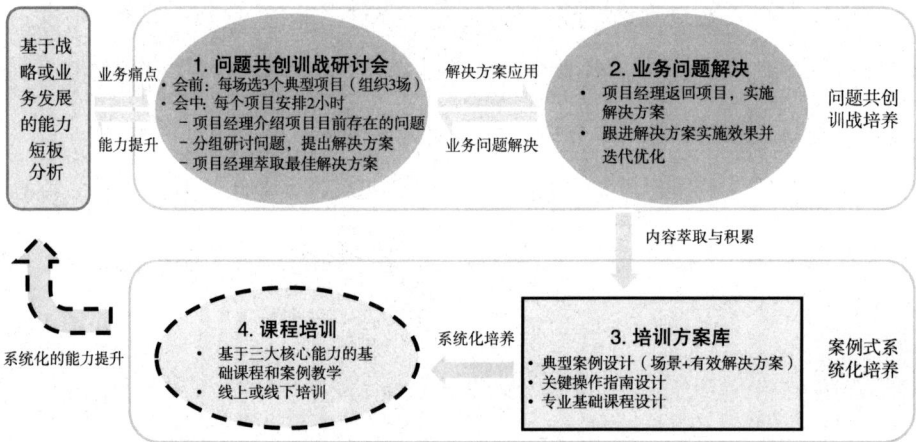

图 2-8　问题共创的边训边战模式

2.2.3　谁来教："将军"亲授、贴身指导

"用最优秀的人，培养更优秀的人"，这是华为大学的一句校训。这句话的道理并不深奥，也不是华为原创的，而是华为从日本企业界借鉴而来的。华

为大学成立于 2005 年，但华为落实这一理念的做法早就有了。早在 20 世纪 90 年代，华为就一直要求副总裁以上的高管，包括任正非本人，必须参与新员工培训。只是，有些副总裁的表达能力实在不佳，任正非才不再安排他们去做培训。现在，华为各个培训项目的讲师都是来自各领域、各部门的干部和专家。

为什么倡导"用最优秀的人，培养更优秀的人"？ 华为有双重考虑。

- 只有确保走上讲台的人是企业最优秀的人，才能保证人才培养效果。任正非经常说"华为最大的浪费就是经验的浪费"，只有"用最优秀的人，培养更优秀的人"，才能保证组织经验得到有效的传承。
- 对担任讲师的人而言，他们走上讲台反映了企业对他们的认可——他们就是企业最优秀的人，这也是一种无形的激励。

在现实中，我们看到的更多情况却是，企业高层、管理者经常强调人才培养的作用与价值，但企业在人才培养上经常出现"**两层皮**"的状况：培训团队的很多成员是业务做不好又没有地方去的人，只好勉为其难做培训。大部分企业仍然认为，那些绩优人员、中流砥柱都应该去做能够直接产生业绩的业务工作，不应该把时间花在员工培养这种"不增值"的工作上。这些企业不愿用、不敢用、不能用最优秀的人去做培养人的工作。

阿里巴巴"销售铁军"创建之初，在总结内部培训的经验时提出，最惨痛的错误之一是"让不优秀的老人带新人"。在初期，销售人员的离职率和转岗率很高，很多业绩一般的人干累了就申请转岗，相当比例的人转岗去做培训。这样的路径似乎不错，至少"肥水不流外人田"。但是，在这种模式下很难培养出真正的人才。

阿里巴巴后续建立的人才培养体系非常强调"**隔代带兵、贴身亲带**"。例如，马云带"风清扬班"时，所带的人都是隔代的、年轻的事业部总裁。阿里巴巴为什么特别强调"隔代带兵"呢？

"**直接带兵**"容易受到私心的影响，直接主管会担心培养出来的人把自己顶掉，这个道理大家都懂。"**隔代带兵**"可以排除私心的干扰，还可以帮助培养对象打开格局。

"隔代带兵"不仅提升了人才培养的层次，还能让主管领导管理直接下级、"看到"隔级下级，相当于"**管一层、看一层**"，实际上抓住了两层干部队伍。在这样的模式下，无论业务方向还是干部的思想动态，都是可控的，不太可能出现大幅度的偏差。

华为、阿里巴巴的人才培养如此，优衣库的店长培养也是如此。优衣库通过考核将店长划分为三个级别——一般店长、明星店长和超级明星店长。经过销售额、利润、人员培养等指标考核及层层选拔，最终挑选出来的超级明星店长是所有店长中最优秀的一批人才，这批人才是优衣库的开路先锋，在担负开新店这一重任的同时承担着培养新店长的职责。

2.3 人才培养必须做到效率为先、效果为王

2.3.1 谁受益：用户与客户

人才培养项目的 ROI 低，除了可能是因为项目运作存在问题，还有可能是因为在开展项目之前没有明确项目收益。如果人才培养目标都没有想清楚或想偏了，就相当于失去了工作的目标与方向，人才培养项目要想取得好的效果是不可能的。

企业在制定人才培养项目目标时容易陷入两个典型的误区。

误区一：伪量化统计数据
某些企业在制定人才培养目标时会罗列一些看似非常量化的统计数据，

例如，某年组织了多少员工参加了培训，培养了多少人，开了多少学时的课，花了多少培训费等。这样的目标可以说价值很低，甚至完全没有价值。

误区二：满意度评估

企业完成培训后一般都会做满意度评估，还有一些企业会安排学员参加知识考试。有一些企业甚至会将培训满意度评估与讲师的课酬挂钩。但是，让企业颇感困惑的是：**明明培训满意度评分很高，学员考试成绩也很好，但在实际工作中仍然感到培训没有什么效果。**

要想避开这两个误区，我们就要搞清楚谁是人才培养项目的受益人。

首先，请大家思考一个基本的问题：**谁是人才培养项目的客户？**有人可能会说："这不是明摆着吗？当然是学员了！"

这种理解是错误的。一般来说，**客户**是掏钱的人；与客户相关的另一个群体是**用户**，用户是产品和服务的实际使用者。客户与用户可能是同一个人，也可能不是。下面举一个例子，帮助大家理解这两个概念的区别。假设某汽车生产厂家要销售一批汽车给某大型出租车公司，出租车公司就是客户（掏钱买车），出租车司机就是用户（开车）。

在人才培养项目中，我们为什么需要区分客户与用户？

这是因为，**客户和用户的价值取向不同，甚至存在一定的矛盾：客户关心的是产品和服务本身的商业价值，而用户关心的是产品的使用价值，如好不好用等。**如果没有处理好两者之间的关系，制定人才培养目标时就会出现偏差。

2.3.2　定目标：学员目标与业务目标

人才培养项目的客户是培训费用的承担部门，即业务部门或企业，而用户就是参加培训的学员。**业务部门或企业关心的是培训本身能给企业带来的**

价值，即组织绩效的提升；而参加培训的学员更关注个人能力的提升和学习过程的体验。

下面举一些例子。

- 某些培训课程的学员反馈可能不太好，但对企业而言却是非常有必要进行的，如关于质量、规范要求的培训。
- 某些培训课程的学员反馈可能非常好，但实际上对工作没有太大的帮助。例如，在培训过程中做了很多游戏，只是气氛比较好而已。

因此，在制定人才培养目标时，企业需要兼顾自身或业务部门和学员的价值期望。**学员更关注个人能力的提升和学习过程的体验，即学员目标；企业或业务部门更关注人才培养所带来的组织绩效提升，即业务目标。**如果只盯着学员目标，其结果就是培训过程很热闹，但组织绩效没有实质性的改善；反之，如果不关注学员在学习过程中的体验，学习效果就会大打折扣。

下面以某企业营销人员的培养为例，介绍如何定义**学员目标**和**业务目标**，以便大家更好地理解**学员目标**和**业务目标**（见图 2-9）。

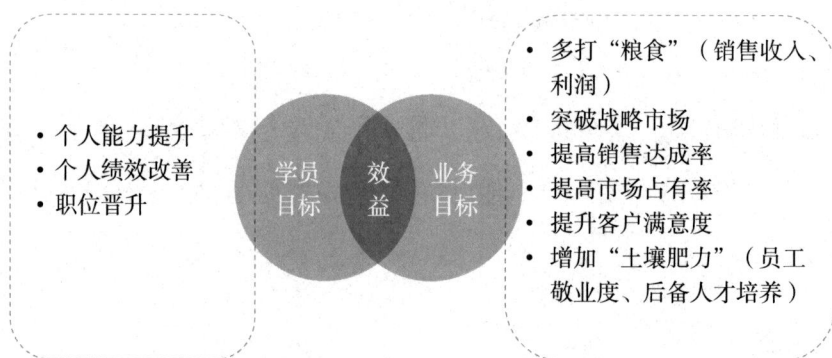

- 个人能力提升
- 个人绩效改善
- 职位晋升

学员目标　效益　业务目标

- 多打"粮食"（销售收入、利润）
- 突破战略市场
- 提高销售达成率
- 提高市场占有率
- 提升客户满意度
- 增加"土壤肥力"（员工敬业度、后备人才培养）

图 2-9　学员目标与业务目标

显然，在制定人才培养目标时，**学员目标（个人收益）**与**业务目标（组织收益）**重合的部分越多，人才培养的价值就越能得到充分的体现。

可能有人会问，将人才培养与业务目标挂钩，听起来很动人，但怎么做呢？在这里介绍一个分析人才培养目标的工具——**结果规划轮**（见图 2-10）。

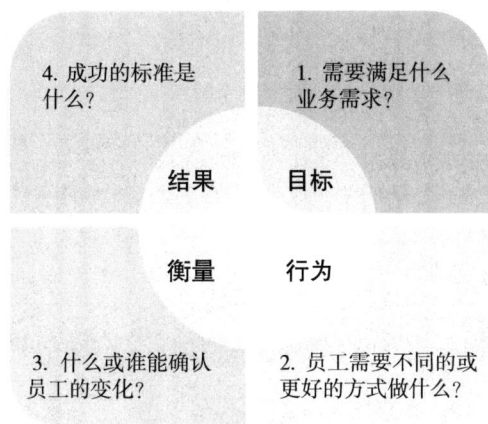

图 2-10　结果规划轮

结果规划轮来自罗伊·波洛克（Roy Pollock）所著的《将培训转化为商业结果》（*The Six Disciplines of Breakthrough Learning*），感兴趣的读者可以自行阅读并学习。

下面以前文提过的某企业订单交付及时率改善项目为例，看看如何运用结果规划轮分析人才培养目标。该企业面临的问题是订单交付及时率低，导致客户满意度低，这是一个涉及运营改善的综合解决方案类项目，涉及的内容如图 2-11 所示。

具体而言，订单交付及时率改善项目解决方案涉及的内容如下。

- "以客户为中心"的文化塑造与践行。
- 与订单交付相关的端到端流程优化，涉及供应商管理、采购、计划管理、物流等核心业务流程。
- 调整和强化与流程配套的组织架构，计划管理职能需要着重加强。
- 选拔与赋能关键人员，涉及营销、供应商管理、采购、计划管理等

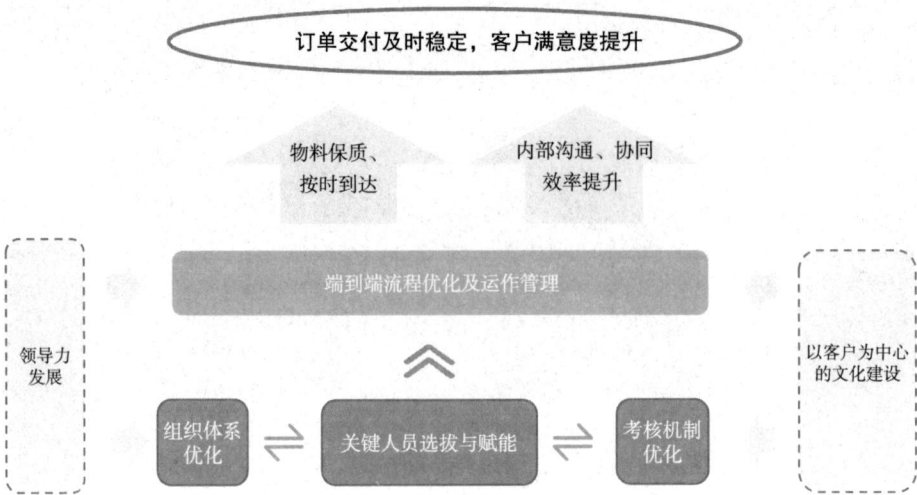

图 2-11　某企业订单交付及时率改善项目解决方案

岗位。

- 调整考核评价等激励体系，尤其是跨部门协同指标设计。
- 核心岗位的领导力、专业能力赋能提升。

如前文所述，我们从人才培养的角度出发，使用结果规划轮进行项目目标分析。

- **需要满足什么业务需求**：提升订单交付及时率，提高客户满意度。
- **员工需要不同的或更好的方式做什么**：
  - 认同并践行"以客户为中心"的核心价值观；
  - 强化跨部门的横向协同；
  - 提升专业能力，如供应商管理、采购管理、计划管理、物流管理等。
- **什么或谁能确认员工的变化**：
  - 跨部门观察横向协同的改善；
  - 通过客户统计并反馈的订单交付及时率数据，看看是否有改善；

- 客户进行满意度评估。
- **成功的标准是什么**：
  - **业务目标**是订单交付及时率、客户满意度、跨部门横向协同指标改善。
  - **学员目标是**"以客户为中心"的员工行为的改善、关键岗位人员行动改善计划践行结果 [匹配关键岗位个人发展计划（Individual Development Plan，IDP）效果评估]。

该公司运用**结果规划轮**确定了**订单交付及时率改善项目的目标**，如图 2-12 所示。

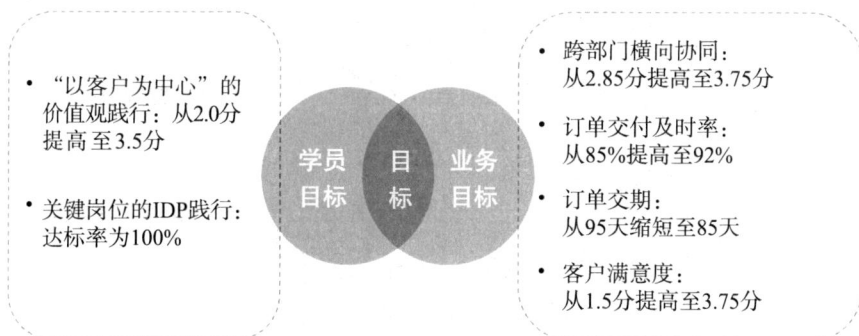

- "以客户为中心"的价值观践行：从2.0分提高至3.5分
- 关键岗位的IDP践行：达标率为100%

学员目标　目标　业务目标

- 跨部门横向协同：从2.85分提高至3.75分
- 订单交付及时率：从85%提高至92%
- 订单交期：从95天缩短至85天
- 客户满意度：从1.5分提高至3.75分

注：因保密等原因，改善指标维度及指标数据均做了必要的处理。

图 2-12　某企业订单交付及时率改善项目的目标

2.4　人才成长必须具备良好的组织环境

钟南山说过："我们不缺诺贝尔奖得主的种子和苗子，我们缺少的是让种子和苗子长成参天大树的土壤。"组织中的人才成长也是如此。

前文从**培养对象、培养内容和方式、成长效果检验**这三个方面阐述了人才成长的底层逻辑。要想取得人才成长的良好效果，构建良好的人才成长组织环境同样至关重要。人才成长的组织环境包括"**一软两硬**"三个方面（见图 1-5）。

人才成长的"软"环境，即人才成长组织氛围的营造，在本书第 1 章已经阐述过，这里不再赘述。下面重点阐述人才成长组织环境的"一软两硬"中的两个"硬"环境。

2.4.1　管理体系：人才培养项目运作管理

从 2014 年开始，华为逐步从矩阵型组织向项目型组织转型。当年，华为轮值 CEO 郭平在一次会议上提出，公司当年的重点工作之一是"**公司运作要从以功能为中心向以项目为中心转变**"，项目成了华为的最小经营单元。

既然华为整个公司都在向项目型组织转型，人才培养作为公司的内部项目，当然也要转型。通过实践、摸索和总结，**华为将项目管理的理念引入人才培养项目的运作管理，看到了提升人才培养 ROI 的曙光。**

当前，很多企业都在向华为学习。某些企业看见华为采用**项目制**的人才培养方式取得了很好的效果，也尝试采用项目制的运作模式进行人才培养。但是，大部分企业学习华为，只学了皮毛，并没有抓住项目制运作的核心逻辑。这些企业大概的操作方法是将原来的人才培训班换个名字，直接称之为"××人才培养项目"。例如，原来是"中层干部后备人才梯队培训班"，现在改名为"中层干部人才梯队培养项目"，这叫换汤不换药，与华为的人才培养项目制存在本质的差别。

华为人才培养项目制的核心是用项目管理的方法和理念对人才培养进行全过程管理，并不是简单地将培训班改名为培训项目那么简单，这是一种理念上的彻底改变。华为人才培养"**三阶八步**"项目运作框架如图 2-13 所示。

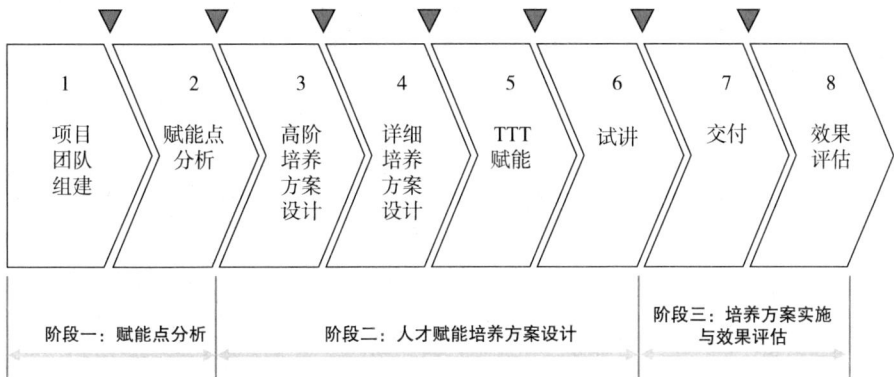

1	2	3	4	5	6	7	8
项目团队组建	赋能点分析	高阶培养方案设计	详细培养方案设计	TTT赋能	试讲	交付	效果评估

| 阶段一：赋能点分析 | 阶段二：人才赋能培养方案设计 | 阶段三：培养方案实施与效果评估 |

图 2-13　华为人才培养"三阶八步"项目运作框架

在华为人才培养"三阶八步"项目运作框架中，前面两个阶段、六个步骤都是人才培养方案的开发设计和验证阶段，这个过程很像产品开发或 IT 系统开发过程中的项目管理。华为人才培养项目最后一个阶段的两个步骤是交付和效果评估，也就是大家熟悉的人才培养项目的具体实施过程，包括课程讲授、实践锻炼、效果评价等。

为什么很多企业的人才培养项目没有什么效果呢？因为大部分企业的人才培养项目基本上都弱化了培养方案开发设计和验证阶段，或者很快就走完了这些重要的阶段，甚至直接进入培养方案实施阶段，也就是华为的交付阶段。对华为来说，大部分人才培养项目的开发设计和验证阶段平均耗时3~4 个月，某些重要的人才培养项目（如华为高级管理者培养项目）的开发设计和验证阶段耗时长达 1 年，真正进入交付阶段后，项目实施反而相对容易。

那些"伪项目制"人才培养项目，项目前期工作很快就完成了，看起来轻松愉快，但项目越往后推进，项目成员就越痛苦。真正的项目制人才培养项目，项目成员的痛苦都在前期，越往后越轻松。项目制和"伪项目制"人才培养运作模式下项目成员的痛苦曲线如图 2-14 所示。

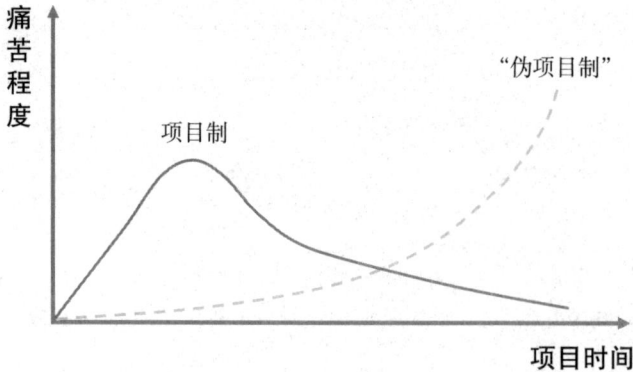

图 2-14　项目制和"伪项目制"人才培养运作模式下项目成员的痛苦曲线

在人才培养"三阶八步"项目运作框架中，每个步骤都是非常重要的，但以下四个要点对项目成败是至关重要的。

1. 组建项目团队

可能有人会说，组建项目团队有什么好讲的。这里需要强调的是，项目团队可能已经有了，但关键要看真正发挥作用的项目成员是谁。强有力的项目团队是人才培养项目成功的重要保证。

从华为的实践经验来看，人才培养项目团队包括以下六大关键角色：**项目发起人、项目经理、学习架构师、学习设计师、业务专家和运营交付人员**，如图 2-15 所示。

谁是人才培养项目的发起人？项目发起人来自项目需求方，他们是对项目有最终决定权的人，能够控制项目的经费和项目成果的验收。**换句话说，项目发起人就是为人才培养项目提供预算的业务部门领导，而且常常是业务领域的最高领导。**

为什么要让为人才培养项目提供预算的业务部门领导担任项目发起人？这是为了从运作机制上解决"营造人才成长的组织氛围"这个问题，这也是**贯彻"人才培养是'一把手'工程"的关键举措**。正如前文所述，人才培养工作常常会与短期任务相冲突。如果领导不重视，就难以处理短期目标与长期目标的冲突，大部分情况下人们都会选择短期目标。如果出现这样的结果，人才培养项目就很可能泡汤。

图 2-15　人才培养项目团队

学习设计师是人才培养项目的开发工程师，学习架构师则相当于人才培养项目的产品经理和架构师，是学习设计师中的专家。这两者之间的关系很像软件开发工程师与软件架构师之间的关系。运营交付人员负责培训的组织实施，也就是大家熟悉的培训专员。对中小企业而言，这三个角色可以"三合一"。

业务专家是来自业务部门的资深人员。为什么安排业务专家进入人才培养项目团队呢？道理很简单，因为唯有如此，人才培养才能真正做到**问题导向**，真正实现基于业务场景的**训战结合**。这也是大部分企业推进人才培养项目时都要扭转的观念，业务部门不能将人才培养项目全部推给人力资源部、企业大学或培训中心，自己撒手不管。如果真的这样，项目就离失败不远了。

63

2. 赋能点分析和培养方案设计

人才培养对象的赋能点相对容易理解，肯定来自被培养对象的现状与期望目标或要求之间的差距。对于差距的确定，我们需要注意一个核心点：**这种差距是培养对象在能力方面的差距吗？**

根据培养对象的能力差距提取赋能点肯定是一种可行的方法，也是被普遍采用的一种方法。大部分公司实施人才培养项目（如领导力提升项目）时都采用这种操作模式：

- 基于战略和文化分析建立领导力模型；
- 根据领导力模型对培养对象进行领导力评估，识别培养对象的领导力短板；
- 根据培养对象的领导力短板设计具有针对性的培养方案。

前文阐述过，人才培养项目有**学员目标**和**业务目标**这两种目标。在这种操作模式下，项目的学员目标容易定义，而业务目标容易被忽视，或者难以清晰界定。一旦缺失人才培养项目的业务目标，项目的 ROI 就难以界定。为了解决这个问题，我们就不能仅仅基于培养对象的能力短板提炼赋能点，有时需要直接从解决业务问题出发，提炼、设计赋能点。

在大客户销售模式下，衡量一家企业的销售能力时有一个比较有说服力的指标是项目运作成功率，其大概的计算方法是：看看企业参与项目投标时投几个能成功一个。如果这个比例能达到 30%，就要恭喜了。某企业的项目运作成功率为 10%，该企业希望开展客户经理培养项目，以期将项目运作成功率提高到 20%。

下面以该企业为例介绍如何进行赋能点分析和培养方案设计。分析过程如图 2-16 所示。

图 2-16 所示的过程看似比较简单，编制一套看起来不错的培养方案似乎

很容易，但是真正见到人才成长的效果、实现业务目标是非常困难的，只有对业务场景、人才成长方式有深刻的理解才有可能做到。

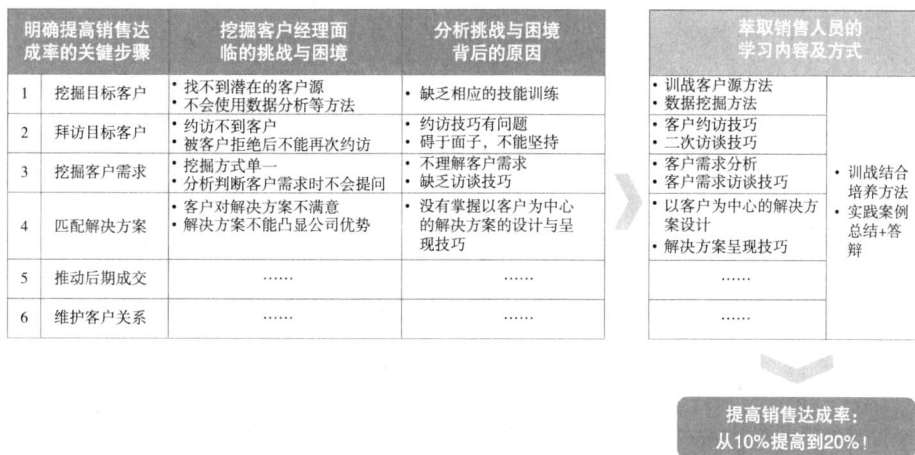

明确提高销售达成率的关键步骤		挖掘客户经理面临的挑战与困境	分析挑战与困境背后的原因	萃取销售人员的学习内容及方式	
1	挖掘目标客户	• 找不到潜在的客户源 • 不会使用数据分析等方法	• 缺乏相应的技能训练	• 训战客户源方法 • 数据挖掘方法	训战结合培养方法 • 实践案例总结+答辩
2	拜访目标客户	• 约访不到客户 • 被客户拒绝后不能再次约访	• 约访技巧有问题 • 碍于面子，不能坚持	• 客户约访技巧 • 二次访谈技巧	
3	挖掘客户需求	• 挖掘方式单一 • 分析判断客户需求时不会提问	• 不理解客户需求 • 缺乏访谈技巧	• 客户需求分析 • 客户需求访谈技巧	
4	匹配解决方案	• 客户对解决方案不满意 • 解决方案不能凸显公司优势	• 没有掌握以客户为中心的解决方案的设计与呈现技巧	• 以客户为中心的解决方案设计 • 解决方案呈现技巧	
5	推动后期成交	……	……	……	
6	维护客户关系	……	……	……	

提高销售达成率：
从10%提高到20%！

图 2-16　某企业客户经理赋能点分析和培养方案设计

3. TTT 赋能

对企业培训有所了解的人都知道，培训课程会受到讲师很大的影响，有些培训课程甚至是跟着老师走的。同一门课程，不同讲师讲授的效果可能相差甚远。甚至会发生这样的情况，把 A 讲师的课程交给 B 讲师，B 讲师完全讲不了。如果讲师的问题无法解决，人才培养项目的后期交付也会发生问题。

华为是如何解决这个问题的呢？华为通过两个关键措施解决了这个问题。

关键举措一：业务专家充分参与项目赋能点分析和培养方案设计，他们的参与保证了人才培养方案与业务场景的贴合性。

关键举措二：华为的人才培养课程强调案例教学，强调研讨和共创，讲师授课时间只占整个培训时间的 20% 左右，这就大大降低了对讲师的要求。

因此，华为人才培养项目的课程讲师基本上在项目方案设计中期才会介入，经过快速且具有针对性的培训后，就能胜任该门课程的讲授。

4. 效果评估

人才培养项目的效果评估在上一节已经阐述过，这里不再赘述。这里简单介绍一下培训效果评估领域使用非常广泛的柯氏四级评估，如图 2-17 所示。

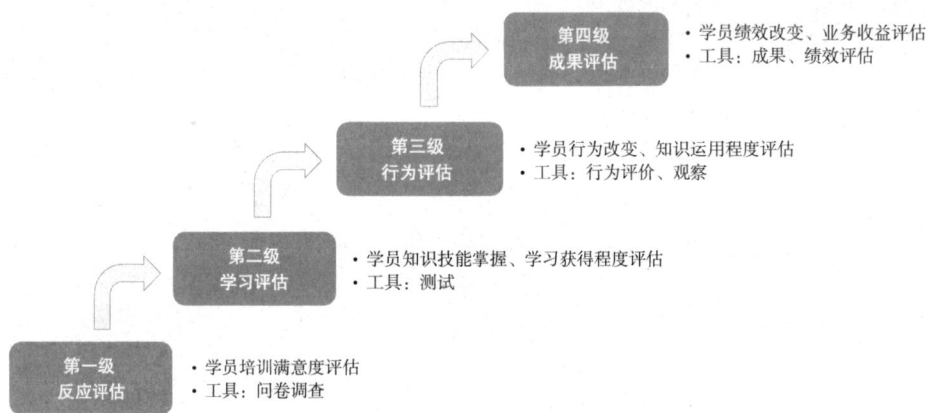

图 2-17　柯氏四级评估

大部分企业在人才培养效果评估上只能做到第一级评估（反应评估）和第二级评估（学习评估），只有少数企业能做到第三级评估（行为评估），能做到第四级评估（成果评估）的企业可谓凤毛麟角，而华为已经做到了第四级评估。

从人才成长的角度来看，第一级评估和第二级评估基本上是没有用的，因为成长就是要看到培养对象的改变。更有参考价值的是第三级评估和第四级评估（柯氏四级评估是一套复杂的评估系统，感兴趣的读者可以参考本书附录）。

在培训和管理咨询职业生涯中，我常常看到，人才成长的成长目标、赋能点分析、成长方案、效果验证是相互脱节的。例如，有一家企业希望这样开展新员工培养。

- 成长目标：一年后成为能独立工作的员工。
- 赋能点分析：没有系统地做分析，已经有了培养方案，但一问为什么设计这些培养内容，往往不能系统地回答。
- 培养措施：设计了不少课程，但相当比例的课程只有 2 小时。要想成为"能独立工作的员工"，有些能力必须达到"掌握"水平，2 小时的培训显然是不够的。

2.4.2　技术平台：数字技术支持人才培养

新技术不仅深刻地改变了我们的生活，也影响着我们的工作和学习。技术的发展为企业创造了全新的学习环境，在过去的十几年间，我们发现人才学习与发展的工具和手段都发生了巨大的变化。越来越多的企业突破了传统培训方式的局限，转而采用数字化技术，以提高人才培养的效率和体验。

可能有人会问，**信息化与数字化有什么区别？**一般而言，**信息化涉及流程效率，数字化涉及业务模式**。数字化侧重于业务模式，其本质是用数据来重构和升级企业的商业模式和运营模式。虽然这样的划分不是绝对的，但大致可以这样去理解。

过去的员工工资条是用纸打印的，需要裁成一条一条的发给员工，不仅效率低还容易泄露信息。现在，我们很少能看到纸条状的工资条了，员工基本上都通过手机、计算机等接收电子工资条。这就是信息化。

现在几个朋友聚会吃饭，选餐馆、点餐等基本上都是在手机上完成的。首先确定聚餐的大致地点，然后寻找周边的餐馆，然后看菜系、看价格、看评论等，最后选定餐馆。到了餐馆后，扫码点餐、下单、买单、评价。顾客可以主动筛选餐馆，反过来，店家也可以记录顾客的消费行为及偏好，然后定向推送不同的产品和活动，以拉动消费。这就是数字化。通过数字化系统，店家很容易就能从这些顾客身上获取足够多的长期价值。

企业将信息化和数字化技术应用于人才培养同样经历了几个发展阶段，如图 2-18 所示。

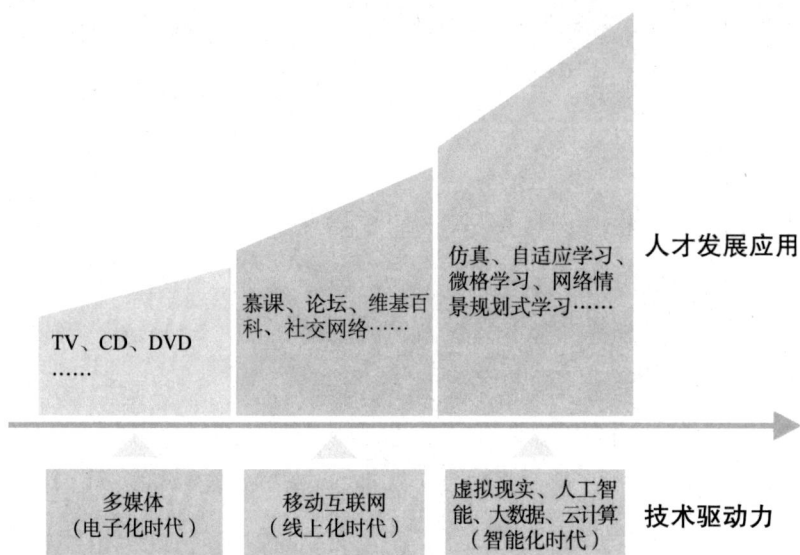

来源：德勤、华为，《数字化技术加速人才转型》

图 2-18 信息化与数字化学习技术演进

信息技术和数字化学习技术的进步，带来了学习方式的三大转变。

（1）**学习资源的改变**。我们可以几乎不受时间、地点的限制，随时随地学习，即使是大规模的在线公开课——慕课（MOOC）也是完全可以操作的，我们比以往任何时代都更容易获得最佳教师资源。

（2）**学习内容的改变**。在互联网时代，企业更容易根据每个人的特点，有针对性地安排学习内容，真正做到"千人千面、因材施教"。

（3）**学习方式的改变**。技术的进步使讲师指导培训（Instructor-Led Training，ILT）数量骤减。据统计，ILT 在 2009 年占 77% 左右，到了 2015 年仅占 30% 左右。在互联网思维下，企业培训模式侧重以问题为导向，学员之间更加倾向于互相学习。企业通过教与学，让培训中心或企业大学不再是课堂，而是一个解决问题的平台。同时，学员不再是单纯地接受知识和技能培训的学生，他们也可以主动运用自己的智慧为组织做出贡献，留下个人的真知灼见。

我喜欢摄影，但我只是看了几本摄影的书，并未参加过任何正式的培训。我大部分的摄影技术是通过网络学习的。我有很多交往了十几年的"朋友"，但我并不知道他们的真名叫什么，也不知道他们从事什么职业、住在哪个城市，我们是在与现实世界平行的空间——网络空间中相互学习和交流进步的。

根据德勤和华为的研究，未来的人才培养将进一步朝以下方向发展。

（1）**逼近真实业务场景**。近年来，增强现实（Augmented Reality，AR）、虚拟现实（Virtual Reality，VR）、混合现实（Mixed Reality，MR）、物联网（Internet of Things，IoT）等技术蓬勃发展，为人才发展提供了创新驱动力和技术支持。利用上述技术，尤其是 AR、VR，员工可以进行沉浸式学习，更加贴近真实的工作场景，学习效果的改善会变得更加直观。

（2）**精准个性化学习**。基于自适应学习技术，更加精准的个性化学习成为可能。自适应学习的基础是人工智能（Artificial Intelligence，AI）在学习记录、能力模型和智能分析等方面的应用。

- **学习记录**：过去的学习记录是孤立的、零散的。现在企业可以在记录、统计的基础上，分析学员的学习偏好，在线评估学习成长的效果，甚至可以记录学员的终身学习成长过程，我称之为"成长年轮"。

- **能力模型**：过去的能力模型和培养方案往往是基于战略和业务推导出来的，即我们假设出来的。有了学习成长和培训的大数据后，企业就可以基于数据分析构建能力模型，再提炼知识图谱，最后有针对性地设计赋能成长方案。

- **智能分析**：目前的人才培养方案仍然存在两个明显的缺陷，一是难以做到真正的因材施教，培养方案往往还是对多数人、多数岗位共性需求的提炼；二是培养方案难以做到动态调整，基本上还是设计出来后就按方案推行实施。未来，在 AI 的支持下，企业可以结合员工学习数据和能力模型识别技能差距，根据学习偏好为员工设计个性化的、可动态调整的学习方案。

◢ 小结

- 聚焦关键岗位、关键人群：关键岗位并不一定是高层级的岗位，实际上有可能散落在组织的各个角落。

- 做到训战结合、学以致用：训战结合就是要做到人才培养的场景化。训战结合并不是先训后战，两者本来就是融为一体的。

- 做到效率为先、效果为王：要明确人才成长的目标，就要分辨学员目标与业务目标。人才成长要想达到目标，必须保证成长目标、赋能点分析、成长方案、效果验证这四者系统连贯。

- 营造人才成长的组织环境：主要包括人才培养的数字技术支持、人才培养的项目管理和人才成长的组织氛围营造这三个方面。

第 3 章

人才裂变：成熟业务"少将班长"的快速复制

业务跑通以后，企业为了实现高速发展，最简单直接的措施就是快速复制成熟业务。成熟业务能否快速复制的关键在于业务领军人才能否快速复制，这是一个人才裂变的过程。

这些领军人才的管辖范围不一定很大，但往往都是独当一面的人物，能力要求并不低，我们将这类人才形象地称为"**少将班长**"。典型的"少将班长"一般会担任以下几个常见的职位：区域销售负责人（如华为的国内销售办事处主任、国家代表等）、项目经理（如华为营销"铁三角"中的交付经理、IPD 流程中的各个代表）、产品经理、生产基地负责人、连锁经营企业的店长等（如海底捞的店长、顺丰等快递企业的门店经理等）。

3.1 人才快速复制带动组织规模高速扩张

3.1.1 案例：华为高速发展背后的人才复制战略

回顾华为的发展历程，除了创立初期的几年（华为公司注册于 1987 年，实际开始运作是在 1988 年）及 2021 年的非常时期，华为有四个非常明显的高速发展期（见图 3-1）。

华为1992—2020年经营收入统计（单位：亿元）

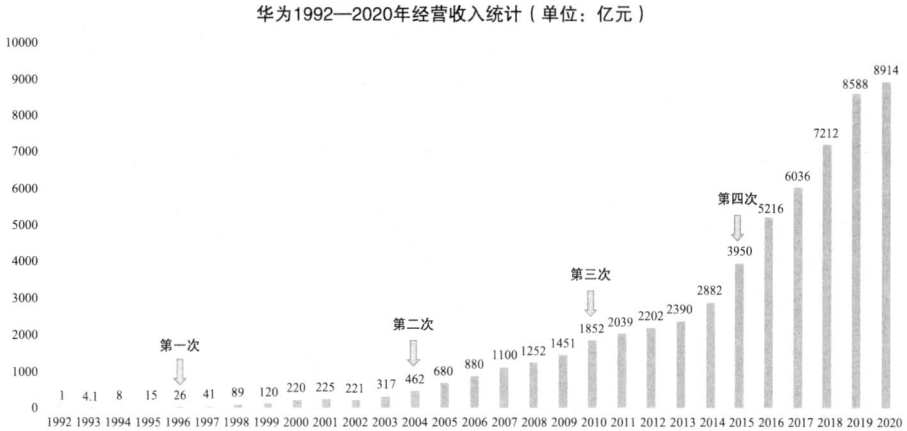

图 3-1　华为 1992—2020 年经营收入统计

- **1996 年**：这是华为第一次高速增长的起点，华为自主研发的 C&C08 交换机上市后带来了高速增长。

- **2004 年**：这是华为基本完成内部变革，在国内市场基本饱和的情况下开始走向海外市场所带来的高速增长。

- **2010 年**：这是华为从国际市场拓展转向全球化运营，大规模开拓全球市场所带来的高速增长。

- **2015 年**：这是华为巩固通信领域优势、拓展手机终端领域及更大范围地经营全球市场所带来的高速增长，是**"产品＋市场"**两个方面拓展发力的结果。

从表面上看，这四次高速增长是产品开发和市场拓展的结果。但实际上，华为每次高速增长的背后都有相应的人才战略作为支撑。下面选取华为第一次和第三次高速增长做进一步的分析。

华为在 1994 年年底、1995 年年初发起了一场**"市场部集体大辞职"**的运动，并将其视为华为建立**"干部能上能下"**文化的源头。其实，这是华为的**一箭三雕**之举，但鲜有人能看透。

1. 文化塑造

这场运动建立了华为"**干部能上能下**"的文化，也是华为企业文化中的"**烧不死的鸟是凤凰**"的源头。

2. 干部优化

1995 年前后，华为在国内各地有 30 多个销售办事处。受公司初创期条件的限制，这些办事处一方面难以吸引优秀的人才，另一方面自身的人才培养能力也尚未建立，办事处主任的胜任能力普遍不足，难以适应公司即将进入的高速发展期（当时，华为自主研发的 C&C08 交换机已经开发成功，准备大规模推向市场）。在从初创期转向高速发展期的过渡阶段，大部分企业都会面临这样的困境，就看企业能不能妥善地解决这个问题。华为通过这次运动优化、淘汰了三分之一不胜任的销售办事处主任。

3. 人员赋能

华为前董事长孙亚芳于 1992 年入职华为。入职伊始，孙亚芳主动请缨，希望去某个销售办事处去"啃硬骨头"。但是，任正非有另外的考虑。当时，华为的市场营销人员没有接受过正规、系统的培训，用的都是"土办法"，而孙亚芳是受过市场营销正规训练的人才。因此，任正非要求孙亚芳晚一年去市场一线，先花一年时间将全部市场营销人员轮训一遍。然后，孙亚芳才去了华为武汉办事处。随后，我们看到的是华为从"**土狼**"向"**狮子**"的蜕变，迎来了 1994—2000 年的第一个高速发展期，从国内 200 多家通信设备制造商中脱颖而出，迅速奠定国内通信设备制造商第一的地位。

2010 年，华为进入第三个高速发展期，这也是华为大规模开拓全球市场的开始。其实，华为对海外市场的拓展可以追溯到 1996 年，只是早期的进展并不顺利。2004 年初期，华为海外市场拓展也曾出现过一个小高潮，但很快就跌入**"交钥匙工程"**（Turnkey）等海外市场拓展的"陷阱"。华为的海外市场拓展可以说是"摸着石头过河"，到了 2005 年前后也只覆盖了 20 多个国家和地区。

探索海外市场初期，华为采取从国内派出优秀销售代表的做法，通过"重赏"寻找海外市场的破局者。这种人才外派模式是很多企业拓展新市场时采用的模式，但效果并不理想。究其原因，还是因为华为组织能力的各个层面都有这样那样的问题。

- **海外市场定位有偏差**：贸易思维严重，企图"国内产品全球卖"。
- **客户要求把握不准**：对当地市场不了解，没有与客户建立直接关系，过于依赖代理商，总是把握不准客户需求。
- **海外项目运作能力差**：总部缺乏对海外市场的有力支持，对内协调难度大，导致外派人员孤军奋战。此外，海外项目仍然沿用国内项目运作模式，看似签了不少单，但叫好不叫座，很多订单细算下来最后还赔钱。

当然，最直接的原因还是关键岗位的人才选拔与赋能培养出现了问题，首当其冲的就是国家代表（相当于华为在某个国家的销售公司总经理）。由于国内外的市场环境存在巨大的差异，从国内派出去的优秀销售代表必然面临水土不服等严重问题，某种程度上可谓**"内战内行，外战外行"**。

可是，到了 2010 年，华为在短短 5 年时间内将全球业务拓展到了 180 个国家和地区，公司收入从 680 亿元增长到了 1 852 亿元。华为是如何做到的呢？

首先，随着海外影响力的不断提升，华为在海外逐渐站稳了脚跟，逐步积累了拓展海外市场的经验。

其次，通过 IPD、集成供应链（Integrated Supply Chain，ISC）等流程变革，华为的产品和研发体系及整个运营管理体系日益成熟。2004 年，华为通过了英国电信的供应商认证，并于次年成为英国电信首选网络供应商。这是华为进军海外市场的一个重要里程碑，相当于拿到了进入欧洲主流电信市场的敲门砖。

最后，也是最关键的一点是，**华为建立了训战结合的人才培养体系，解决了国家代表、"铁三角"等海外市场拓展关键岗位的人才赋能培养、人才复制的问题**（"铁三角"指华为 LTC 流程中的**客户经理、解决方案经理和交付经理**这三个关键角色。LTC 流程是华为建立的覆盖"**发现销售线索——培育线索——将线索转化为订单——管理订单执行及回款**"的端到端核心业务流程）。

3.1.2　案例：腾讯产品经理的培养

国内互联网行业流传过这么一句话："**百度的技术，阿里的运营，腾讯的产品。**"

作为国内互联网行业的知名企业，腾讯的确开发了很多优秀的产品，如微信、QQ、应用宝等。腾讯的产品观也一直被业内人士奉为圭臬，说腾讯是国内互联网行业拥有最完整的产品经理培训体系的企业也不为过。与小米喜欢引入空降兵不同，腾讯非常注重对内部人才的培养，即使是产品经理也常常从新手开始培养。那么，腾讯是如何将零基础的新手培养为独当一面的产品经理的呢？

腾讯的产品经理从新手或实习生开始成长，沿着**产品专员、产品经理、高级产品经理、专家产品经理**等层级逐步成长，如图 3-2 所示。

奇点探索者、风口发现者

专家产品经理

定义并驾驭战略产品

高级产品经理

定义产品并运营产品

产品经理

优化特性、完善指标

产品专员/产品经理助理

竞品研究、辅助工作

新人/实习生

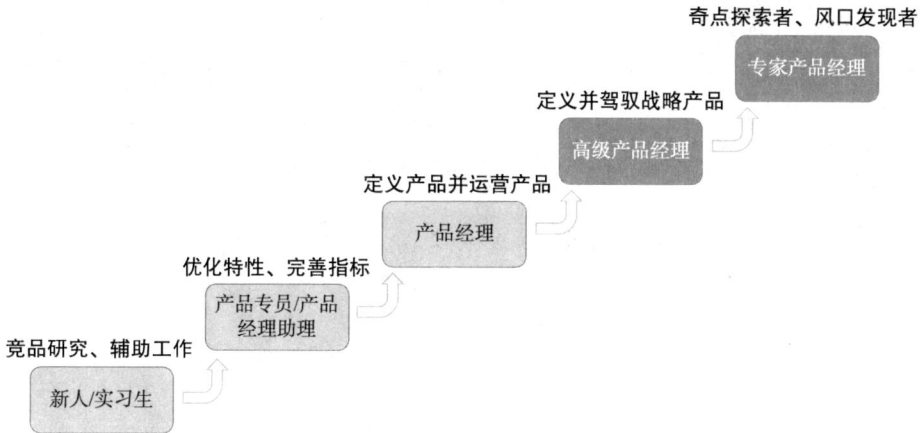

图 3-2　腾讯产品经理成长之路

腾讯各层级产品经理的定位如下。

- **新手、实习生**：基本上只具备基础素质，但尚未掌握产品管理能力，其工作内容主要是研究竞品、做一些辅助工作。在新手见习期间，公司判断其是否值得培养，有没有成长潜力。

- **产品专员、产品经理助理**：做好的产品会被交给产品专员或产品经理助理去跟踪，他们负责对产品特性进行局部优化，完善产品指标，即**"优化特性、完善指标"**。

- **产品经理**：定义并运营产品。产品专员或产品经理助理的工作是基于已经做好的产品，努力优化产品特性以改善产品数据表现；而产品经理需要定义产品的服务内容及全部特性，并实现它、运营它，这时还没有这个产品。

- **高级产品经理、专家产品经理**：就职责、工作流程本身而言，他们与产品经理没有区别，只是能力不同，他们要对产品的经营指标负责。因为考核要求不同，他们需要承受的内部决策压力和外部竞争压力是不一样的，需要协调和调动的公司内部资源和外部产业资源也是不一样的，需要的决策力、领导力、沟通能力都是不一样的。这样的差异类似于让一个人走 1 米高的独木桥和走 20 米高的独木桥，走的动作都一样，但心理体验是完全不同的。

在成为高级产品经理之前，**不需要考虑产品的经营指标。也就是说，在腾讯产品经理的培养过程中，从新手到产品经理，即产品经理成长的前三个阶段，主要通过产品运营管理、产品定义、产品实现等完整过程，以实战的方式进行养兵和练兵。**

3.1.3 案例：海底捞店长的培养

很多人认为餐饮行业的门槛较低，只要有好菜品，开一家或几家很火的店并不难。因此，创业者和投资机构纷纷入局。

但是，开一家成功的餐馆并将餐饮品牌做大做强并没有想象的那么容易。根据中国餐饮行业协会的统计，目前餐饮行业新店一年内的倒闭率高达60%！每天都有大量的新店开张，同时每天也有很多老店关门。

如果只是开一家餐馆，成功的概率还是比较高的，只要选对了位置，菜品也不差，服务还不错，基本上就成了。但是，在餐饮行业实现规模化发展的难度其实非常高。对餐饮企业来说，通过扩店实现连锁经营是规模化发展的必然之路。在餐饮店的连锁经营中，最大的难题其实是人才问题，核心是店长的复制。如果店长的培养速度跟不上门店的扩张速度，扩店的梦想就难以实现。对于其他连锁经营企业（如服装、医药零售等企业），"店长"也是最重要的资源之一。从某种意义上说，你培养合格店长的速度有多快，你的业务发展速度就有多快。

业界一直对海底捞店长的培养模式和成效十分推崇。虽然受多个方面因素的影响，海底捞从 2020 年开始在经营中出现了一些问题，2021 年问题更加严重，但海底捞确实在实践中形成了一套快速有效的店长培养体系，实现了业务的突飞猛进。根据海底捞发布的财报，2020 年海底捞新增门店 544 家，创历史新高，相当于平均每天新增 1.5 家门店。

通过店长的复制、门店的扩张，海底捞实现了规模的快速扩张。2015—2020 年，海底捞的收入和门店数量统计如图 3-3 所示。

2015—2020年海底捞的收入和门店数量统计

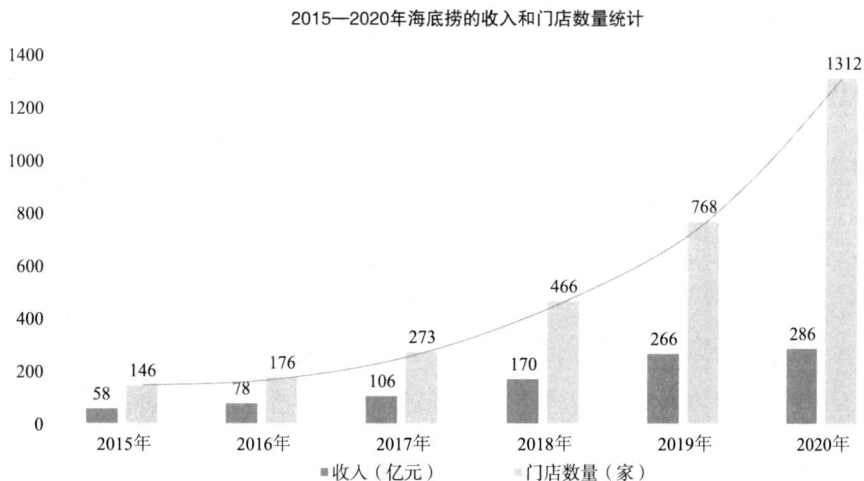

图 3-3　2015—2020 **年海底捞的收入和门店数量统计**

我们对海底捞门店的平均收入做进一步的分析后发现，海底捞每扩张一家新的门店，就相当于增加 2 000 万元 ~ 4 000 万元的收入。海底捞门店平均收入统计如图 3-4 所示。

海底捞店长的学历普遍不高，常常采用师徒制进行培养。众所周知，传统的师徒制人才培养模式，就是师傅手把手地教徒弟。这种"传帮带"方式有三个明显的问题。

- 师傅自己的水平可能很高，但并不一定擅长带徒弟。这种模式注定速度慢、效率低，难以满足快速开店的需求。
- 每个师傅的能力和意愿有差异，难以实现规范化的管理。过程难以实

2015—2020年海底捞门店平均收入统计（单位：万元）

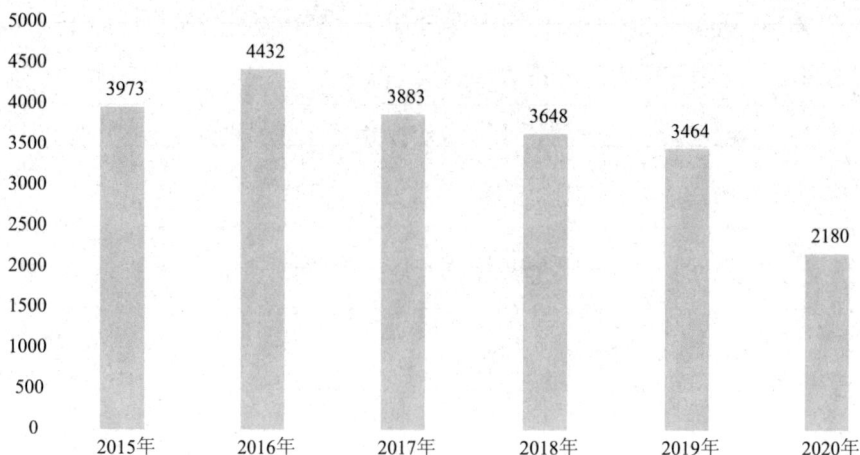

图 3-4　2015—2020 年海底捞门店平均收入统计

现规范化管理，人才培养的效果就难以得到保证。

- 每个师傅的想法不同，带出的徒弟有很强的个人色彩，谁带出来的徒弟就像谁，这样培养出的店长未必符合企业发展的需要。

海底捞的师徒制并不是简单的"传帮带"。从培养对象的选拔到店长的培养上岗，海底捞有一套系统的店长选拔及培养体系。这套体系主要包括以下三个步骤。

第一步：选拔好苗子进人才库。海底捞的师徒制也是一种举荐制。师傅可以推荐优秀的徒弟进入人才库，徒弟则需要接受相关的培训。培训内容包括餐厅管理、服务及公司内部政策等。

第二步：晋升为大堂经理。徒弟通过考试以后，必须在餐厅任职并胜任至少 10 个岗位，如服务员、门迎、收银、酒水、配料、上菜、水果、油碟、传菜等，由店长推荐参加海底捞大学举办的培训课程并通过考评，最后才能晋升为大堂经理。

第三步：晋升为店长。按照海底捞的规定，只有业绩考核结果为 A 的店长才有推荐大堂经理作为店长候选人的资格。这些候选人将参加为期 15~30 天的培训课程，培训内容包括讲座及实践锻炼。他们要在课程结束时接受考评，只有通过考评的人才有资格成为新店的店长。

按照海底捞的规定，师傅首先要保证自己管理的门店业绩良好，才能拓展新店。新店开业时，师傅管新店，徒弟管老店。

3.2　成熟业务"少将班长"快速复制的解决方案

不同企业复制成熟业务所需的"少将班长"可能不一样，有的需要国家代表，有的需要店长，有的需要产品经理，有的需要项目经理。但是，在复制成熟业务的过程中，企业要解决的问题却是具有共性的：**需要具备快速培养、复制关键人才的能力，如同孙悟空一样，拔下几根毫毛，瞬间变出几十个孙猴子！**

人才复制听起来似乎比较简单，但真正做好很难。如何才能做到人才的**快速复制**，以达到人才**裂变**的效果呢？"三位一体"的关键人才复制解决方案是一套很好的方案，如图 3-5 所示。

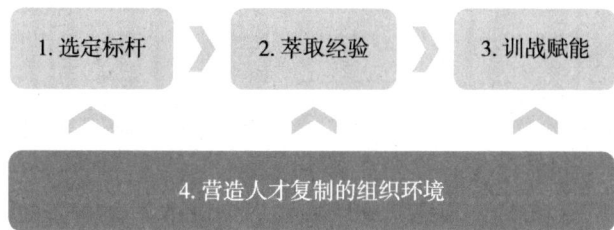

图 3-5　"三位一体"的关键人才复制解决方案

在本人为企业提供咨询、顾问辅导等服务的过程中，"三位一体"的关键人才复制解决方案被充分证明是一套行之有效的方案。

3.2.1　选定标杆，找到人才复制的模板

由于准备复制的是成熟业务，其业务场景基本相似，所以人才复制效率最高、效果最好的办法就是找到复制的模板。如同冲洗照片一样，最关键的是有一张好的底片。

为了快速培养国家代表，华为从全球找出业绩最好的国家代表，将他们召回总部，选为培养、复制国家代表的标杆。为了避免个体模板带来的偏差，找准培养的目标与方向，华为还为国家代表绘制了人才画像，以进一步明确国家代表的定位。表 3-1 是根据华为高管讲话及相关资料整理出来的国家代表角色模型。

表 3-1　国家代表角色模型

角色	关键场景行为
BE：Business Environment 和谐商业环境的营造者	• 以战略型客户关系为核心 • 全面关注商业环境中的各利益相关方 • 企业公民 + 华为女士 / 先生
S：Strategy 制定和执行战略的领导者	• 理解并推动公司战略 • 制定符合公司战略的本地沟通机制 • 批准资源，建设本地战略管理的长效机制 • 监督实施
T：Team 跨文化团队的开发者	• 结合当地环境，传承公司核心价值观 • 培养人才，建立干部继任梯队 • 改善组织氛围，塑造跨文化团队
R：Resource 资源整合协调的主导者	• 资源规划 • 资源获取、培养 • 资源整合
O：Operation 运营结果的责任人	• 确保经营活动安全 • 组织、协调、监控运营活动 • 对运营指标负责

角色模型并不完全等同于岗位胜任力模型。"角色" 这一概念源自流程，是流程的活动承担者。自 2010 年起，华为逐渐从矩阵型组织向流程型组织转型，所以华为称之为 "角色模型" 而不是 "岗位胜任力模型"。"关键场景行为" 是为了履行角色职责所需采取的行动。当然，角色模型的设计方法完全适用于岗位人才画像。

埃森哲、IBM 等公司曾经做过全球化领军人物能力素质模型调查，调查结果如图 3-6 所示。

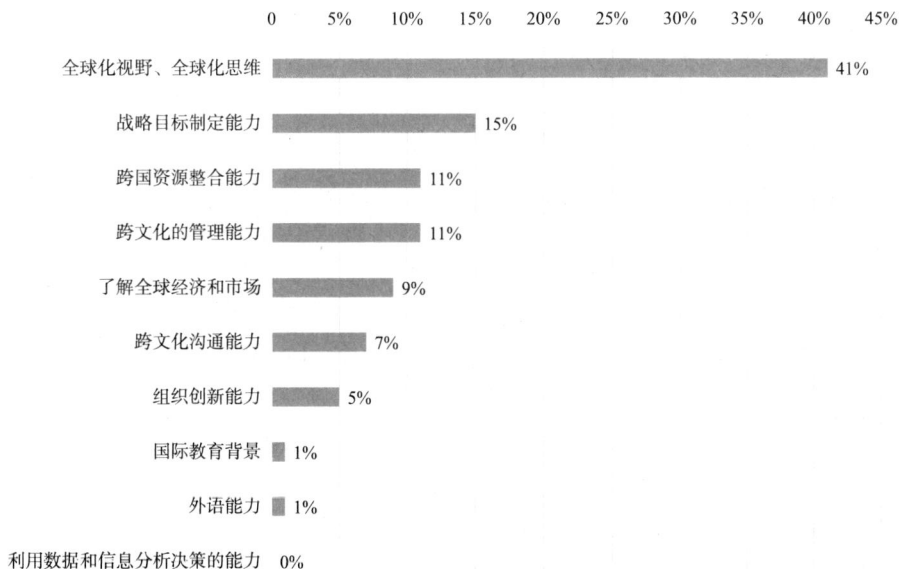

能力	百分比
全球化视野、全球化思维	41%
战略目标制定能力	15%
跨国资源整合能力	11%
跨文化的管理能力	11%
了解全球经济和市场	9%
跨文化沟通能力	7%
组织创新能力	5%
国际教育背景	1%
外语能力	1%
利用数据和信息分析决策的能力	0%

图 3-6　全球化领军人物能力素质调查结果

对比华为的国家代表角色模型与全球化领军人物能力素质模型，我们可以得到一些有趣的发现：国家代表角色模型并没有强调 "全球化视野、全球化思维"。我认为，这是因为华为已经走过了国际化的初级阶段，已经基本具备 "全球化视野、全球化思维"。但是，全球化领军人物能力素质模型的第二项至第七项基本上都能与国家代表角色模型对应起来。

此外，还有知识、基本技能等方面的要求，这里不再赘述。

我认为，华为之所以选择角色模型，而没有采用能力素质模型，是因为以下两个方面的因素。

1. 管理基础不同

华为之所以不强调能力素质模型，是因为华为的人才培养已经有了坚实的基础，那些通用的能力素质要求在人才选拔环节已经考虑过了，或者在其他人才培养基础项目中已经实现了。未达到能力素质基线的后备人选不可能被选拔到相关的岗位或角色上。

2. 人才培养的理念不同

对于人才培养，华为有一句话叫"明确期望比提升能力更重要"。这句话不是特别容易理解。任正非说过："我们是选拔制，选拔更优秀的人上来，在全公司和全世界范围内选拔优秀者，落后者我们就淘汰。"

什么是期望？角色定位就是企业对该岗位或角色的期望。如果你能承担好这个角色，你就是一个合格的任职者，否则就会被淘汰。企业不会直接说你需要达到什么能力要求，华为根据角色定位直接描述对你的行为要求，能力要求隐含在角色模型中。

国内企业喜欢学习标杆，这是一件好事。但是，我特别担心大家盲目地"抄作业"，以至于误入歧途。如果企业仍然以岗位管理为基础，人才培养的水平也没有达到华为的层次，最好还是老老实实采用岗位胜任力模型绘制人才画像。

3.2.2　萃取经验，将战场搬进课堂

人才复制的模板选定之后，如何设计赋能培养的内容并从模板身上萃取经验就成了最关键的步骤之一。

经验萃取并不是什么新鲜事物，计划经济时代倡导的"工业学大庆"就是一种经验萃取。能够持续存在的组织，哪个没有一些可取的经验？只是，大部分企业的组织经验往往散落在个体的头脑中，未能从个人能力转化为组织能力，最终随着人员调岗、离职、退休而被白白浪费掉了。早在 20 多年前，任正非就说过："华为最大的浪费就是经验的浪费。"

组织经验萃取的热潮大致始于 2015 年前后，主要用于培训教材中的案例开发。华为开展组织经验萃取要早得多，至少在 2000 年前后就开始了，华为最早称之为"知识收割"。此外，华为不仅将经验萃取用于人才赋能成长，还将其用于项目经验总结和价值观提炼，形成了三个方面的应用，如图 3-7 所示。限于本书主题和篇幅，下面重点阐述如何将经验萃取用于人才赋能成长。

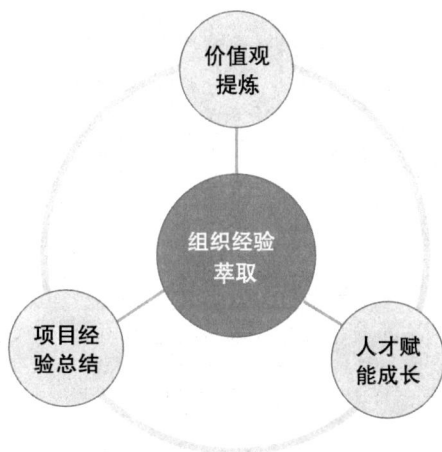

图 3-7　华为组织经验萃取的三大典型应用场景

华为从国家代表中选出 5 个标杆后，将他们召回总部，由他们"背靠背"列出开拓海外市场的关键问题清单；然后将列出的问题合并整合，发现其中有将近 2/3 的问题是重叠的；接着将重叠的问题合并，进一步归纳为 8~9 个关键问题，如关税问题、建厂问题、劳工问题、政府关系问题等。把这些问题搞明白，海外市场拓展的问题就解决了百分之七八十。

然后，华为将以上 8~9 个关键问题分配给 5 位国家代表，每个人负责 1~2 个主题的培训教材开发，不仅要编写教案、制作课件，还要登台教学。在此期间，华为大学的培训专家对这 5 个国家代表进行教材开发的专业辅导（华为培训教材开发团队的构成可参阅本书第 2 章相关内容）。

这个赋能培养内容的开发过程基于真实业务场景萃取的实践经验，因此被形象地称为"将战场搬进课堂"。

可能有人会说，经验萃取不就是总结经验吗？这个很简单啊！在经验萃取的过程中存在三大常见误区（见图 3-8），要想做好显然没有那么容易。大家可以对照自身实践，看看在经验萃取过程中有没有陷入这些误区。

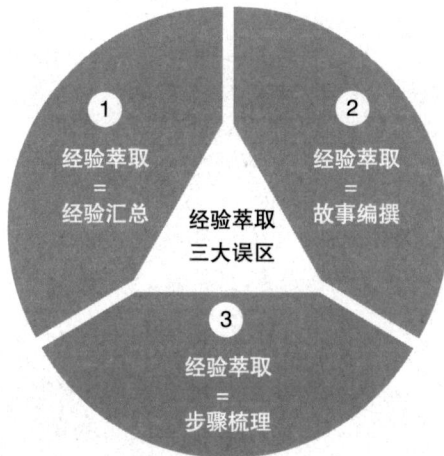

图 3-8　经验萃取过程中的三大常见误区

误区 1：将经验萃取等同于经验汇总，没有击穿底层逻辑。经验不可复制，可以复制的是理性思维。如果经验萃取没有上升到更高层级，当场景变化时，过去的成功反而会成为失败之母，导致经验主义错误。

误区 2：将经验萃取等同于故事编撰，案例挖掘不深、浮光掠影。在经验萃取过程中，要深挖隐性经验，即成功或失败的深层次原因，不能浮光掠影，不能将经验萃取变成故事编撰。经验萃取过程是对**业务场景的描述，所有信息都必须是真实的**。要理解案例的背景，客观真实地还原故事画面，不能隐含经验萃取者的个人偏好。

误区 3：将经验萃取等同于步骤梳理，仅仅萃取操作步骤，缺乏对"窍门"（Know-how）的提炼。在经验萃取过程中，如果只是提取了一步一步应该做什么，类似于整理流程步骤，就说明还没有真正萃取出"窍门"。就像练武一样，只学会了招式，没有学会心法，其价值非常有限。

经验萃取，往小了说可以避免个人犯同样的错误，提高工作效率；往大了说可以提升整个团队的能力和运行效率，甚至可以改变组织的运作模式。如何才能做到真正有效地萃取经验呢？

我们可以将组织经验萃取分为三个层次——感性经验、理性思维、第一性原理，如图 3-9 所示。

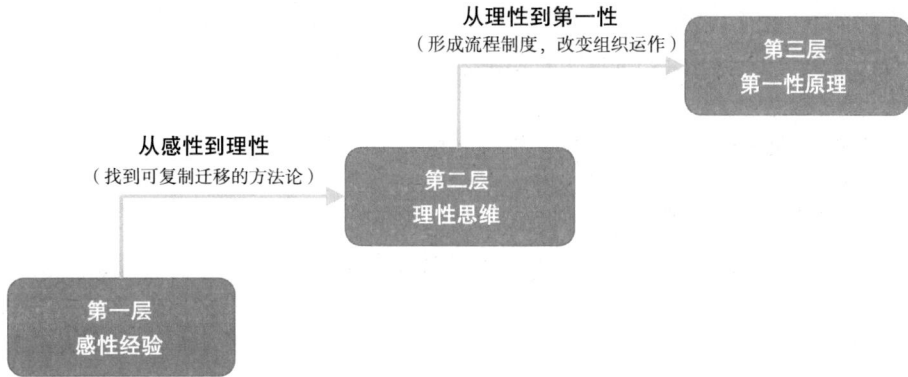

图 3-9　组织经验萃取的三个层次

在经验萃取过程中，如果能够突破到第二层甚至第三层，就能更好地萃取组织经验的闪光点，从而将个人能力转化为组织能力。这就需要我们从"感性经验"层上升到"理性思维"层，从"理性思维"层进一步升华到"第一性原理"层。从"如何做对"（知其然）进化到"搞明白其中的核心秘诀、窍门是什么"（知其所以然），不仅需要总结操作步骤，必要时还要优化业务流程，甚至改变组织运作模式。

第一性原理又称**第一原理**，近几年埃隆·马斯克（Elon Musk）经常提到这个原理。该原理源于古希腊哲学家亚里士多德提出的一个观点：**"每个系统中都存在一个最基本的命题，它不能被违背或删除。"**

我们要运用第一性原理思维，而不是比较思维，这是非常重要的。在生活中，我们总是倾向于去比较——别人已经做了，我们也去做，这只能获得小的成就。

——埃隆·马斯克

在经验萃取方面，华为有一个非常经典的案例，那就是华为"铁三角"组织的形成，这是一次改变了华为组织运作模式的经验萃取。

案例：华为苏丹项目的败北与"铁三角"组织的形成

时间： 2006 年

地点： 苏丹首都喀土穆

背景： 苏丹电信邀请华为和另一家供应商参加移动通信网络项目的招投标。在只有两家供应商的情况下，华为被彻底排除在外。

案例总结： 项目失败后，华为内部各条线都在反思，包括客户线、产品线、交付线等。通过反思，大家发现了以下问题。

- 内部信息沟通不畅：没有做到项目信息在公司内部共享、同步。客户经理在前端掌握的信息没有及时传递到后端，而且客户需求在传递过程中快速衰减。

- 客户关系管理很不到位。

- 提供的产品解决方案完全不符合客户的要求，竞争对手能够把握客户的需求，为客户提供价值更高、成本更低的产品。
- 项目交付能力无法让客户满意。

根本原因：华为的组织运作体系与客户的组织体系是不匹配的。客户线、产品线和交付线各有各的组织运作模式，各有各的 KPI，所有的队伍都在期盼客户快速签单。看起来责任明晰，压力传递也到位，但所有人都却忘记了根本：客户为什么选择华为？大家忘记了华为存在的价值就是满足客户的需求。

这也是 2B 业务和 2C 业务的不同之处。简单来说，2C 业务只需要考虑产品本身。例如，我们买一款自己用的手机，只要手机好用、外观自己也喜欢，就可以了。但是，2B 业务的产品需要嵌入客户企业的运营体系，将影响客户企业的业务发展。

解决方案：事后，华为的苏丹团队痛定思痛，重新振作起来，提出了要建立以客户经理、交付经理、解决方案经理为核心的业务核心管理团队，这就是现在业内众所周知的"铁三角"管理模式，如图 3-10 所示。3 年之后的 2009 年，华为获得了苏丹运营商全国 G 网的最大项目，终于反败为胜。

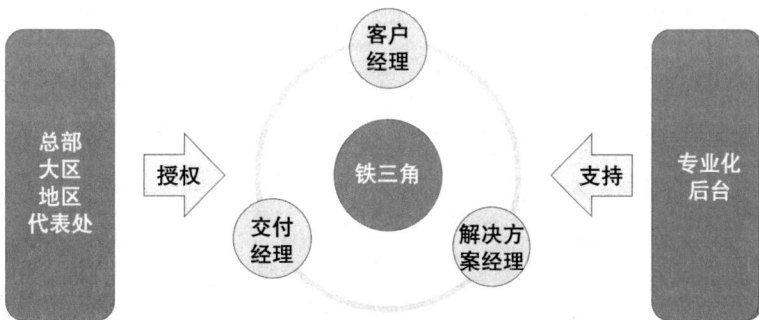

图 3-10 华为"铁三角"示意图

一般认为，经验萃取是对已经得到验证的成熟经验进行"收割"的过程。那么，对于一些新业务或刚进入的新领域，尚未形成成熟的打法和经验，是否也可以进行经验萃取呢？这是大部分企业在接触"经验萃取"这个概念后经常提出的问题。答案是肯定的。华为将这种方法称为"登舰方法"，我称之为"经验迁移"。本章内容聚焦于成熟业务的人才复制，所以这里重点阐述成熟经验的萃取，经验迁移将在下一章中详细阐述。

如何有效地完成成熟经验的萃取呢？华为采用的方法叫**"事后回顾"**（After Action Review，AAR）。AAR 最早是美国陆军所采用的一种知识管理方法，后来被越来越多的企业所采用。英国石油、摩托罗拉、通用电气、华为等企业先后引入该方法，并形成了一套有组织、有认证、有流程的知识管理方法。

AAR 基于当下已发生的任务、活动、事件等，可以采用正式与非正式的形式展开，而且萃取出来的成果可以直接应用于下一步的行动，应用场景十分广泛。AAR 可用于以下典型场景。

- 场景一：市场部刚打了一个败仗，原以为手到擒来的项目丢了。
- 场景二：企业数字化转型项目分为三个阶段，第一个阶段刚上线，目前正在基于第一阶段的项目经验做事后回顾，为后续两个阶段工作的开展做准备。
- 场景三：公司 HR 团队每月开例会，针对当月新招聘人员的入职情况做事后回顾，反思面试甄选的准确率、入职后的新人培养等问题。
- 场景四：研发团队近期完成了一项技术攻坚，解决了服务器突发宕机事件，基于此事件开展事后回顾。
- 场景五：工艺工程、品质管理、供应商管理团队针对公司近期发生的一起严重的质量事故，反思供应商管理中存在的问题。

从上面罗列的场景可以看出来，AAR 的应用场景是比较多的，既可以是事件的关键节点，也可以是重复事件的例行节点；既可以由问题触发，也可以由成功案例触发；只要有心，随时可以找到场景。

AAR 采取"**六步四问法**"展开。

- **第一步**：介绍会议背景，讨论、确定活动的目的和目标。
- **第二步（第一问）**：反思事先期望发生的结果是什么。
- **第三步（第二问）**：反思在活动中实际发生了哪些事情。
- **第四步（第三问）**：也许团队做的超过了预期或未达到预期，反思为什么**期望**与**实际**之间产生了差距，这一步的核心是反思。
  - 什么原因造成了这个差距？主要障碍是什么？
  - 下次再做类似的事情，我们应该如何去做？
- **第五步（第四问）**：我们下一步将采取哪些行动？有什么计划？责任人是谁？
- **第六步**：归纳整理，跟踪落实计划。

在实施"**六步四问法**"的过程中，为了有效地进行经验萃取，华为采用了三种卓有成效的操作方法，即文档收割、人员访谈和共创复盘，如图 3-11 所示。

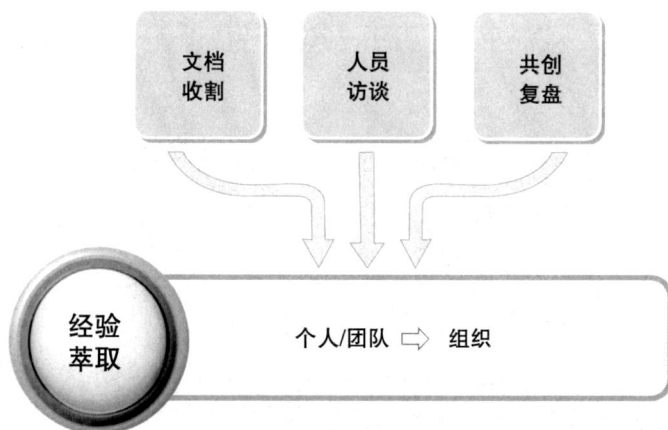

图 3-11　经验萃取的三种操作方法

1. 文档收割

当年，我在华为工作期间曾参与 IPD、ISC 等变革项目。我最喜欢看的并不是流程操作步骤，尽管这些非常有价值，我最喜欢看的是流程关键操作步骤配套的模板。流程操作步骤只能告诉你应该做什么，而这些配套的模板能真正告诉你这些关键步骤应该如何做。

这些模板从何而来？当然是 IBM、华为等企业对自身实践经验的总结。

文档收割就是针对一些关键项目和岗位，对其输出的工作文档进行经验萃取。某些企业为什么在管理方面进步慢？一是这些有价值的文档散落在个人手里，被白白浪费了；二是不同的人有不同的做法，导致个体效率高但沟通协作困难。

2021 年，我在为某企业提供"**打造以客户为中心的组织体系**"咨询服务的过程中遇到了类似的情况。这家企业存在的问题之一是横向协同困难，部门之间出现了"**深井病**"，导致订单交付及时率低、客户满意度低。在分析供应商管理这个环节时，我们发现：该企业的几位供应商管理人员各有一套供应商管理 Excel 模板。项目组总结了该企业的实践经验，结合富士康、申洲国际等行业标杆企业的实践，建立了一套适合该企业的、统一的供应商跟踪管理模板。临近研讨会结束，我听到其中一位人员说："我还是觉得自己的模板更好用，以后我还是用自己的。"

这个人后续是如何处理的，这里不再赘述，但从这件事情可以看出，**将经验萃取出来困难，将萃取出来的经验推广应用更困难**。这是因为，推广萃取出来的经验时可能需要改变某些员工的习惯，员工需要学习和掌握新的工作方法和技能，因此他们很可能产生抵触情绪。

华为有任职资格体系作为牵引，不同级别的员工在参与任职资格评价时都需要提供**举证材料**，即对照任职资格的要求，提供相应的案例、文档等知识资产。此外，员工要想在任职资格评价过程中取得高分，还要展示创新之处和亮点。因此，员工在整理自己的过往经验、心得体会、工作文档时都比较主动积极。我在近 20 年的管理咨询实践过程中发现，凡是已经建立任职资格体系的企业，员工都有这样的态度。

例如，在我服务过的某企业的软件类岗位任职资格标准中，有一项能力要求为"**软件架构设计**"，其等级标准及需要员工提供的举证材料如表 3-2 所示。

表 3-2　某企业软件类岗位任职资格标准及举证材料

级别	任职资格标准	举证材料
专家级工程师	• 作为核心成员参与行业全新产品或行业全新软件基线的产品整体方案设计，引入软件新技术、新科技成果、新应用以提高产品整体竞争力，引领行业发展 • 主导软件系统概要设计，定义软件系统的总体架构，包括模块划分、功能逻辑、接口设计、技术方案等	主导设计的全新产品软件系统架构方案（1 份）
资深工程师	……	……
……	……	……

如果员工希望达到专家级工程师的任职资格标准，就要提供其主导设计的全新产品软件系统架构方案。在任职资格评价过程中，我们经常在员工提供的举证材料中发现闪光点，我们做进一步萃取后会将其纳入企业的管理体系。

2. 人员访谈

如果经验萃取的对象时间非常有限，或者由于某些原因无法组织研讨共创，就可以采取访谈的方式进行经验的收集、整理和提炼。

人员访谈一般分为以下四个步骤。

• 步骤一：开场。

- 步骤二：勾勒故事或整体地图。

- 步骤三：分步骤深度挖掘。

- 步骤四：结束访谈。

在这四个步骤中，最关键的是步骤二和步骤三。其中，步骤二的主要内容是引导经验萃取对象回忆成功案例，讲述故事整体过程。步骤三的主要内容是挖掘各步骤、活动与行为、方法与技巧的适用情境，挖掘各步骤所采用的有效方法，曾经遇到的难点、误区与雷区，问题的解决技巧、工具与话术等。

3. 共创复盘

共创复盘，就是集合一群业务专家或整个项目的重要亲历者，以复盘或研讨共创的方式系统地梳理经验。通过共创复盘萃取经验的方式尤其适用于项目复盘及一些团队协作型经验的萃取。在共创复盘的过程中，大家通过群策群力，能够更好地还原项目全貌，专家也能比较完整地回忆重要节点的经验。如果一个人存在盲区或记忆模糊的部分，其他共创复盘参与者就可以及时进行验证和补充。

下面看看美团如何通过经验萃取找到适合自己的业务规模化扩张路径。

作为阿里巴巴的第67号员工，干嘉伟（昵称为"阿干"）是阿里巴巴"中供铁军"的代表性人物，他后来加入美团担任首席运营官（Chief Operating Officer，COO），亲手打造了美团的"地推铁军"。

2011年11月，阿干刚去美团时，正值"千团大战"最激烈的时候。阿干作为COO，主要负责供应链、销售和增长。在最初几个月，阿干并没有做具体的管理工作，而是到处去问一线人员和中高层管理人员："在美团如何成为一名'销冠'？"

阿干当时的逻辑是：如果能够找到可复制的成为"销冠"的路径，就通过管理把其他人也变成"销冠"。当时，美团有 1 000 多人，一定有优秀的人才。只要找到那个人，其他人都来学习他就可以了，这就是管理。

在美团如何成为一名"销冠"？

阿干最初收到的答案五花八门，有人说是勤奋，有人说是脸皮厚，比较多的一个说法是"消费感好"。所谓"消费感好"，就是团购套餐要"卖爆"，需要销售人员搭配出一个好的套餐。但是，"消费感"很难量化和定义，无法规模化复制。

最后，阿干发现，与业绩相关系数最高的就是"供给数"，说白了就是团购单量。2012 年美团开年会的时候，阿干决定全体地推人员 2012 年就做一件事——"狂拜访、狂上单"。一年之后，美团把竞争对手远远地甩在了后面。

阿干寻找"销冠"的过程就是美团萃取地推成功经验的过程。

3.2.3　训战赋能，将课堂搬进战场

1. 场景化训战

脱离应用场景的空泛的知识和管理工具是没有用的。如前文所述，华为的人才培养强调场景化训战，力求做到训战课堂中搭建的场景与实际工作场景几乎完全一致，尽可能做到在逼真的环境中实施培训，也就是任正非常说的**"仗怎么打，兵就怎么练"**。

华为的人才培养讲究训战结合，学员前期的训和后期的战是相互结合的，每次培训结束之后必须到一两个项目中进行相应的实战。场景化训战的最终目标是形成一套标准的作战方式和工作指导，让所有学员工作更高效、业绩更显性、行为更稳定。华为所有的培训课程都是基于此原则设计的，培训内容全都是公司过去踩过的"坑"，是公司过去经验和教训的总结。

要想真正做到场景化的人才培养，必须重视以下三点。

- **内容场景化**：必须将业务场景嵌入学习内容，也就是学习内容必须是场景化的，否则场景化学习就是空谈。

- **能力标准化**：类似华为国家代表角色模型，从所有场景中抽出相关能力，通过萃取形成标准化行为，以便学员在后续场景化训战过程中养成正确的习惯。在这个过程中可以抛弃掉枯燥、晦涩的能力模型。

- **培训实战化**：培训必须基于实战，华为称之为"战例化"。这有两个方面的内涵：一是培训过程中使用的案例必须从工作实际中来，是从公司过去的案例中萃取出来的；二是深入工作场景，在实际工作中应用知识、锤炼技能。此外，培训应该以学员为中心，讲授时间要有所控制（在华为一般只占 25% 的时间），大部分时间应该用在案例讨论和模拟演练上。学员要学会运用知识，并将其转化为自己的行为，以实现个人能力的提升。以华为基层管理者培养项目"青训班"为例，有一项培养内容是项目管理能力。在完成课程培训之后，这些基层管理者需要真正参与项目实践。华为早期的"青训班"源自市场营销体系，学员在完成培训后，都要去交付类项目中实践 2 个月以上。参与交付项目可不是去当旁观者，而是需要承担项目管理中的一个关键角色，真正到项目中干活。

2. 场景化训战方案设计

华为在设计场景化训战方案时先看工作产出成果，从这个结果往回倒推，即"以终为始"。具体做法是，找到影响业绩达成的关键成功因素（Key Success Factor，KSF），分析与其相关的人群，并确认哪些行为会对业绩产生影响，这些行为需要哪些能力的支撑，然后搭建模拟工作场景并进行有针对性的训战。简而言之，其设计逻辑是：寻找 KSF →分析关键行为→搭建模拟工作场景→场景化训战。

对照华为的国家代表角色模型、华为国际化业务拓展的业务痛点，初任国家代表的人员需要通过训战实现"三大转身"，如图 3-12 所示。

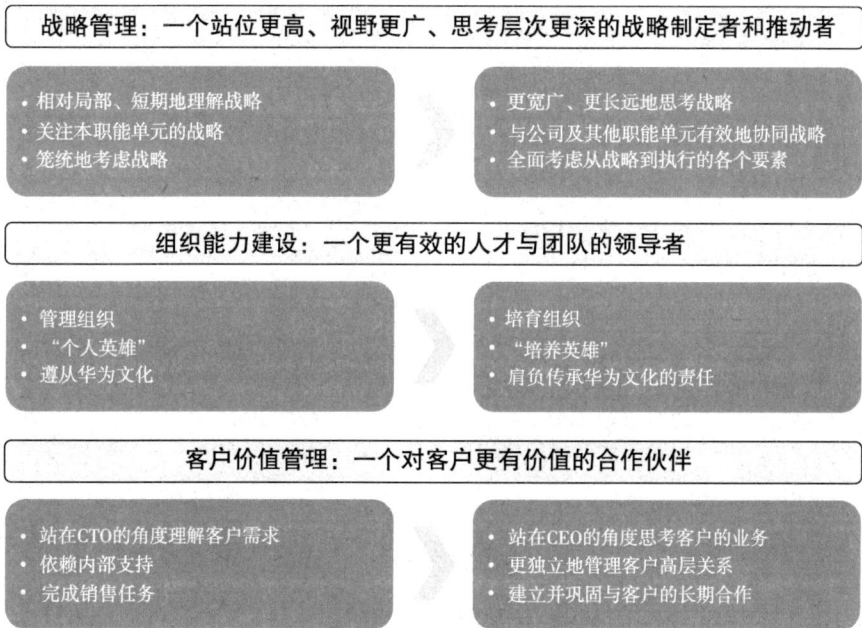

战略管理：一个站位更高、视野更广、思考层次更深的战略制定者和推动者

- 相对局部、短期地理解战略
- 关注本职能单元的战略
- 笼统地考虑战略

- 更宽广、更长远地思考战略
- 与公司及其他职能单元有效地协同战略
- 全面考虑从战略到执行的各个要素

组织能力建设：一个更有效的人才与团队的领导者

- 管理组织
- "个人英雄"
- 遵从华为文化

- 培育组织
- "培养英雄"
- 肩负传承华为文化的责任

客户价值管理：一个对客户更有价值的合作伙伴

- 站在CTO的角度理解客户需求
- 依赖内部支持
- 完成销售任务

- 站在CEO的角度思考客户的业务
- 更独立地管理客户高层关系
- 建立并巩固与客户的长期合作

图 3-12　国家代表的"三大转身"

我们再看一个华为项目管理场景化训战的例子。

华为罗列项目管理的五大阶段——启动、计划、执行、监控、收尾，拆解业务流，分析其中的 KSF。

以启动阶段即项目分析与规划阶段为例，项目经理最需要把握的就是合同范围、验收标准、概算和风险管理，把握不好就容易在交付过程中无法应对客户的超范围要求。

提炼出 KSF 之后，必须找到其背后的赋能关键点，即通过培训提升学员此方面的能力。找到赋能关键点相当于找到了赋能成长的目标。接下来，如何达到这个目标就成了关键。

在后续的场景化训战方案设计过程中，最大的难点就在于场景的选择，这就需要业务专家的深度参与。如果场景抓取出现偏差，那么整个培训结束后依然不能解决实际问题。这与练武有些相似，找到赋能点相当于告诉郭靖他需要练习"降龙十八掌"；而设计场景化训战方案相当于告诉他如何才能练成"降龙十八掌"，在什么环境下、用什么方法才能练成。

3. 用最优秀的人，培养更优秀的人

"用最优秀的人，培养更优秀的人"，这是华为大学的一句校训。与华为的做法相反的是：**某些企业担心培养人才耽误时间、耽误业务开展，因此不敢用、不能用最优秀的人去做培养人的工作。**

华为负责教学设计的专家与业务骨干密切配合，共同设计培训课程。这些业务骨干基本上都在业务一线摸爬滚打了八九年的时间，最低是 18 级的专家（5 级以上的专家相当于研发领域的主任工程师、专家）。

如前文所述，华为前董事长孙亚芳于 1992 年加入华为，是早年加入华为的销售"正规军"。孙亚芳刚进入华为就向任正非请缨，希望亲自负责一个最有挑战性的区域市场，这也是绝大部分企业得到一个"宝贝人才"时的标准做法。任正非的答复却是：**"先不要着急下市场，先用一年的时间将公司全部市场营销人员轮训一遍后再下市场。"**

反观其他公司，相当数量的培训讲师都是业务冲劲不足的老员工，勉为其难地做培训。很多企业认为，那些绩优人员、中流砥柱都应该去做能够直接产生业绩的业务工作，不应该把时间花在员工培训这种"不增值"的工作上。正如本书第 2 章所述，阿里巴巴在"销售铁军"创建之初也犯过类似的错误。

无独有偶，在海底捞的店长培养体系中，店长候选人来自现有门店的大

堂经理。海底捞根据业绩将门店分为 A、B、C 三个等级。按照海底捞的规定，只有 A 级门店的店长才有资格提名大堂经理作为店长候选人，参加海底捞大学举办的店长培训课程。

3.3 建立关键人才复制的组织环境

有一句老话是这么说的："**教会徒弟，饿死师傅。**"相关的案例确实不少。师傅和徒弟之间的替代性太强，如果解决不好组织环境的问题，人才复制必然会遭遇挫折。

对于人才培养组织环境营造的问题，本书第 1 章已经阐述过。针对人才**复制**的特点，有些策略需要更加具有针对性。

3.3.1 与干部管理机制挂钩

前文介绍过，华为在培养干部时要求学员自己承担学费和差旅费，还要请事假。估计很多企业都会说，华为的做法在他们那里是行不通的。要想做到这一点，就要将干部管理的全流程打通，包括后备干部培养、干部提任、在岗干部培养、干部考核评价、干部任免等。对于国家代表这样的关键岗位，华为将人才培养的权威性赋予了华为大学。华为大学以赋能为中心，其权威性源于其对干部拥有赋能和推荐的权力。

1. 工作方法赋能

如果没有经过华为大学的赋能，就不知道公司新的工作方法，成长速度慢了就赶不上别人，绩效目标的达成必然会受到影响，甚至可能被免职（华为针对干部管理建立了末位 10% 淘汰机制）。因此，华为大学有了强大的吸引力，大家交钱也要来学。

2. 推荐使用优秀学员

首先，按照华为的干部管理规定，没有参加过华为大学相应干部培养项目的管理者不能得到提拔。华为大学可以推荐三分之一的优秀学员给业务部门，能将干部的培养与使用结合起来，这样干部的积极性就高了，也愿意来华为大学"镀金"。

3. 能力考核评价

华为的干部是从干部"资源池"中提拔的。但是，如果没有参加华为大学的培训并通过考核，就无法进入干部"资源池"。学员在华为大学培养赋能期间的表现由华为大学评价，如果考核不合格，学员后续的上岗、晋升都会受到影响。因此，学员去华为大学参加培训，肯定不会出现走过场、应付了事的现象，除非已经放弃了发展的念头。通过以上手段，华为在内部树立了华为大学的权威，人才培养和复制的组织环境也就建立起来了。

华为的干部任用管理采用特殊的制度安排，业务部门有干部提名权和建议权，人力资源体系有干部评议权和审核权，党委有干部否决权和弹劾权。为什么要实行这种特殊的制度？分权制衡是授权的前提条件。业务部门提出的人选未必是好的，因此华为推行以党委为中心、以各级党组织为中心、以干部部门为中心的一票否决制，即品德和自我批评的一票否决制；以管理团队和干部部门为中心的员工绩效评议机制；以华为大学为中心的员工素质评价体系。

——任正非在国内市场财经年度大会上的讲话，2006 年

3.3.2　与利益机制强挂钩

在海底捞扩张到拥有 50 家门店时，其创始人张勇就已经发现，以往较为粗放的管理方式难以应对超过 50 家门店的运营规模。为什么会出现这种状况？主要是因为海底捞内部的人才晋升机制有问题。

随着规模的扩张，海底捞自然而然地形成了金字塔式的管理架构。在这样的组织体系下，人才沿着管理层级的阶梯向上发展。例如，优秀店长可以晋升为小区经理，然后晋升为大区总经理、公司副总经理。从人才激励的角度出发，很多企业都会给员工设计类似的纵向发展路径。但是，三个问题随之而来。

- 优秀的店长一定能当好小区经理、大区总经理甚至公司副总经理吗？
- 优秀的店长晋升了，留下的空位由谁来填补，去哪里找新店长呢？
- 一位小区经理至少要管理 5~8 家门店。一位店长晋升为小区经理，"坑"已经被占了，其他几位店长怎么办呢？

在海底捞过去的体系中，除了纵向发展路径，店长没有更多的出路。如何解决这三个问题呢？张勇设计了一种"利他主义"的利润分享机制，并将这种机制与店长培养体系相结合，如图 3-13 所示。海底捞的利润分享机制实际上也是一种横向发展路径，公司为人才建立了纵横两个方向的发展路径，大大拓宽了人才成长的通道。

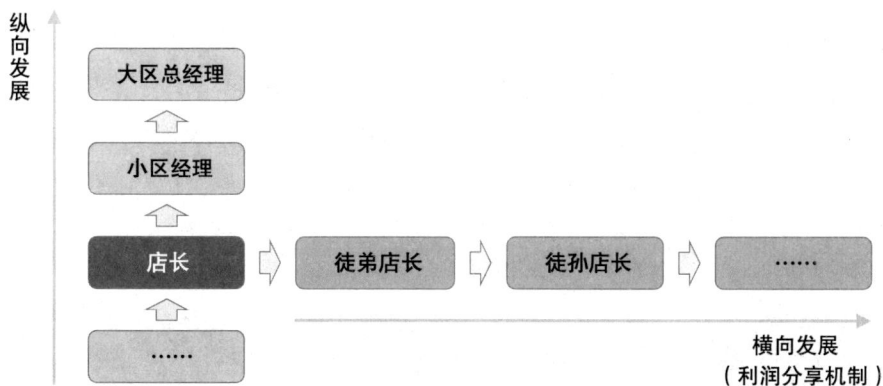

图 3-13　海底捞店长的纵横激励机制

与店长复制培养体系相配套，海底捞采用利益强挂钩模式，将师傅的利益与徒弟、徒孙的成长挂钩。前文介绍过，海底捞根据业绩将门店分为 A 级、B 级和 C 级。只有 A 级门店的店长有权优先选择开设新店，提名徒弟成为新店店长候选人。但是，师傅不能随意推荐徒弟。师傅必须先管理好自己的门店，而且推荐是奖罚分明的。本书第 1 章已经介绍过相关内容，这里不再赘述。

此外，徒弟走马上任之后，师傅有以下两种获取收益的方式。

方式一：自己门店利润 ×2.8%。

方式二：自己门店利润 ×0.4%+ 徒弟门店利润 ×3.1%+ 徒孙门店利润 ×1.5%。

在方式二这种激励模式下，店长通过带徒弟可以分享徒弟所负责门店的利润。如果店长能够帮助徒弟成为 A 级店长，徒弟再带徒弟，他就可以再拿徒孙门店利润的 1.5%。假设自身门店、徒弟门店和徒孙门店这三个门店的利润大体相同，则提成比例相当于单家门店利润的 5%，比方式一高出 2.2 个百分点。关键在于，徒弟、徒孙可能不止一个人。这样算下来，老店长如果能够带好新店长，就能获得比只把自己的门店经营好所获得的收入高得多的收入（见图 3-14）。

但是，如果店长把全部的精力都花在培养徒弟、徒孙上，忽视了自己门店的运营管理，一旦自己的门店有两次被评为 C 级，所有徒弟、徒孙与该店长的利益关系就会被斩断，徒弟、徒孙门店的收益从此与其无关。

海底捞以师徒制的方式将门店之间的利益绑定，引导店长多多培养独当一面的新店长，激励作用十分显著，解决了海底捞在快速扩张过程中店长人才短缺的问题，有力地支撑了海底捞门店数量和收入的快速增长。

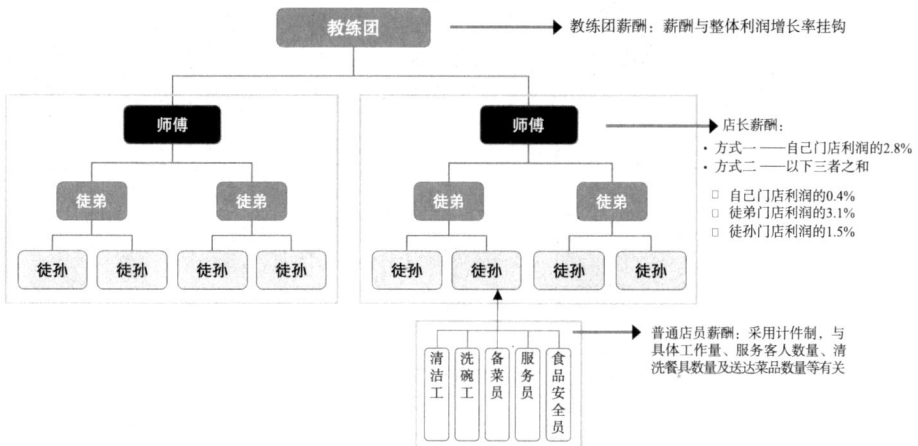

图 3-14　海底捞店长培养激励机制

小结

- 业务跑通以后，企业为了实现高速发展，最简单直接的措施就是快速复制成熟业务。成熟业务能否快速复制的关键在于业务领军人才能否快速复制，这是一个人才裂变的过程。

- 复制成熟业务需要解决四个关键问题：选定标杆，萃取经验，训战赋能，营造关键人才复制的组织环境。

  - 选定标杆，找到人才复制的模板。

  - 从模板身上萃取经验，这是人才训战赋能的关键。

  - 由于人才复制的模板与培养对象，也就是师傅与徒弟之间的替代性太强，如果解决不好组织环境的问题，人才复制必然会遭遇挫折。

第 4 章

人才突变：新业务领军
人才快速成长

初创企业有三种常见的类型——资源型、产品型和领袖型。企业创立、发展的第一项业务是企业成长的第一曲线，第二曲线是企业成长的新极点。企业如果无法建立新的增长极，就意味着即将走向衰落。企业想拓展新业务，但企业内部没有一个人熟悉新业务，谁才能挑起大梁？孵化新业务时，到底是在原有的业务体系中孵化，还是另起炉灶？这两种策略似乎都有道理，企业应该何去何从？

4.1 探索组织成长的第二曲线

4.1.1 第二曲线：探寻组织成长的新极点

相关数据显示，国内民营企业的平均寿命大约是 3.7 年，中小型企业的平均寿命更短，只有 2.5 年。

为什么这些企业的寿命会这么短呢？

初创企业有三种常见的类型——**资源型、产品型和领袖型**。这种分法不一定全面，但有一定的道理。

- **资源型**：企业依靠某些客户关系赚得"第一桶金"而活了下来。但是，一旦原有的客户关系出现问题，企业的发展就会面临巨大的风险。

- **产品型**：企业依靠某款产品打开了市场，但是后续一直没有新的产品开发成功，一旦原有的产品失去市场，企业的发展就会面临巨大的风险。

- **领袖型**：企业的创立与发展主要依靠创始人团队，尤其是核心创始人的个人能力与资源，但接班人乏力，一旦创始人团队慢慢隐退，企业就进入了衰退期。

我们都知道，企业都要经历从创立到发展再到成熟直至衰退的生命周期，难道没有好的办法破解这个问题吗？

查尔斯·汉迪（Charles Handy）是当代英国最负盛名的管理专家，大部分人了解他是因为他的经典著作《第二曲线》（*The Second Curve*）。汉迪在阐述他的第二曲线理论时说："当你知道你该走向何处时，你往往已经没有机会走了。"

在《第二曲线》一书中，汉迪讲到，这是他在一次旅行途中悟出的道理。在一次旅途中，汉迪向一个当地人问路。当地人告诉他，只要一直往前走，他就会看到一个酒吧，**在离酒吧还有半公里的地方往右转**，就能到达他想去的地方。等指路人离开之后，汉迪才明白过来：指路人说的话根本没有用，因为等他看到酒吧，知道该从哪里拐弯的时候，他已经错过了拐弯的那个地方。

企业新的成长曲线的起点，往往在原有业务达到最高峰前就出现了，这个起点被称为"增长拐点"。企业原有业务一旦跨过最高峰就会进入衰退期，正所谓盛极而衰，因此最高峰那个点也被称为"极限点"或"失速点"。汉迪将从拐点开始的增长线称为第二曲线，如图 4-1 所示。

第二曲线的原理非常简单。如果组织能在第一曲线消失前进入一条新的S 形曲线，就能实现持续增长。此时，时间、资源和动力都足以使新曲线度过最初的探索挣扎阶段，但是，真正做到却很难。

- **场景一：错过增长拐点。**企业事先并不知道哪个点是增长拐点，往往

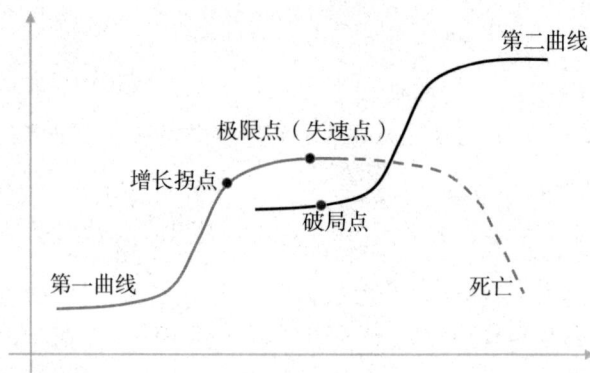

图 4-1　第二曲线

都是迈过极限点进入衰退期后才发现错过了增长拐点，悔之已晚。此时，企业能够调动的有形和无形资源都已经明显地减少，已有和新出现的竞争对手很有可能趁机对企业进行穷追猛打，真可谓内忧外患，在这个时候打造新的增长曲线谈何容易！如果希望早一点发现增长拐点，就需要企业领导者具备极强的洞察力和战略远见。

- **场景二：缺少勇气与魄力。** 假设企业有幸发现了增长拐点，企业是否敢于打造第二曲线就成了关键，这同样非常考验企业领导者的勇气与魄力。此时，企业尚未达到第一曲线的巅峰，企业领导者很少有远见和勇气在业务高歌猛进时偏离已有的成功路径，投入充足的资源来培育在短期内没有收益的业务。

1975 年，战略管理鼻祖伊戈尔·安索夫（Igor Ansoff）博士提出了安索夫矩阵（见图 4-2）。该矩阵通过市场和产品两个维度，分出以下四个象限：

- 老产品、老市场；
- 新产品、老市场；
- 老产品、新市场；
- 新产品、新市场。

安索夫矩阵		
新产品	产品拓展策略	组合策略
老产品	市场渗透策略	市场开拓策略
	老市场	新市场

图 4-2　安索夫矩阵

企业可以根据自身的条件选择不同的策略，实现成长目标。

为了开拓第二曲线，产品拓展策略、市场开拓策略和组合策略其实都是可以采用的。本章重点阐述新业务领军人才的识别与赋能成长，即对应于新产品、新市场这个象限的人才发展策略。

4.1.2　领军人才：新业务成功的关键保证

我们已经知道，企业要想持续发展，就要寻找自己的第二曲线。但是，正如查尔斯·汉迪在旅途中问路的故事一样，企业往往是在过了极限点后才发现寻找第二曲线已经晚了。要想在增长拐点到来之前就开始探索第二曲线，企业需要具备洞见能力、人才队伍和相应的运作机制。

洞见能力是指企业对行业、自身发展现状做出清晰的判断的能力。本书主要探讨人才成长这个主题，因此对洞见能力不做过多的分析，这里将重点放在人才队伍和运作机制这两个方面。

企业要发展，就要"吃着碗里的，看着锅里的，让锅里的变成碗里的"。让"锅里"的新业务在一两年内成为"碗里"的创收业务，这是企业有机成长的最有效途径之一。

然而，绝大部分企业在进入新业务领域时都是屡战屡败。这让我们不得不思考：**到底是什么原因让众多企业都不约而同地倒在了新业务这条必须跨越的成长门槛之外？**接下来的这个故事也许可以告诉我们答案。

根据华为发布的财报，2019年华为销售收入高达8 588亿元。其中，手机业务作为华为最大的营收项目，收入高达4 673亿元，占据华为总营收的半壁江山。

华为的手机业务从2003年起步，起初几年一直不温不火，2008年还一度面临被卖掉的尴尬局面。直到2011年，华为对手机业务做出了全新的战略定位——"坚定走开放市场之路，建立自己的品牌"，该业务才得以保留。

虽然确立了新业务的发展方向，但是由谁来担任业务领军人成了当时最棘手的问题。最后，任正非找到了余承东。余承东当时也认为手机业务对华为未来的发展非常重要，并主动请缨承担新业务拓展工作。但是，余承东要从自己擅长的2B业务转向之前几乎从未涉足的2C业务，为了杀出一条血路，他必须快速成长。

相较于华为的其他高管，余承东是一个比较有个性的人，在性格上比较接近任正非。余承东从小就表现出不服输的性格，无论是负责手机业务还是汽车业务，都敢在起步的时候就瞄准第一。对此，有人称赞他有雄心，有人说他过于狂妄。但余承东始终坚信自己是对的，总是我行我素。余承东颇有任正非创业早期高喊在通信行业"三分天下"的风范，任正非很欣赏余承东这种性格。因为诸多因素的影响，不可否认，华为的手机业务目前遇到了很多困难。但是，如果任正非当初没有选择余承东负责手机业务，如果没有余承东本人对该业务的热情和在新业务拓展中的快速成长，华为的手机业务很难发展到今天的水平。

新业务要想获得成功，一方面要靠企业的战略决策，另一方面要靠人。战略决策可以做得绚丽多彩、激动人心，但是，由谁来担任新业务领军人，如何让领军人为了满足业务拓展需要而快速成长，是众多企业"难以啃下的骨头"，也是众多企业在开拓新业务时屡战屡败的"头号杀手"。

4.2　识别新业务领军人才

4.2.1　牛刀杀鸡：把最优秀的人才放到新业务领导岗位上

想象这样一个场景：山的这边是沟壑纵横的黄土高原，也就是你的部族聚居和生活的地方，这里的每个人都按部就班地过着农耕生活。一个偶然的机会，你从一个行脚僧那里了解到一个之前从未想象过的世界，山的那边是一片葱葱绿洲。为了部族的繁荣，你决定与外面的世界建立联系。

但是，问题来了，作为部族首领的你，应该选择谁来担任远征队的领头人呢？部族里可能有那么一个极其出色的人，他富有好奇心、睿智、勇敢、充满雄心壮志、精力充沛。同时，部族里还有一个在行动、勇气、学习能力等方面都相对逊色的人。**可能你会认为，只要是正常人，都会毫不犹豫地选择那个极其出色的人担此重任。**然而，在现实中，即使是最聪明的领导者，也很有可能挑选相对逊色的那个人，远征的败局此时就已注定。

回到现实的商业世界，很多企业总是习惯把不胜任的人派去做新业务的领军人，如业绩平平、缺乏激情和干劲却身居要位的"钉子户"或即将退休的老员工。推动新业务发展时，"想赢怕输"的心理是不可避免的，但因为怕输就在起跑线上认输是非常愚蠢的。

韦尔奇在担任通用电气 CEO 的漫长岁月中，总结出了企业实现有机增长的第一条原则：**把最优秀的、最有进取心、最有活力的人放到新业务的领导岗位上。**领导新业务的领军人既不能是一把"钝刀"，也不能是一把"锈刀"，必须是一把"牛刀"。

经过多年的实践，华为对领军人才的核心关注点集中在**主动性、概念思维、影响力、成就导向和坚韧性**这五个方面。阿里巴巴在 20 多年的发展过程过程中总结出的"良将"标准是**聪明、乐观、皮实和自省**，即具有**学习能力、反思能力和坚韧性**。无论是从内部选拔出来的还是从外部引入的，领导新业务获得成功的"牛刀"将军，都要具备**强烈的事业心、对新业务机会的敏锐洞察力、强大的执行力和影响力**（见图 4-3）。这些特质在创业时期的CEO 身上很常见。

图 4-3 对新业务领军人才的能力要求

华为的第一任总工程师是郑宝用，现在因为身体原因已经淡出华为管理层多年。华为的交换机业务发展起来以后，很多新业务都是在郑宝用的领导下发展起来的，如华为数据通信业务的渠道管理、战略与营销、投资与收购等。每次开拓新业务、"攻城略地"都是由郑宝用负责，等新业务打开局面以后，再转由其他人负责。现在，在华为的新业务开拓方面，大家对余承东更加熟悉。

与低调的任正非相比，华为的余承东真可谓"口无遮拦"。华为早年以通信业务起家，这是典型的 2B 业务，当时华为并不擅长 2C 业务。1998 年左右，华为曾经尝试做固定电话，但产品质量和成本控制都不理想，最后试生产的一批电话改由内部员工使用，也有一部分作为礼品送人了。

大部分人了解华为手机都是在 2010 年以后。其实，华为早在 2002 年左右就开始做手机了，只不过那时主要是为国外运营商做贴牌业务，没有打响华为的品牌。2010 年，雷军创立小米品牌，并以"为发烧而生"的口号掀起国内手机市场品牌热潮的时候，华为的手机业务还没有做大，除了为国外运营商做贴牌业务，还有一块业务是面向中低端市场的功能机。更要命的是，这两项业务都不赚钱。

由于通信设备市场的发展空间有限，华为需要寻找新的增长曲线。为了改变手机业务的局面，任正非前前后后派了三位副总裁去重整手机业务，但无一例外都失败了。任正非一度想要卖掉手机业务，价钱都谈好了，正准备签订合同的时候，郑宝用等人竭力劝阻才把手机业务留了下来。此时，余承东主动请缨，从华为无线事业部"转战"华为手机事业部。2011 年，余承东走马上任，这是华为手机业务发展的拐点，后面的故事大家就比较熟悉了。

4.2.2　团队匹配：为最优秀的领军人才选择合适的搭档

人无完人，金无足赤。即使是最优秀的新业务领军人才，也有自己的短板。对于**优点突出、缺点也同样突出**的新业务领军人才，要做到"**用其所长，辅其所短**"，通过为其搭配副手的方式让新业务团队实现"两条腿走路"。有句话叫"**没有完美的个人，但有完美的团队**"。

为新业务领军人才搭配优秀副手要遵循"**价值趋同，优势互补**"的原则。有些领军人才的业务开拓能力非常突出，非常善于"打江山"，但在团队管理方面有所欠缺，只有为其搭配善于激发和凝聚团队成员的管理型人才，才能打造好新业务团队。新业务团队的"一把手"和"二把手"在价值观层面一定要趋同，只有这样才能将整个团队拧成一股绳。

我们都知道，华为现在是通信行业的全球领先企业。但是，华为最早的业务是代理消防器材。因此，华为进入通信设备领域相当于进入了一个全新的业务领域。前文提到过，郑宝用是华为的第一任总工程师，李一男是华为的第二任总工程师。李一男研究生毕业后正式进入华为，没过多长时间，他就独自带领 20 多人的团队，主导了国内首个数字程控交换机研发项目——C&C08。

新业务领军人才，除了可以从企业内部选拔，也可以从外部引入，也就是我们常说的空降兵。很多企业都在讲"老人做新事，新人做老事"，让企业内部的"老人"去做新业务的确有诸多优势。例如，"老人"更容易获得信任，更善于协调内部资源，更认同企业文化等。然而，在内部找不出合适人选的情况下，为了让新业务不至于被扼杀在摇篮中，企业有时不得不从外部引入空降兵。

为了新业务拓展引入空降兵看似是一种快速的解决办法，但结果往往并不理想。这些年，我国中小企业的人才争夺战以一种前所未有的态势升温，人才的快进快出导致管理成本急剧攀升，空降高管的"阵亡率"居高不下。

要想解决空降兵存活率低的问题，就要重视空降兵的团队搭配。为空降兵搭配内部"老人"，**让新来的人做新业务"一把手"，让企业内部的人做"二把手"**。"一把手"可以带着"二把手"在新业务的实战中不断成长，即使某一天"一把手"因故离开，逐渐成长起来的"二把手"也有能力挂帅上阵。作为从企业内部选拔出来的新业务副手，"二把手"必须符合企业核心价值观的要求，并能肩负起在新业务团队中诠释和传递企业核心价值观的责任。

4.3　新业务领军人才快速成长

4.3.1　开放学习：快速理解业务逻辑，实现倍速成长

1. 选定标杆，快速理解业务逻辑

新业务领军人才及团队搭建到位之后，下一步的重点便是将新业务的商业逻辑跑通。然而，面对一片陌生的荒野，再卓越超凡的领军人才，也要先明确大致的前进方向，才能排兵布阵、依势而动。

企业开辟新业务，如同企业初创时的情景，可能仅仅源于一个奇思妙想，也有可能是瞄准了一个市场机会，并为此设计了一套具有针对性的商业模式。无论这个决定源于何处，对新业务的认知也只是一种判断和假设，需要不断去验证。因此，**新业务领军人才快速成长的第一步就是学会如何像创业者一样去认识和理解新业务的商业逻辑，掌握大致正确的前进方向，快速跨出第一步。**

要想认识新业务的商业逻辑，可以选择与新业务相似或相近的市场标杆进行学习，将对方的业务模式理清、摸透。

2000 年之前，华为的业务都是 2B 直销业务，当时的华为并不擅长渠道管理。但是，华为路由器的数据通信产品必须采取渠道销售模式，这是由产品和客户特点决定的。当时，郑宝用负责开拓数据通信产品渠道业务，他潜心学习了华为最大的竞争对手思科的渠道管理长达半年之久。

2011 年，华为尚未真正掌握线上营销，更不擅长运用互联网思维，而小米已经利用互联网渠道让营销走上了巅峰。与传统企业相比，小米一度开创了营销方法上的新局面和新的运营模式，其粉丝数量的不断上涨和产品销量的不断攀升都证明了互联网思维（如**"风口论"，即"站在风口上，猪都能**

飞上天"，还有"**七字诀**"，即"**专注、极致、口碑、快**"）在当时所展现的时代意义。

作为华为手机业务的领军人，初进赛道的余承东时刻关注竞争对手的一举一动。余承东在 2012 年的一篇微博中写道："**在中国市场上，由于零售终端覆盖严重不足，消费者既难买到华为的手机，华为手机自身的品牌知名度也不够。电商销售能力远不及小米……营销能力远不及小米……**"

当余承东发现小米的创新营销模式带来的好处之后，便开始号召并带领大家一起向同行学习，让荣耀学习小米的线上营销，构建互联网营销能力与用户经营能力。

后来，小米产业投资部合伙人评论华为系列产品的一条微博引发了大众的关注，他在微博中写道："**……荣耀学小米……竟然都学成了，一个体量如此巨大和成功的公司，依然保持如此强大的学习能力和自我反思能力，值得我们学习。我们唯一真正的敌人，永远是我们自己。**"在当时，基本所有的手机厂商都在羡慕小米的线上营销所带来的红利，但只有华为这一家真的脚踏实地去学了，而且学成了。

进入新领域之初向优秀的前辈、标杆学习相似或相近的业务逻辑，是新业务领军人才可以快速上手的高效的成长方法。对于标杆的业务逻辑，领军人才到底应该学什么？这个问题的答案可以总结为四点——**盈利模式、价值主张、关键资源和运作流程**，如图 4-4 所示。

- **盈利模式**：理解**收入、成本与利润**之间的关系，即新业务如何打造自己的核心竞争力，构建盈利模式的护城河。
- **价值主张**：新业务是否为客户创造了真正的价值，是否解决了行业的某些痛点，是否给社会带来了意义。
- **关键资源**：为了让新业务顺利开展，必须具备的资源条件，既可以是

图 4-4　新业务领军人才学习内容

某个关键人物，也可以是某项关键政策等。缺少了这些关键资源，新业务在很大程度上就无法开展。

- **运作流程**：新业务是怎么运转起来的，需要连接哪些关键动作才能把整个业务跑通。

2. 持续开放，倍速成长

宋朝诗人陆游向他儿子传授写诗经验时曾写过一首诗《示子遹》，其中的一句是"**汝果欲学诗，功夫在诗外**"。这是陆游一生的创作经验，他告诫自己的儿子：要想创作出好的诗歌，仅仅从诗歌本身出发，熟读古人诗句、掌握形式和技法是远远不够的，还需要从外部不断地汲取能量，多参加社会实践，丰富阅历，只有这样才能创作出有灵魂的诗。

任正非从陆游的这句诗中深受启发，他结合自己多年的企业管理经验，将其总结为一句话："**一杯咖啡吸收宇宙能量。**"这句话的意思并不是说有一种神秘的咖啡可以从宇宙吸取能量，而是借鉴了国外的一些习惯：**在喝咖啡的时候开放地与他人交流学习，从他处吸收能量，不断地优化自己，促进自己快速成长。**

"一杯咖啡吸取宇宙能量""从大千世界汲取能量"同样适用于新业务领

军人才，他们可以通过跨界学习、与外部合作实现快速成长（如果希望了解**"一杯咖啡吸收宇宙能量"**的具体内涵，请参阅本书第 7 章的相关内容）。

用过 iPhone、iPad 的人都会对苹果公司的产品赞赏不已。然而，鲜为人知的是，这些优秀产品的极致体验最初来自另一家公司——施乐。施乐在复印机技术没有新进展的时候决定开辟第二战场，将目光投向了计算机行业，并组建了一个有 58 名计算机天才的研发团队。乔布斯一直把施乐的计算机研发团队当成自己的偶像，在获得去施乐参观学习的机会后，他带着苹果公司最强大的工程师队伍浩浩荡荡地出发了。乔布斯参观时没有走马观花，而是在惊叹施乐的技术之余，将那些重要细节都深深地印在了脑海中。当时，苹果公司的计算机采用命令界面，需要输入命令，这种产品体验对绝大部分非专业人员来说是极其糟糕的。看到施乐开发的图形界面时，乔布斯受到了前所未有的震撼。之后，苹果公司开始苦心研究图形界面，这才造就了今天的苹果公司。

作为新业务领军人才，要想开阔思维并快速获取引发新业务质变的能量，就要学着走出去，学习、借鉴外部的优秀经验和成果，使之为己所用。

要想做到外部资源为我所用，就要做好两项基础工作。第一项工作是对自身业务面临的问题进行充分的诊断和理解。第二项工作是深入了解其他企业的最佳实践并将其整合起来。**学习只是一种手段，应用转化才是最终目的，只有鼓励团队成员积极地从外部吸收能量，才能不断地总结和应用他人的经验。**

新业务领军人才要从大千世界汲取能量，除了将相关企业的优秀经验为我所用，也可以将相关的优秀个体作为良师益友，包括科学家、专家、教练等。

新业务拓展是一个摸着石头过河的过程，除了持续不断地开放和学习，新业务领军人才及其团队还需要获得企业领导者的高度关注与支持，让其为新业务的发展保驾护航。

4.3.2 环境营造：领导者支持、赋能成长

1. 企业领导者要高度关注新业务，与新业务领军人才建立直通车关系

新业务领军人才如同创业者，他们无疑是孤独的。正如猎豹移动 CEO 傅盛所言："**创业者的孤独丝毫不敢表现出来。**"这是因为，当他们向外展示孤独的时候，可能就是团队成员丧失斗志的时候。同时，他们也是无助的。经历过创业成功的企业领导者，无疑是陪伴新业务领军人才成长最好的教练。

培育新业务是企业领导者的责任，如果企业领导者对新业务不够关注，新业务孵化成功是非常难以实现的。打个比方，主人将一颗种子交给园丁打理，如果主人就此放任不管，那么这颗种子长成参天大树谈何容易。

亚马逊从 1994 年的一家线上书店发展为如今全球知名的电子商务企业，得益于其取得了一连串由创新带来的业务成果。作为亚马逊掌门人，贝佐斯不会出席亚马逊的一些例会，而是把更多的时间花在新业务上，如云计算服务、Kindle、Kindle Fire 等。韦尔奇在拓展通用电气的新业务时，为了展示自己和企业的重视程度，经常在公众面前强调新业务的潜力和重要性，同时会给新业务拓展提供充足的资金和资源支持。

既然企业领导者的关注对新业务拓展如此重要，那么新业务领军人才应该如何争取领导对新业务的支持呢？**最关键的一点让领导对新业务的前景充满信心**。新业务领军人才需要加强向上管理的能力，积极主动地与领导沟通，让领导及时了解新业务动态，请领导对新业务发展提出建议。

积极主动地去管理领导，将领导当作新业务的赞助商和投资人，这是新业务领军人才快速成长的必经之路。新业务领军人才永远不能单方面指望领

导主动关注，而要像一往无前的战士一样为新业务的成功争取领导的支持。

在新业务拓展过程中，在领导与新业务领军人才之间不能设置管理的"隔离带"，而要建立沟通的"直通车"。新业务团队在本质上是一个创新创业型和经营型团队，新业务领军人才要扮演的角色是创业者和经营者。在绝大多数中小企业内部，拥有成功创业和企业经营经验的基本上只有最高领导一个人，他与新业务领军人才之间的直接对话不仅能够促进其快速成长为一名符合新业务拓展要求的创业者，还能促进企业的现有资源对新业务发挥推动作用。

微信刚推出的时候，只是几款社交工具中的一款。它之所以能够脱颖而出，在很大程度上是因为当年的微信业务领军人物张小龙、腾讯创始人马化腾和腾讯首席技术官（Chief Technology Officer，CTO）张志东的共同努力。

据腾讯员工回忆，张小龙在刚担任微信这个新业务的领军人时职位级别相对较低，还无法与马化腾直接对话。当微信在张小龙的带领下崭露头角的时候，一个传说中的"午夜小组"诞生了，该小组只有张小龙、马化腾和张志东三名成员。每天夜间12点，当微信一整天的运营数据都出来以后，这三个人便开始讨论微信的发展方向和资源配置等情况。正是由于这种直接沟通关系的存在，微信才能获得腾讯最高层的关注和支持，一步步发展到了今天。

2. 给予新业务领军人才足够的自由度

虽然领导的关注和支持对新业务拓展极其重要，但在现实中，领导很难具体地管理业务的方方面面。这时，如果领导不懂得授权和下放权力，给新业务领军人才一定的自由度，新业务领军人才就无法获得成长的空间，也难以满足新业务拓展的要求。

对企业领导者来说，在高度重视和支持新业务的基础上，给新业务领军人才更大的自由度对新业务发展是比较有利的。领导到底应该给新业务领军人才多大的自由度，其实并没有现成的、可以照搬的模式，就像家长培养孩子时永远需要在"放手"与"管束"之间找到一个合理的平衡点。

对于领导应该给新业务领军人才多大的自由度这个问题，韦尔奇通过多年的实践经验做了一个总结：**在这个过程中，要给新业务（项目）一个比你愿意给的更大的自由度，而不是更小。**

韦尔奇在担任通用电气 CEO 之前，曾作为新业务领军人负责过一个新型塑料项目——Noryl。经过不断的探索，研究团队终于找到了最佳的化学配方，并解决了各种技术问题。当时的公司高层认为，应当利用现成的销售队伍将 Noryl 与其他塑料产品打包进行组合销售，但韦尔奇认为销售人员肯定不会花大力气去推销单价相对较低的 Noryl，因为原有产品可以大批量、轻松地卖给波音或 IBM。韦尔奇凭借自己的激情，坚持向公司领导说明此事后，Noryl 项目终于开始独立发展。独立后的 Noryl 项目一飞冲天，销售业绩大幅提升，之后成了年销售额超过 10 亿美元的大产业。

适当的自由度能够赋予新业务领军人才主人翁意识和责任感，从而影响新业务团队成员的积极性。**在胜任的情况下，新业务领军人才在新业务的战略和人事方面应该拥有绝对的主导权，拥有专注于新业务拓展的独立团队，拥有独立和区别于老业务的考核和激励办法。**

完全从零开始创业的企业有一个优势便是自由，它能按照自身业务和团队需求做出快速的反应和调整。而创业成功之后，企业要拓展的新业务很可能会面临现有的诸多因素的约束和挑战。

谈到新业务领军人才自由度的问题，很容易引出来另一个问题，那就是新业务在哪里孵化的问题。新业务拓展不同于成熟业务运营，就像种树一样，在一片空地上种树和有树以后再种树肯定是不一样的。那么，新业务到底应该在独立的环境中运作，还是在原有的业务体系中培育？

老业务与新业务在绩效指标方面有巨大的差异，在老业务中孵化新业务的优点是可以得到既有资源的支持，缺点是新业务可能会被老业务拖死。因此，也有人认为新业务一定不能在老业务中孵化，要在人、财、物等方面进行"物理隔离"。

阿里巴巴是从黄页业务发展起来的。刚开始拓展淘宝业务的时候，阿里巴巴从黄页业务中调来了精兵强将，但这些创业者不能再持有阿里巴巴的股票，相当于独立出去创业，等淘宝发展成功后，阿里巴巴再将其收购。

阿里巴巴的淘宝业务就是在与老业务隔离的环境中发展起来的。阿里巴巴后来的内部创业项目——钉钉也是独立于阿里巴巴孵化出来的，甚至办公地点都从阿里巴巴园区搬到了淘宝起家时的湖畔家园。虽然两个地点只有几十分钟的车程，但钉钉获得了独立发展的空间，没有受到过多条条框框的限制，躲过了不必要的内部竞争，避免了关键绩效指标（Key Performance Indicator，KPI）的束缚，最终才有了孵化成功的钉钉。

阿里巴巴的新业务是这样孵化的，腾讯的一些新业务也是这样孵化的。腾讯在开发微信时，为了避免 QQ 业务的影响，微信业务团队就是独立在广州运作的。

3. 领导支持，给新业务宽容的组织环境

新业务承载了企业未来的增长极。不过，在开拓新业务的过程中，道路往往是曲折的，甚至存在失败的可能性。新业务领军人才往往要承担极大的压力：

- 企业投入这么多的资源，做成功了还好，如果没有做成，这些资源就都打了水漂；
- 在孵化新业务的过程中，往往都是用老业务赚的钱养新业务，老业务的人难免会有怨言。

新业务终于运作起来了，但一年过去了仍处于亏损状态，怎么办呢？是这个业务没有市场前景，还是选错了负责人？是继续容忍亏损，还是当机立断"走马换将"？

华为在交换机开发成功后，开始进入无线通信领域，从 GSM（2G）做起，前后投入了将近 10 年的时间。如果没有任正非的定力和支持，估计早就做不下去了。余承东拓展手机业务也是一样的道理。

如前文所述，在余承东接手之前，华为的手机业务可以说是很没有竞争力的。靠着电信运营商的合约机，一部手机只能赚 30 元。虽然销量还可以，但每部手机 30 元的利润终归不是一家科技公司的长久依靠。任正非曾经怒斥手机部门负责人："赚 30 元，也能叫高科技公司？"余承东想做高端手机品牌，因此，他一上任便将两个老业务统统砍掉。

然而，新产品带给余承东的不是惊喜，而是惊吓。余承东交给任正非验收的新产品像一块板砖，十分沉重，而且频繁死机。任正非怒气冲冲地将新手机扔给余承东，让他自己想办法解决。2012 年，余承东砍掉老业务后，手机部门订单量骤减 3 000 万台，原来还能靠一部手机赚 30 元的利润过日子，现在连一天都过不下去了。这就如同新的功夫还没有练成，首先自废武功，那不是等着被对手消灭吗？

当时，余承东已经做好了被赶出华为的打算。关键时刻，还是任正非力挺余承东，鼓励余承东重拾信心、重新起飞。任正非对公司内部表示："**谁反对余承东，就是不支持任正非。**"

余承东大受鼓励，当即立下军令状，要让华为手机的销量在一年内翻 3 倍，3 年内成为全球手机销量最高的厂商。2020 年 4 月，华为手机全球市场占有率达到了 21.4%，高于三星的 19.1%，正式成为全球第一，尽管此时距离余承东立下军令状的时间已经过去了 8 年。

余承东在自己 50 岁生日那天发了一条朋友圈，他说自己有一个伟大的领导，虽然脾气大，但内心宽厚。虽然余承东的能力非常强，但是没有任正非创造的宽容的组织环境，也许华为的手机业务早就夭折了。

4.3.3 试错纠错：在战争中学习战争

1. 容忍新业务领军人试错

拓展新业务的关键不在于一开始便能看清新世界的尽头是怎样一番景象，毕竟谁也不是神仙，而是能否在新业务的实战中建立一套**快速试错、快速纠错**的自我生长机制，这个机制的发动机就是带领新业务团队的领军人。

新业务与成熟业务最大的不同在于，新业务的业务模式构建是在不断迭代中完成的。在不断迭代的过程中，其业务逻辑很可能与最初的设想产生偏差，甚至发生翻天覆地的变化。作为新业务团队的领军人，如何才能够带领队伍快速试错、快速纠错？借用盒马鲜生 CEO 侯毅的话来讲就是："**不断地挖坑和不断地填坑。**"

作为新零售的先驱和标杆企业，盒马鲜生之所以能孵化成功，主要是因为以侯毅为首的团队积极地"挖坑、填坑"。在 2019 年的联商网大会上，侯毅发表了主题演讲，坦言自己开拓盒马鲜生业务的过程就是一个不断试错和纠错的过程。

盒马鲜生的第一个试错课题是"**包装食品是否具有竞争力**"。在发达的城市，年轻人既希望食品干净、获取方式便捷，又希望少花时间。因此，他们愿意为包装食品买单。但在其他城市和区域，包装食品的发展仍会受到限制。

第二个试错课题是"**大海鲜还性感吗**"。消费者是喜新厌旧的，所以现在的大海鲜已经不是盒马鲜生的主力商品。第三个试错课题是"**餐饮是否必须成为标配**"。在市中心做餐饮效果很好，但到了社区就不行。第四个试错课题是"**线上的物流配送成本能否覆盖**"。要想成功，侯毅及其团队就要思考如何提升产品品质和毛利水平，实现蜕变。第五个试错课题是"**盒马的商品结构是不是最佳**"。如果在上海、北京、成都复制一模一样的盒马鲜生，就会出现大问题。今天的盒马鲜生采用单一模式是不行的，必须因地制宜，回归零售的本质。

新业务领军人带领团队快速试错、快速迭代的前提条件是：**企业要给新业务领军人试错的期限，而不是一出问题就将其"拿下"**。华为的做法是给新业务领军人一两年的试错期，如果事实证明没有选错人，就一定会容忍开始阶段的失败。

在国产手机中，华为是第一个站出来尝试"精品战略"的。也正是因为如此，华为手机业务在发展过程中也摔过很多跟头。例如，华为在 2013 年前后推出的几款中高端手机都失败了，如 P1、P2、D1、D2 等，这些机型都只卖出了几十万部。但是，通过几次探索，华为积累了一定的经验，慢慢地在中高端市场站稳了脚跟。如果没有前期的试错与纠错，就不会有华为手机的今天。

与容忍试错相反的另一种做法是，很多企业在新业务三五年都不见任何起色的情况下，仍然不介入新业务团队进行人事调整，新业务就在那里半死不活地吊着。如果新业务领军人不能胜任，企业就要及时止损并做出调整，即使目前还没有合适的人选，也要尽早撤下不胜任的领军人。

2. 小步快跑，快速迭代

对于新业务孵化，无论是企业领导者还是新业务领军人，都必须心平气和地接受这样一个现实：**在新业务拓展早期，大部分决定和假设都很可能是错的**。

任何新业务都具有不确定性，没有任何一个新业务团队可以完全预测客户的行为和反应。然而，很多新业务团队在项目开始之前都会被动或主动地制订看似完美的计划，这些计划往往会成为"完美的失败计划"。

在还没有完全跑通新业务模式的情况下，做到快速试错、快速纠错的办法就是**小步快跑、快速迭代**。

对于华为在前沿领域的技术研发，任正非有几个经典的比喻（见图4-5）。

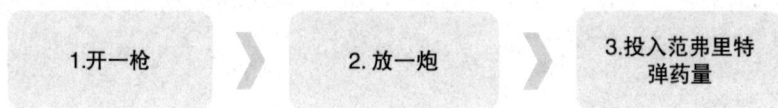

1.开一枪	2.放一炮	3.投入范弗里特弹药量

图4-5　华为在前沿领域的技术研发路径

首先，"**开一枪，让子弹飞一会儿**"，这句话的意思是华为在不同的前沿领域鼓励对未来的不确定性进行探索，并坚信探索将会成功。其次，当感觉到存在技术突破的可能性，并在小范围内研究讨论之后，"**再放一炮**"。最后，当认识到技术可靠、时机成熟，管理层也做出集体决策之后，就不计成本地"**投入范弗里特弹药量**"，攻克难关，实现创新。

要想在"**先开一枪，再放一炮**"的阶段让新项目做到小步快跑、快速迭代，就要把新业务里程碑节点的颗粒度缩小。例如，原来的里程碑节点是"先赚1亿元"，颗粒度缩小之后的里程碑节点可能是"先赚1 000万元"。里程碑节点颗粒度缩小之后，对应的时间检验节点也相应地提前，新业务便能在小步快跑、快速迭代的过程中实现快速试错与快速纠错。

在**小步快跑、快速迭代**的过程中，新业务团队做出阶段性的成果并不难，但持续跟进和改进并针对阶段性成果做出评估和调整就难得多。有的地方可以不断迭代、持续改善；而有的地方会每况愈下，需要及时做出调整。新业务领军人需要在小步快跑中对正确和错误做出及时判断，判断的依据可以是数据及客户和市场的反应。

新业务团队要想做到小步快跑、快速迭代，**就要增强领军人及团队成员**

的好奇心。领军人要带领团队成员仔细观察客户问题，结合经验、想法分析客户痛点，持续不断地对周围环境进行审视，用文字描述观察结果，把随机、散乱的观察结果变得更有序。单个观察结果可能只是一个孤立事件，如何将一个个孤立事件结合起来并产生价值值得新业务领军人及其团队成员做系统全面的思考。为了弄清楚哪个想法行得通、哪个想法行不通，唯一的办法就是敢于尝试，从小处着手，快速辨别其可行性。待想法得到验证之后，再将其拓展到更加复杂的环境中。

有了好奇心还不够，还要建立一个能上能下的拓新机制。一方面，通过**自下而上**的方式，鼓励团队成员发挥自己的优势，解决新业务拓展中的各种问题；另一方面，通过**自上而下**的方式，让团队成员集中力量解决新业务的某个重大问题。无论采取**自上而下**的方式还是采取**自下而上**的方式，新业务领军人都承担着组织者和引导者的角色，都要组织和引导团队成员形成集体智慧，采用共创的方式实现小步快跑、快速迭代，并在此过程中快速发现、纠正错误，让团队成长的速度跟上新业务拓展的步伐。

无限拓新与高度专注之间永远存在一种张力，虽然新业务拓展需要小步快跑、快速迭代，但绝不能"**东一榔头、西一棒槌**"，毫无章法可言。

史蒂夫·乔布斯（Steve Jobs）曾向谷歌创始人拉里·佩奇（Larry Page）提过一个建议："**专注是我最强调的东西**。要想清楚谷歌未来的发展定位是什么。你最希望谷歌聚焦的五大产品是什么？将其余的东西抛诸脑后，因为这些细枝末节的东西会把你拖入无尽的深渊。"

在拓展新业务时，我们不可能一下子就能掌握精准的前进方向，向目标前进的路线是不断试错、调整出来的，但那些大前提、大原则要尽全力维护，不能朝三暮四。新业务领军人必须当好新业务的掌舵人，成为守护新业务的"定海神针"。

小结

- 探寻新业务就是在寻找组织成长的新极点。如果企业没有及时建立新的增长极，就意味着企业即将走向衰落。

- 开拓新业务必须"杀鸡用牛刀"，要把最优秀的人才放到新业务领导岗位上。新业务领军人才需要具备强烈的事业心、对新业务机会的敏锐洞察力、强大的执行力和影响力。

- 在新业务拓展过程中，为空降兵搭配内部成长的"二把手"，更有利于团队的稳定和新业务的持续发展。

- 在新业务的孵化过程中，需要隔离成熟业务的影响，给新业务足够的自由成长的空间。同时，领导要提供支持，为新业务创造宽容的组织环境。

第 5 章

人才密度：核心管理团队的"转身"与快速提升

驱动组织成长有两条路径：一条是建立流程、制度、规则，摆脱对少数人的依赖，这是工业时代卓越企业走向巅峰的经典实践，通用电气、IBM、华为等企业都是沿着这条路径发展起来的；另一条是提高人才密度，这是新生代企业所采用的路径。在不确定性越来越强的时代，提高人才密度成了驱动组织成长的最佳路径。

5.1　提高人才密度，驱动组织成长

5.1.1　提高人才密度：不确定时代驱动组织成长的最佳路径

对任何企业来说，早期的业务应该都不复杂，组织运作也非常高效。随着企业的成长，业务变得越来越复杂。而且，在不断引入人才、扩大团队规模的过程中，企业文化可能被稀释，混乱也就慢慢开始出现。世界上一切事物发展的自然倾向都是从井然有序走向混乱无序，这就是人们所说的熵增（熵是物理热力学第二定律所定义的概念，简单而言就是表征系统的无序混乱程度）。组织发展的过程就是一个熵增的过程。

组织发展到了一定阶段，出现了以上问题，应该怎么办呢？

定制度、建流程是常规的解决思路，但是，这条发展路径有副作用：随着流程和制度的建立，组织会慢慢僵化，甚至很多大企业会因为逐渐丧失创新能力而被淘汰。

不建流程和制度，企业可能因乱而死；但是，建立流程和制度，企业又可能僵死，可谓进退维谷。**其实，企业还有另外一条可以选择的发展路径，那就是提升人才密度。**

下面用一张图来辅助解释这个问题。在图 5-1 中，纵向是组织业务复杂度（从下到上越来越高），代表公司业务的多样性（包括类别的多少及业务之间的配合程度），左边是组织应对业务复杂度的传统发展路径——建立流程和制度；右边是组织应对业务复杂度的新发展路径——提升人才密度。

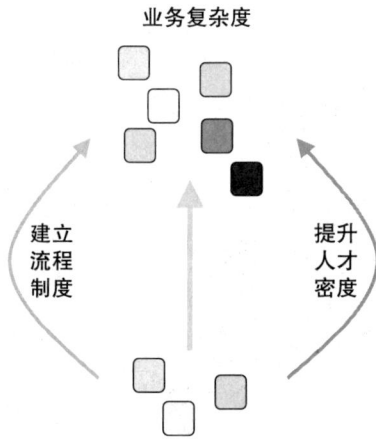

业务复杂度

建立
流程
制度

提升
人才
密度

图 5-1　应对业务复杂度的双重选择

"人才密度" 这个概念源于奈飞（Netflix），**指高绩效员工所占的百分比。** 前几年，网上流传着一份 PPT，名为"奈飞文化——自由与责任"。2021 年，奈飞创始人里德·哈斯廷斯（Reed Hastings）出版了《不拘一格》（*No Rules Rules*）这本书。这份 PPT 和这本书都反复阐述了人才密度的概念。当然，"高绩效员工所占百分比"只是对人才密度的一种理解。对人才密度的另外一种理解是**组织中人岗完全匹配的岗位数占总岗位数的百分比。**

随着业务复杂度的增加，组织为了避免自身运作陷入混乱，需要建立流程和制度。但是，如果处理不好，就会带来副作用：组织陷入僵化，创新能力降低。人才密度越低，制度就要定得越详细，尽可能降低对人的依赖，但副作用就越明显。

一般企业的流程设计细化到四个层级基本上就够了，但华为细化到了六个层级，如图 5-2 所示。

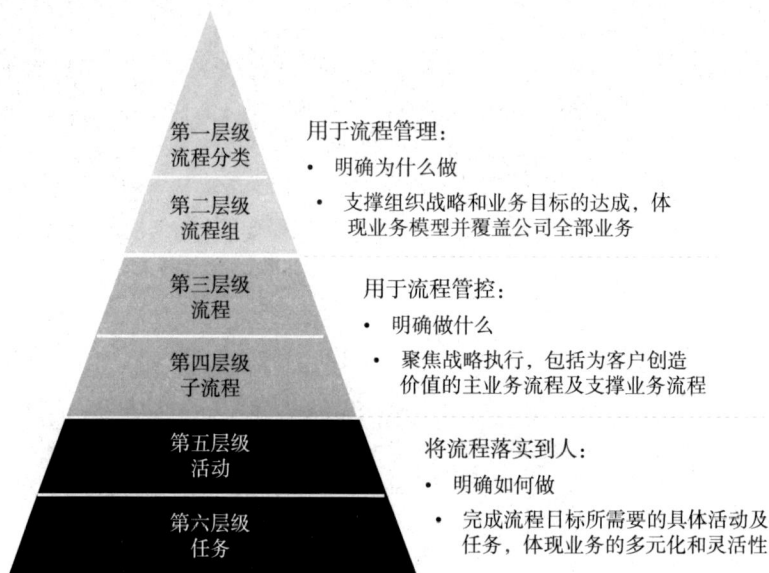

图 5-2　华为流程设计层级

如果选择提升人才密度这条路径，流程和制度就不需要定得那么细，就可以更好地保持组织的灵活性与创新性。除了灵活性与创新性强，高密度人才队伍的人均产出效率也比较高。哈斯廷斯在《不拘一格》一书中提到：

- 对于程序型的工作，顶级员工的产出是一般员工的 2 倍；
- 对于创新型或创意型的工作，顶级员工的产出是一般员工的 10 倍。

一位卓越的员工比两位胜任的员工做得更多、花得更少，由顶级员工组成的团队可以带来显著的效率提升。因此，奈飞反复强调**员工与岗位的关系，做到匹配还不够，必须高度匹配**。在过去的发展中，通用电气、IBM、华为等企业选择了以图 5-1 中的左边路径为主，以右边路径为辅；奈飞、字节跳动等创新型或创意型企业则选择了相反的路径：**通过不断提高人才密度并最大限度地激发创造力的方式，让企业在不确定的时代、变化的环境中快速成长。**

需要说明的是，通用电气、IBM、华为等企业选择这样的发展路径，并不意味着提升人才密度就不重要，而是它们优先考虑如何构建组织流程体系，再考虑人如何与之匹配。换句话说，对任何组织而言，提升人才密度都非常重要，只是在选择图 5-1 中右边路径的情况下会变得更加重要。华为一直非常重视提升人效，华为经常讲的一个指导原则就是："**三个人干五个人的活，发四个人的工资。**"

5.1.2 IPO 三部曲：提升人才密度的关键解决方案

如前文所述，人才密度有两种理解方式。相较而言，我更倾向于第二种理解方式，即人才密度是指**组织中人岗完全匹配的岗位数占总岗位数的百分比**。"高绩效员工所占百分比"这种说法容易产生歧义，经常会和绩效考核中的高绩效比例混淆。

理解了人才密度的内涵之后，如何才能有效提升人才密度呢？

我还是比较喜欢 IPO 模型，即"**投入（Input）—过程（Process）—产出（Output）**"。简而言之，就是"**精准选才（入口管理）—赋能成长（过程管理）—优化调整（出口管理）**"的人才密度提升 IPO 三部曲，如图 5-3 所示。本书第 1 章介绍过人力资本 ROI 关键指标评价的 IPO 模型，它与**人才密度提升 IPO 三部曲**是不同的模型。

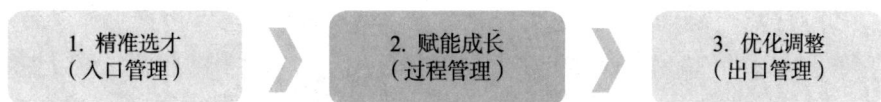

1. 精准选才（入口管理）		2. 赋能成长（过程管理）		3. 优化调整（出口管理）

图 5-3 人才密度提升 IPO 三部曲

1. 第一部曲：精准选才（入口管理）

如果企业在人才管理的入口端就存在问题，例如，任职者本身就不满足岗位的任职要求，成长性也不高，或者价值观不符合企业要求等，就必然会影响人才管理的整个业务链。如同企业的产品质量控制，首先要保证供应商来料品质没有问题，如果来料就有问题，还能指望生产出合格的产品吗？

国内企业人才入口甄选准确率并不理想，平均水平在 50% 左右，部分企业甚至低于 40%，相当于每两个人才勉强有一个人可以胜任。可想而知，入口管理存在的问题对企业人才密度的提升可能产生多大的潜在影响。企业提高人才入口管理水平，可以从**人才画像、人才甄选**等角度入手。**华为通过 20 年的努力，将人才入口甄选准确率从当年的 50% 左右提高到了目前 80% 左右的水平。**华为的水平已经接近全球最佳实践 85% 的水平（限于认知手段，即使增加面试的次数、改变或加强人才甄选技术，也很难有较大的提升空间了）。

一般而言，人员面试往往会安排好几个轮次，但并不是说面试次数越多，判断就越准确。如前文所述，谷歌通过分析大数据，将一般员工面试次数限定在 5 次以内，同时保证人才入口甄选准确率在 80%~85%（见图 1-2）。

既然人才入口甄选准确率的最佳水平也就在 80%~85% 这个水平，那就意味着有 20% 左右不太胜任的人进入了企业，必须在后续环节中将其优化、淘汰出去（最好在新员工入职后的试用阶段采取优化行动，这样做对企业和员工本人而言成本最低）。如果放任不管，就必然会降低企业的人才密度。

2. 第二部曲：赋能成长（过程管理）

人员上岗后，无论是外部引入者还是内部选拔晋升者，都面临继续赋能成长的问题，管理线（M 序列）如此，专业线（P 序列）同样如此。限于篇幅，本书以管理线（M 序列）为主阐述内部选拔晋升这种模式下的核心管理团队赋能成长，这也是本章后续小节的主要内容。

3. 第三部曲：优化调整（出口管理）

在提升人才密度的过程中，自然少不了人才的优胜劣汰。如同一块生铁，必须通过千锤百炼的锻打挤出杂质，才能百炼成钢。在企业成长发展的过程中，团队成员走着走着就会分化，必然会出现不同的几类人，阿里巴巴称之为"人才盘点九宫格"，如图 5-4 所示。

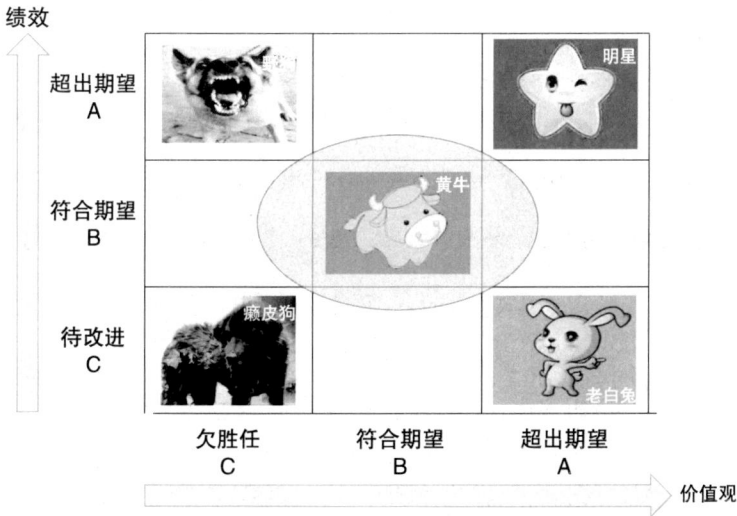

图 5-4　人才盘点九宫格

- **明星**：能力突出、业绩突出、价值观正确的员工。
- **黄牛**：兢兢业业、任劳任怨、能力与业绩基本合格的员工。
- **野狗**：位于九宫格的左上角，即能力突出、业绩好但对企业价值观认同度极低的员工。这类员工往往有很大的迷惑性，如果不能迅速改变其价值观认同度，就必然会产生强大的反作用。长此以往，整个团队的价值观都会被削弱甚至走向反面，最后再被其狠狠地反咬一口。
- **老白兔**：位于九宫格的右下角，即业绩欠佳、没有什么发展潜力、多年无法晋升的员工。但是，他们对组织价值观认同度极高，工作态度极好。这类员工看起来"**无害**"，实际上会严重影响很多新人对企业的信任。他们占据了某些重要岗位，而这些岗位本来是可以给企业创造更多价值的。但是，因为他们的存在，企业没有看到或没有利用好这些机会。

- **癞皮狗**：业绩不佳、看不到成长与改变、对企业价值观认同度低，还赖着不走的员工。对于这类员工的危害，大家基本上都能意识到。

这里的"**野狗**"和"**癞皮狗**"是企业要首先清除的；看似无害的"**老白兔**"最好在他们还是"**小白兔**"的时候尽快处理；"**黄牛**"也需要高度关注，避免他们慢慢地变成"**野狗**""**癞皮狗**"或"**老白兔**"。

这里所说的"处理"，要从广义去理解，不能狭义地将其理解为辞退。辞退是最后的措施，除了辞退，还有以下几种出口管理措施。

- **岗位调整**：将相关人员从重要岗位调整到次重要岗位，相当于退居二线，这种措施主要适用于高层。
- **循环赋能**：脱岗后，经过培训后重新上岗。循环赋能是华为常用的方法，腾讯称之为"活水计划"。腾讯在 2012 年底启动了"活水计划"，希望借此建立通畅的内部人才流动机制，一方面帮助员工在公司内部自由寻找感兴趣的发展机会，激发其持续成长的活力；另一方面通过内部劳动力市场快速支持公司重点产品和业务的人才需求，实现员工和企业的共赢。"活水计划"看起来类似于岗位轮换，但在理念和操作规则上存在本质的不同（"活水计划"的具体内容可以参考本书第6章）。
- **辅业分流**：将相关人员转到非核心、辅助性的业务领域，这种措施主要适用于中高层，某些大型集团公司上市之前会采用该措施。能够采用这种措施的企业往往规模足够大，有充足的腾挪空间。

- **提前退休**：这种措施主要适用于中高层。
- **内部创业**：这种措施适用于各个层次的员工，但使用时要特别小心，因为创业需要开拓精神，要避免出现"该走的没有走，不该走的走了"。华为在 2000—2001 年搞过内部创业，积累了不少教训。

本书重点阐述人才成长这个主题，限于篇幅，对**精准选才、有效激励**等相关内容就不做过多的阐述，后文主要聚焦于**人才密度提升 IPO 三部曲中的赋能成长**。

5.1.3 三大转型：核心管理团队成长的关键要素

1. 动态理解人岗匹配

能力与岗位的匹配，尤其是各层级核心管理团队的人岗匹配，是每家企业都希望解决但很难真正解决的老问题。有人说，人岗匹配是一个伪命题，我部分认同这个观点。组织是动态发展变化的，对人的要求也是动态变化的。人与组织的动态匹配类似于太阳系的运动，不能孤立、静止地看待这个问题。

我们用太阳系的运动举个例子。一般人学习天文知识时都会将太阳作为太阳系的中心，八大行星、小行星带、彗星等基本上在同一个轨道面上围绕太阳旋转。

以这种视角看待太阳系，实际上是将太阳看成是静止的。实际上，太阳不仅在自转，而且带领着整个太阳系以超过 200 千米 / 秒的速度绕着银河系的中心飞转。在我写完这几段文字的功夫，太阳已经带着我们整个太阳系又跑了几万千米了！太阳系的各个行星一边绕太阳旋转，一边在后面追逐太阳。从三维的视角来看，太阳系的运动实际上是旋涡式的。想想浩瀚的太空，我真担心哪颗行星没有跟上太阳，跟丢了。

向前飞奔的太阳系类似于我们的组织，不断追逐太阳并围绕其旋转的行星类似于组织中的人。行星永远追不上太阳，如同人永远无法完全与组织匹配，其中的道理是一样的。

组织中某个岗位上的任职者，其来源不外乎四个途径——晋升、降级、内部调配、外部招聘。本书重点探讨的是人才成长，因此下面重点阐述晋升这条路径。

2. 员工成长的三种典型路径

在组织中，员工成长的典型路径有 Y、H、h 三种，如图 5-5 所示。

图 5-5　员工成长的三种典型路径

（1）Y 形路径

- Y 形路径区分了管理线（M 序列）与专业线（P 序列）这两个不同的发展方向。新员工在进入企业工作初期一般都是从专业线的初始阶段开始发展的。当员工具备一定的专业技能与工作经验之后，根据企业发展需要和自身能力及意愿，可以转向管理线。当然，员工也可以继续留在专业线上发展。

- 在这种双重晋升发展体系中，专业线（P 序列）的定位高度取决于企业战略，既可以与管理线（M 序列）齐平，也可以低于管理线（M 序列）。

Y 形路径意味着核心管理团队是从优秀的专业技术骨干中成长起来或选拔出来的，这种模式是绝大部分企业所采用的员工发展路径，华为的双重职业发展路径就是根据该模式设计的。华为干部管理的原则之一是**"宰相必起于州郡，猛将必发于卒伍"**，这句话清晰地表明了华为培养、选拔干部的原则。

（2）H 形路径

- 在新员工进入企业工作初期就严格区分管理线（M 序列）与专业线（P 序列）这两个发展方向。管理线员工一般以管理培训生的身份在多个岗位上锻炼，然后直接向管理者发展；专业线员工具备一定的专业技能与工作经验之后可以一直往专业方向发展，也可以根据组织发展需要及个人能力和意愿向管理线转换。

- 专业线的定位高度取决于企业战略，既可以与管理线（M 序列）齐平，也可以低于管理线（M 序列）。

（3）h 形路径

- 在新员工进入企业工作初期就开始区分管理线（M 序列）与专业线（P 序列）这两个发展方向；同理，专业线（P 序列）的员工在具备一定的专业技能与工作经验之后，根据组织发展需要及个人能力和意愿，可以向管理线（M 序列）转换。

- 专业线（P 序列）的定位高度一般低于管理线（M 序列）。

h 形路径相当于 H 形路径的"专业高度裁剪版"。本书更加关注核心管理团队成长，因此重点阐述 Y 形路径。

3. 员工每次晋升都要实现三大转型

在职业发展过程中，每个人身上都有"双标签"，一是职位或岗位的晋升，二是能力的发展。核心管理团队成员从业务骨干成长为基层管理者，再从基层管理者成长为中层管理者，甚至高层管理者。在这个过程中，他们的职位级别越来越高，所管辖的团队越来越大，但实际上同时伴随着领导力的发展。核心管理团队成员每次晋升都要实现三大转型。

- **角色定位**：职责肯定会发生变化，但更重要的是工作理念、工作方式的调整，也就是角色定位的变化。
- **工作时间分配**：伴随着职责和角色定位的变化，工作时间分配也需要进行相应的调整。
- **领导力**：职责和角色定位发生变化后，对领导力的要求也必然会发生相应的变化。当然，专业能力可能也需要提升，这里就不进一步探讨了。

如果管理者的角色定位出现偏差，就必然导致工作时间分配出现问题，也就是重要工作的优先级排序、工作时间投入出现问题。因此，要想实现核心管理团队成员的**赋能成长**，首先要让管理者正确定位自己的角色——**做正确的事**，然后才是修炼胜任新职位所需的新能力——**正确地做事**。

5.2 角色转变，迈出核心管理团队成长的第一步

5.2.1 角色错位：目中无人、以事代人

从企业整体的角度来说，两个轮子驱动着企业向前发展：**一个轮子是商业模式（业务轮子），另一个轮子是与商业模式和特定用户群体相匹配的组织能力（组织轮子）**。在某些阶段，业务轮子能够带动组织轮子一段时间。说得通俗一点就是，如果商业模式足够好，即使组织能力差一点，企业也照样能向前发展。但是，如果组织轮子一直跟不上业务轮子，企业这辆车子就

有可能散架。

虽说企业的两个轮子同等重要，但在不同的发展阶段，企业投入的精力可能不一样。多数企业的组织能力发展是滞后于业务发展需要的，而卓越企业的组织能力是与业务能力相匹配的。

组织能力可以有多种理解，但大家对其中的一个核心要素基本上已经达成了共识：**文化与领导力是组织能力的发动机**。因此，与其说企业的组织能力薄弱，不如说企业核心管理团队的领导力赢弱。企业组织能力发展滞后于业务能力发展的典型特征就是核心管理团队出现"**目中无人，以事代人**"的症状。

所谓"目中无人，以事代人"，就是核心管理团队只盯着业务问题，忽视团队管理问题。其根本原因是曾经的业务骨干、专家晋升为基层管理者、中层管理者甚至高管以后，其角色定位仍然没有调整到位。具体而言，有以下三个方面的典型表现。

1. 上侵下职，职责错位

管理者晋升后，没有及时调整角色定位，仍然在做以前熟悉的工作，而这些工作本应该是下属的工作，我们把这种现象称为"**上侵下职**"，最后的结果往往就是副总裁干总监的活儿，总监干经理的活儿，经理干主管的活儿。

2. 事必躬亲，不善于识人用人

传统上，我们倾向于认为**事必躬亲**是管理者的美德，其楷模就是《三国演义》中的诸葛亮。诸葛亮为了蜀国的发展，真的是做到了鞠躬尽瘁、死而后已。但是，恰恰是诸葛亮这种事无巨细、事必躬亲的管理风格阻碍了蜀国人才的成长，最终造成了"**蜀中无大将，廖化作先锋**"的尴尬局面。核心人才梯队的断裂最终葬送了蜀国。

除了事必躬亲，很多管理者还是"救火队长"，哪里起火扑向哪里，他们是企业里面最忙、最累的群体。管理者权责不清、工作重心不明确，就很容易陷入管家婆式的细节管理。

既然事必躬亲危害巨大，为什么管理者仍会陷入这种工作方式呢？大致有以下几个方面的原因。

- 对自身角色定位缺乏认知，甚至以为这是"以身作则"。
- 不善于识人，不知道如何分配工作更合理。带过团队的人都知道，有时指导人干活儿真的不如自己干活儿痛快。团队工作四处起火，只能靠自己四处去救火。
- 不善于用人，对下属不信任，让下属干不如自己干放心。

3. 追求个人成就感，忽视团队成长

管理者追求个人成就感而非团队绩效，甚至处处与下属争功，总要突出自己比下属更厉害，更有甚者，不能容忍下属比自己优秀。

人才的成长赋能是一个费时费心的过程。不少管理者采用"**散养式**"管理，关注做事的过程和结果，员工的成长全靠个人的造化。一旦业务忙起来，这些管理者就将人才培养的工作丢到一边去了，他们觉得练兵总是比用兵麻烦，"**攻城略地还是比枯燥的练兵来得痛快**"。

综上所述，核心管理团队成员之所以出现以上问题，根本原因还是他们对管理者角色定位的理解出现了偏差，没有学会做最重要的事情。虽然已经担任领导职位，但他们没有真正意识到**领导力是通过其他人去完成任务的学问**。

韦尔奇曾经说过："**成为管理者之前，成功取决于个人；成为管理者之后，成功取决于他人。**"这句话，并不是每个管理者都能够理解到位的，更不用说真正做到了。

5.2.2　走好第一步：新晋管理者"转身"的 90 天

如前文所述，核心管理团队成员每一次晋升都要实现三大转型，首当其冲的就是**角色转变**，既包括职责定位的调整，也包括工作理念和工作方式的调整。因此，我们也将角色转变形象地称为"**转身**"。核心管理团队只有先完成"转身"，才能做正确的事，才能真正地成长起来。

前文探讨了基层、中层、中高层管理者"上侵下职"的现象。那么，企业最高领导者自己的定位会不会也出问题呢？

有一家民营企业的最高领导每天的行程如下：一大早出门谈生意，跟客户经理一起见客户、谈订单；签下订单后，跑到产品部去吩咐一番，提醒员工控制成本、注意物料来源、抓好品质等；到了下午去找会计人员查数核对，跑到工厂去巡查监工，督促生产进度，检查生产质量。等回到家里时已经是半夜了，那真的是披星戴月啊！

我们不能绝对地说上面这位领导的做法不对。一位优秀的领导者应该根据企业所处的发展阶段、规模大小及管理对象的变化，随时调整自己的领导风格和方式。正如松下幸之助所说："**当我的员工有 100 名时，我要站在员工前面指挥；当员工增加到 1 000 人时，我必须站在员工中间，恳求员工鼎力相助；当员工达 10 000 人时，我只要站在员工后面，心存感激即可。**"

第 2 章提到过，要想让核心管理团队成长，企业就要营造人才成长的组织氛围。企业最高领导者也要认识到核心管理团队成长的关键在于自身。要想让核心管理团队实现"转身"，企业最高领导者必须调整自己的角色定位，如果他不改变，一切都是白搭，正所谓"**问题出在前三排，根源还在主席台**"。

新晋管理者基本都是在激烈的职场竞争中暂时获胜的人，带着对过去成功经验的自豪感，兴奋但略感紧张地从前任手里接过方向盘，接受新岗位的挑战。遗憾的是，良好的开端并不意味着每个人都有好的结局。如果新晋管理者在上任后的前 90 天表现欠佳，就容易陷入信任危机，甚至直接"阵亡"。

相关调查表明，新晋管理者的"转身周期"一般为 6 个月，初始阶段还会经历一个低谷，然后慢慢爬坡，最后才会渐入佳境。从低谷到转折点的平均时间为 3.2 个月，如图 5-6 所示。

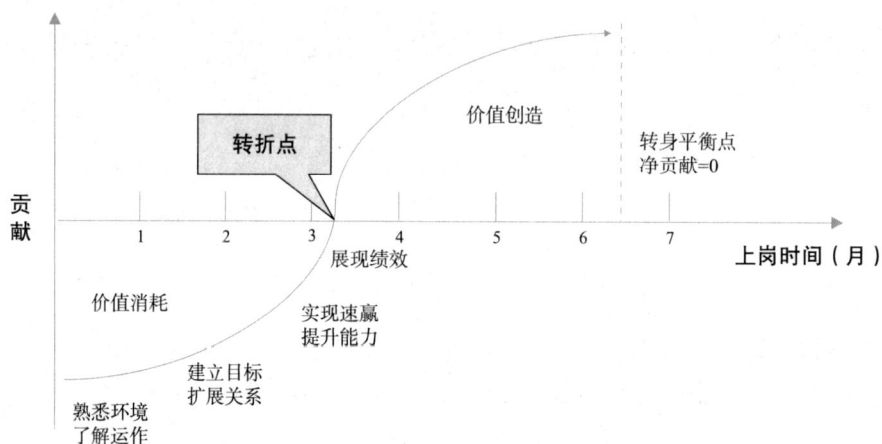

图 5-6　新晋管理者的"转身周期"

在这 90 天的"转身"黄金期内，如果未能实现"转身"或"转身"不太理想，新晋管理者往往就会出现以下症状。

- **角色错位**：仍然倾向于单打独斗，忽略了带团队。
- **目标缺失**：没有及时跟领导确认对方对自己的期望和要求，缺乏明确的发展目标，导致期望过高或过低。
- **贪大求全**：四面出击且目标长远，对短期内取得突出关键成果的关注不够。
- **失去民心**：雷厉风行地实施重大变革，忽视团队对稳定性与安全感的需求，导致团队内部信任关系被破坏。

意识到角色转变的重要性以后，请记住：**角色的转变，光靠他人的说教基本上是无用的**。说教多了，反而可能产生反效果。华为自 2005 年以来业务迅速扩张，国际市场蓬勃发展起来，连续几年招聘的新员工数量都在 1 万人以上。如此大规模地引入人才，既考验华为的新员工培养体系，更挑战其干部培养机制。如何从千军万马中识别出符合公司要求的人才并帮助他们成功地完成"转身"？华为下了不少功夫。

华为采用的方法看起来像是略显老套的**"新官上任三把火"**，没有什么特色，但效果极佳。在 90 天的"转身周期"内，华为会给新干部烧三把火。

- **第一把火——角色认知**：让你知道自己应该干什么。
- **第二把火——转身教练**：让你知道自己能干什么。
- **第三把火——任前管理**：对你干的结果进行审视。

在这个过程中，**直接主管、教练和导师**这三个角色将发挥非常重要的作用，如图 5-7 所示。当然，这三个角色可以由一个人或多个人扮演。

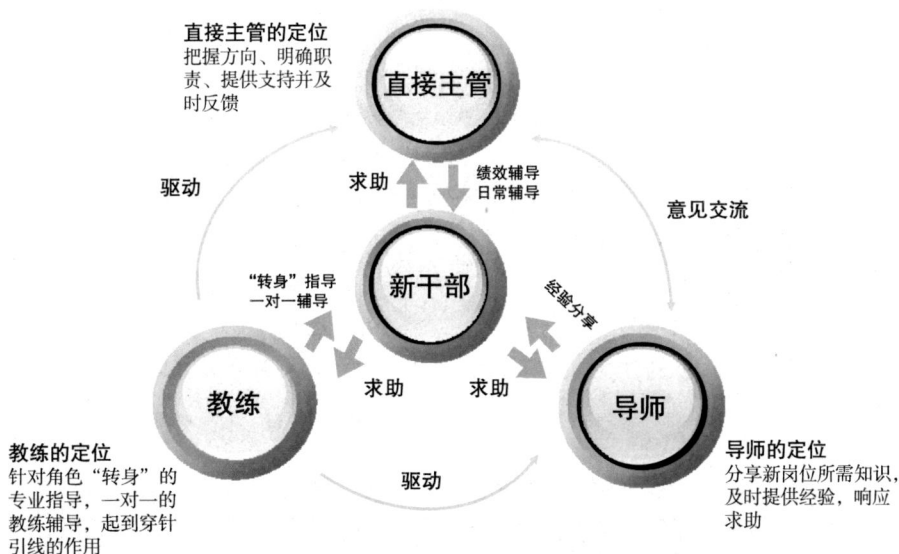

直接主管的定位
把握方向、明确职责、提供支持并及时反馈

教练的定位
针对角色"转身"的专业指导，一对一的教练辅导，起到穿针引线的作用

导师的定位
分享新岗位所需知识，及时提供经验，响应求助

直接主管　新干部　教练　导师

驱动　求助　绩效辅导 日常辅导　意见交流
"转身"指导 一对一辅导　经验分享
求助　求助
驱动

图 5-7　帮助华为新干部"转身"的三个关键角色

这是华为新干部唯一必须参加的培训项目。该项目为期 2 个月，包括短期封闭研讨学习和大量的实践。这个培训项目可以帮助新晋管理者分析以下问题。

- 在新的岗位上，你需要扮演哪些关键角色？
- 为了扮演好这些关键角色，你应该如何做，应该展现哪些关键行为？
- 为了支持这些行为，你需要发展哪些方面的能力？

下面对比一下华为的基层管理者与中高层管理者，看看他们的角色定位究竟存在哪些异同（见图 5-8）。

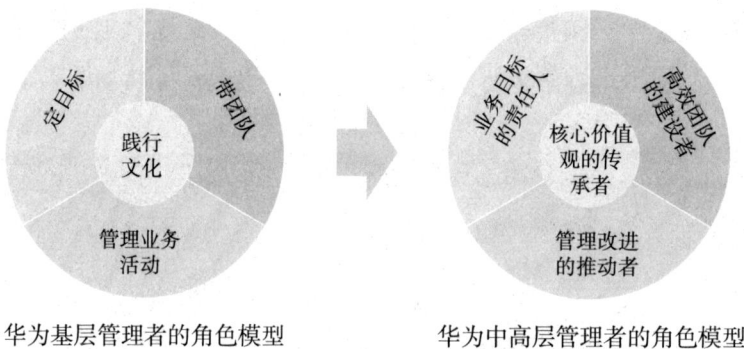

华为基层管理者的角色模型　　　　华为中高层管理者的角色模型

图 5-8　华为基层管理者与中高层管理者的角色模型

新晋基层管理者以前多为专业技术骨干，基本上没有带过团队，最多担任过项目经理。从专业技术骨干走向基层管理岗位之后，虽然管辖的团队可能只有几个人或十几个人，但这是他们职业发展的第一个转折点，也是最重要的一个转折点：**他们的工作成果不再通过亲自做去获得，而是必须通过团队的共同努力去获得，这是工作理念和工作方式上的重大转变。**

新晋基层管理者必须完成从个人贡献者向团队贡献者的"转身"。

所有企业都一样，在发展的早期，组织能力、品牌都没有建立，企业的生存、发展往往取决于创始人团队的奋力牵引，有人担任了大销售经理、大产品经理、大项目经理或大制造经理。在华为成立初期，为了让公司快速发展，任正非鼓励员工积极发挥个人才干，争当华为各个部门的"英雄"，华为的很多高级管理者就是在这个时期涌现出来的。在这个阶段，也确实需要大家各显神通。

随着华为的不断发展壮大，任正非敏锐地发现了组织能力建设的重要性，不再把"英雄"挂在嘴边。

作为团队领导，必要时仍要冲锋陷阵、攻城略地。但是，任正非认为，作为团队领导，更重要的是把自己的部下源源不断地培养成"英雄"，带领团队去打胜仗，而不是自己去当"英雄"。**领导者要淡化个人成就感，要注重组织的成就感，太注重个人成就感的人当不好干部。**

5.2.3　将个人能力转化为组织能力：组织从 1 到 10 高速发展的秘诀

前面两个小节主要阐述了核心管理团队成员在层层晋升过程中的角色转变问题。在组织的发展过程中，还有一个阶段需要我们特别关注，那就是当**企业人员规模发展到 300 人左右，进入高速发展阶段的时候**。华为从 1988 年开始运作，经过 6 年左右的时间，大致在 1994 年进入这个发展阶段。我将这个阶段称为组织发展的**"从 1 到 10 阶段"**。

企业在成长、发展、衍生的过程中大致会经历四个阶段，如图 5-9 所示。

- **从 0 到 0.1 阶段**：最开始，创始人团队发现战略机会点，然后去验证、打磨最小可行产品，验证商业模式的可行性。此时，企业也许只有一二十个人，仍处于个人英雄主义时代。企业在这个阶段需要大家各显神通，不太需要制度规则。

- **从 0.1 到 1 阶段**：在这个阶段企业要进行战略验证、模式迭代，企业要开发、获取客户，度过生存期，企业开始建立团队、进行分工，职能型组织开始形成。

- **从 1 到 10 阶段**：企业的业务已经得到充分的验证，也基本上得到了客户和市场的认可，业务开始进入复制、规模扩张阶段。

- **从 10 到 N 阶段**：这是组织衍生期，主要有两种常见的发展路径。一是多元化发展，既可以自己培育孵化新业务，也可以收购兼并；二是开始打造第二曲线，寻找新的增长极。

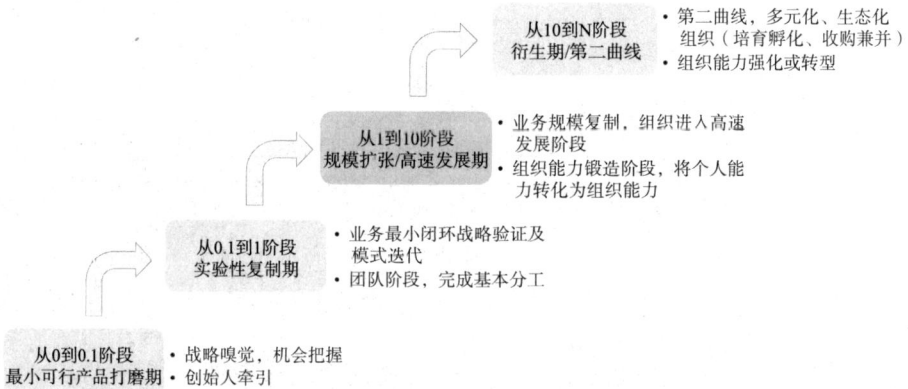

图 5-9　组织成长、发展、衍生的四个阶段

无论组织处于哪个阶段，但有一条最基本的原则是始终不能违背的，那就是：**企业存在的唯一理由就是为客户创造价值。**

企业是如何为客户创造价值的呢？我们可以采用**个人能力与组织能力转换模型**进行分析，如图 5-10 所示。

个人推动组织能力建设　　　组织为客户创造价值

个人　　　组织　　　客户

个人直接为客户创造价值

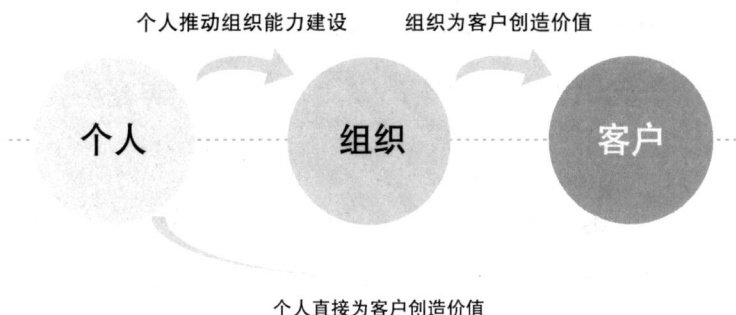

图 5-10　个人能力与组织能力转换模型

当企业人员规模不足 300 人时，管理者往往可以通过个人能力直接为客户创造价值。我们常常发现，企业最高领导者往往也是企业里面最优秀的销售员。此时，企业规模不大，企业最高领导者基本上认识每一位员工。企业主要采用**个人能力与组织能力模型中下方的那条路径——"个人直接为客户创造价值"**。

当企业人员规模超过 300 人时，企业最高领导者已经不可能认识每一位员工了，企业自然就会出现分工和授权管理。企业一旦出现分工和授权管理，就必须解决以下问题。

- 建立组织与流程，明确责任、分工与做事方法。
- 企业规模高速扩张，必然面临人员引入、培养等问题。企业需要建立制度规则，明确选人、用人的标准，建立人才激励体系。
- 每个人的思想不一样，每个人对管理规则的理解也可能不同。企业需要提炼自身的核心价值观，统一思想，统一做事的原则。企业文化不是道德问题，没有对与错，它是一家企业的"游戏规则"。

以上问题可以总结为一句话，就是**"统一思想、统一规则"**。企业解决"双统一"问题的过程就是锻造组织能力的过程。在这个过程中，管理者需要将个人的价值观转化为企业全体人员共同的信仰，即企业文化，然后依此引入人才、培养人才；**管理者要通过领导力让个人能力促进组织能力的提升，即先将个人能力转化为组织能力，再通过组织能力为客户创造价值。这就是个人能力与组织能力转换模型中上方的那条路径。**

任正非说过，**300 人是一家科技企业组织能力进化的分水岭。**这个阶段的核心管理团队成员角色转变的问题，不同于前文所述层层晋升过程中核心管理团队角色转变的问题。在层层晋升过程中，组织体系已经基本建立，角色转变有可以学习借鉴的对象。在 300 人这个组织能力建设的分水岭阶段，组织规模整体扩大，就像吹气球一样。企业核心管理团队成员的成长不再是一两位新晋管理者角色转变的问题，而是核心管理团队整体重新定位、调整角色的问题。在这个打造组织能力的特殊阶段，企业的领导团队只有具备强大的领导力，才有可能完成这样的调整。

有的企业会出现一个奇怪的现象：**最高领导一放手，企业的执行力、协调力就大幅下滑；最高领导一归位，问题又都消失了。**

这究竟是为什么呢？

在企业发展初期，最高领导本人往往亲自带着几位骨干做事。随着企业规模的扩大，原来的骨干员工都变成了企业的中高层管理者。但是，他们往往侧重于执行，重要的决策都需要最高领导来制定，所以只要最高领导不在公司，企业的执行力就会下滑。另外，大家习惯了直接跟最高领导沟通汇报，横向的协同问题往往也是由最高领导者本人解决的。久而久之，整个企业就会形成对最高领导个人的依赖，组织的横向协同机制也难以真正建立。

如果上述问题长久得不到解决，企业就会出现各种奇怪的问题。归根结底，这些企业表面上发展壮大了，但组织能力仍处于"巨婴"阶段，没有实现**"将个人能力转化为组织能力"**的蜕变。

5.3 快速成长，提升核心管理团队的人才密度

5.3.1 定目标：核心管理团队成长目标识别

大家可能会说，核心管理团队的成长目标还是比较容易确定的，毕竟行业中可以学习借鉴的案例有很多。

确实，领导力与管理能力有一定的相通性，这是由核心管理团队的通用职责和角色定位决定的，标杆学习确实有其价值和意义。但是，不同企业之间有三个方面的重要差异，导致不同企业的核心管理团队的成长目标也有一定的差异。简而言之，确定核心管理团队的成长目标需要考虑四个要素，如图 5-11 所示。

图 5-11 确定核心管理团队成长目标需要考虑的四个要素

1. 通用职责与角色定位的共性

即使是在不同的企业中，层级相同的核心管理团队的**通用职责与角色定位**也有一定的共性，这是确定核心管理团队成长目标的重要依据。管理专家拉姆·查兰在《领导梯队》（*The Leadership Pipeline*）一书中将领导力发展划分为六个阶段，如图 5-12 所示。

首席执行官
（管理全集团）

阶段6

集团高管
（管理业务群）

事业部总经理
（管理事业部）

阶段5

阶段4

事业部副总经理
（管理职能部门）

部门总监
（管理经理人员）

阶段3

阶段2

一线经理人
（管理他人）

个人贡献者
（管理自我）

阶段1

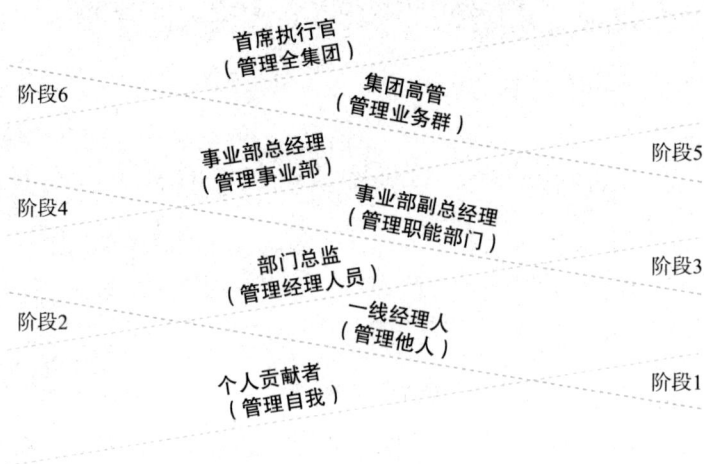

图 5-12　领导力发展的六个阶段

查兰提出的模型更像工业时代大型企业核心管理团队的经典成长模型，层次比较复杂，我更喜欢使用只有三个层次的简化模型，即**"高层—中层—基层"**模型，如图 5-13 所示。

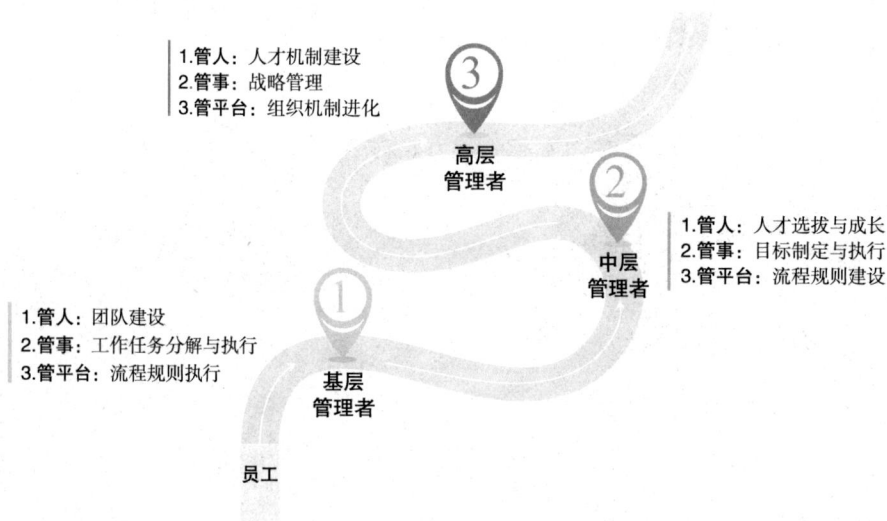

1.**管人**：人才机制建设
2.**管事**：战略管理
3.**管平台**：组织机制进化

③

高层
管理者

②

中层
管理者

1.**管人**：人才选拔与成长
2.**管事**：目标制定与执行
3.**管平台**：流程规则建设

1.**管人**：团队建设
2.**管事**：工作任务分解与执行
3.**管平台**：流程规则执行

①

基层
管理者

员工

图 5-13　"高层—中层—基层"模型

有了各层级管理者的通用职责和角色定位后，应该如何确定核心管理团队的成长目标呢？我们以基层管理者为例进行说明。

基层管理者需要掌握的技能可能有几十项甚至更多，但最关键的技能并没有那么多。过去，华为重点培养基层管理者的**任务管理能力**和**团队建设能力**。2014 年以后，随着华为转向项目运作模式，基层管理者"管事"的培养内容才被调整为**项目管理能力**。同理，在阿里巴巴，一名初级管理者必须学会的、最核心的是以下三件事：

- 怎么招人、怎么淘汰人；
- 怎么做团队建设；
- 怎么拿到结果。

我们可以对比一下，阿里巴巴的"**怎么做团队建设**"和"**怎么拿到结果**"，是不是与华为基层管理者的"**团队建设能力**"和"**任务管理能力**"基本相同呢？

基层管理者如此，那么中层管理者、高层管理者是不是也一样呢？

中层管理者可以理解为总监层。与基层管理者相比，他们的管理对象和团队规模不同，更关键的是管理性质有本质的不同。总监级管理者往往负责的是企业的一个独立的功能领域，在企业中起到承上启下的作用。他们不仅要考虑本功能领域如何承接企业的目标，还要考虑自身业务的发展，具体工作包括目标的设定、分解、落实及核心人才队伍的建设等。

此外，由于总监级管理者负责企业的某个独立功能领域，如果他们之间的横向协同出现问题，就必然会出现跨部门的协作壁垒，企业很容易出现"部门墙""深井病"。因此，跨部门协同往往是中层管理者赋能成长的重点。

下面以腾讯总监级管理者培养方案为例进行说明，如图 5-14 所示。

- 更全面的人力资源管理能力
- 培养管理者及管理梯队建设
- 更强的领导力及个人影响力

```
        管理
       管理者



  转变                      跨部门
 思维模式                    合作
```

- 拓宽管理者的视野
- 引导塑造组织氛围，传承企业价值观
- 提升系统化思考和决策能力

- 建立跨部门合作的意识和氛围
- 驾驭并指导跨部门合作的能力

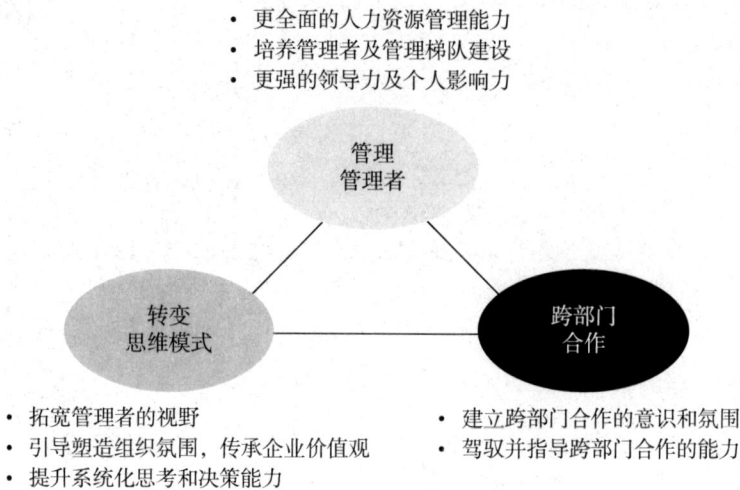

图 5-14　腾讯总监级管理者培养方案

从图 5-14 可以看出，**"思维模式转变"**可以理解为总监级管理者的角色定位调整，**"管理管理者"**和**"跨部门合作"**则分别对应于人才队伍建设和横向协同。

2. 组织运作模式的差异

前文已经介绍过，华为培养管理者尤其是基层干部时非常注重项目管理方面的内容。这是为什么呢？其他企业能不能直接向华为学习呢？

从 2014 年开始，华为开始从矩阵型组织向项目型组织转型。华为在全球的发展已经达到一定的高度，需要更好地满足客户需求，更好地对每个项目进行精细化的管理。**项目管理成了华为管理的基本细胞，被视为最重要的一种管理。**任正非曾说："美军从士兵升到将军有一个资格条件，要曾经做过班长。将来华为提拔干部要求候选人一定要有成功的项目经历，有成功的项目实践经验。"

项目管理是华为各级管理干部的基本培训内容，这是由华为的组织运作模式决定的。如果其他企业的组织运作模式不是这样的，就算项目管理确实比较重要，也肯定不能照抄照搬华为的干部培养方案。

3. 企业文化的差异

创始人团队在企业创立、发展的过程中，不可避免地会对组织成员灌输一些自己的信念、价值观、假设和行为规则。如果企业在后来的发展过程中有幸取得成功，这些曾经的**信念、价值观、假设和行为规则**就会被企业视为理所当然，就会升华为企业文化。这种文化会反过来成为界定企业中何种领导力有价值、何种领导力可以被容忍的标尺。领导者此时转向维护和巩固现有的文化。

企业文化专家埃德加·沙因（Edgar Schein）曾经说过："**文化与领导力是一枚硬币的两面。**"在企业创立初期，领导者定义了文化的基本元素，并通过个人的领导力使其被组织接受；在企业发展之后，文化反过来定义了核心管理团队的领导力期望特征。

核心价值观是核心管理团队培养的重点内容之一。企业文化的差异必然导致核心管理团队赋能成长的目标不同。在腾讯总监级管理者培养方案中，**"思维模式转变"**这个维度就包括**"引导塑造组织氛围，传承公司价值观"**这项内容，**"传承公司价值观"**显然属于腾讯企业文化培训的内容。

4. 战略解码或组织目标的差异

华为的人才赋能成长有一条核心原则：匹配公司组织能力发展框架，聚焦公司能力发展的主航道。华为大学每年都会参与华为的战略解码过程，并从三个维度推导来年人才赋能培养工作的重点。

- 如何提升**组织能力**？
- 如何提升**领导力**？
- 如何营造**企业文化**？

提升组织能力和领导力都是从战略和业务的视角出发的，而不是从管理者和员工的视角出发的。具体而言，企业要考虑以下两个问题。

- 从组织的角度，企业期望管理者或员工具备或提升哪些能力？
- 通过为核心管理团队或员工赋能，如何有效保障企业战略的落地和业务的开展？

华为不是在泛泛地谈能力提升和职业发展，而是将个人成长与组织目标的达成联系在了一起。换句话说，只要跟着组织目标去提升个人能力，当战略和业务目标达成时，核心管理团队或员工的能力自然而然就提升了。大家应该还记得本书第 2 章中关于人才成长目标的内容，人才赋能成长需要考虑学员目标和业务目标，华为将业务目标放在了首位。

请大家理解前文中"期望"二字的含义，华为将战略和业务作为纽带，使核心管理团队或员工赋能成长与组织发展协同起来。华为在人才赋能成长方面经常强调的一句话就是**"明确期望比提升能力更重要"**。

核心管理团队的赋能成长如何才能做到**"匹配公司组织能力发展框架"**呢？我们可以借鉴战略解码的思路，参考图 5-15 所示的思考框架去分析。

- **战略澄清与目标管理**：在不确定性强的时代，战略只能大致清晰，或者战略只存在于最高领导者和少数人的头脑中。企业需要进一步澄清战略目标，让核心团队形成共识，将战略解码并转化为具体的行动方案。在某个特定的时间段内，企业要打的仗很多，时间、精力和资源有限，不可能眉毛胡子一把抓，要分出轻重缓急，分配、落实目标。
- **文化与领导力建设**：企业规模扩张必然带来价值观的稀释甚至思想的混乱。因此，要想梳理核心价值观，就要统一思想。文化建设及团队规模扩大反过来对管理者的领导力提出了新的要求。

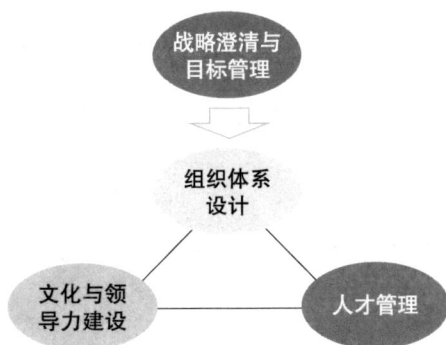

图 5-15　核心管理团队赋能成长战略解码

- **组织体系设计**：企业规模扩张及发展重心的变化必然带来部门职责定位、分工甚至管理模式的调整，企业必须对组织体系进行调整。
- **人才管理**：人才队伍的规模扩张要求企业提升人才甄选能力、培养能力，并能将人才队伍有效地管理起来，激发其活力。

我服务过的某高科技企业有 260 多人，计划一年后扩张到 500 多人。该企业原来只有一家主要客户和一个主生产基地。通过战略解码，该企业梳理出下一年需要打赢的"八大战役"，前四场战役如下：

- 国际化与战略客户开发战役；
- 关键器件供应商开发战役；
- 生产基地规划建设战役；
- 组织能力建设战役。

为了保证"八大战役"的成功，必须从每场战役中推导出核心管理团队赋能成长的目标和要求。可以说，核心管理团队的赋能成长并非独立于业务，而是完全与业务融合在一起的。

5.3.2　定方案：核心管理团队训战赋能成长

前文阐述了核心管理团队赋能成长的目标定位，明确了他们应该学什么。接下来的问题是采取什么样的方法才能让这些管理者获得这些能力。就像我们已经知道"降龙十八掌"威力很大，郭靖应该学，但郭靖如何才能学会"降龙十八掌"呢？

管理是一门实践的科学，彼得·德鲁克说过："**管理不在于知，而在于行，其验证不在于逻辑而在于实践**。"

纵观各家企业核心管理团队的赋能成长项目，其逻辑框架基本相同，不外乎**课程培训、辅导反馈、实践锻炼**三个维度。虽然具体的叫法可能不同，但都可以归入以上三个维度。这三个维度没有什么特别之处，不过是人才培养的"7-2-1学习法则"的具体应用。下面看看不同的企业是如何具体应用的。

1. 课程培训

下面以腾讯总监级管理者培训项目——领导力开发访谈（Leadership Development Interview，LDI）为例进行说明。为了达到更好的学习效果，LDI项目采用多种学习方式，如面授课程、案例研究、管理沙龙、名家之声、标杆学习等，以满足学习不同类型知识的需求。腾讯曾经组织过的培训课程如下：

- 宏观经济分析与展望；
- 动态竞争与企业的可持续发展；
- 管理思维；
- 组织变化与领导力修炼。

另外，腾讯中层管理者培养项目"**领航计划**"还安排过下列培训课程：

- 决策者的管理会计；

- 管理决策与领导力；

- 标杆学习；

- 商业模拟。

为了拓宽管理者的视野，提高其管理水平，腾讯定期邀请其他企业高管或知名专家就某一主题举办论坛，即"名家之声"。例如，腾讯曾经邀请菲利普·科特勒（Philip Kotler）、孙振耀、李永波、白岩松、吴晓波等人来公司授课。

2. 辅导反馈

辅导反馈的另外一种说法是互动学习、相互学习，常用的措施包括**思想导师、导师、教练、360° 反馈、案例学习、标杆学习**等。

国内企业比较热衷于学习标杆。华为在学习 IBM、松下等标杆企业的同时，自身也成了国内各行各业学习的标杆。

阿里巴巴选择参观全球最好的企业，目的是让管理层"开天眼"。而且，阿里巴巴要求他们参观回来之后必须将学到的东西落地。例如，阿里巴巴的生态思维就是 2006 年参观了蒙牛之后学来的。在参观时，阿里巴巴的管理层提出一个问题：一家年产值只有 30 万元的养殖户都可以做生态，阿里巴巴为什么不可以做生态？ 2007 年，阿里巴巴提出：我们要将整个阿里巴巴集团打造为一家生态企业。

华润集团对标杆学习也有类似的要求。华润集团曾经有一个高级领导力发展项目（"60 班"），其培养方案包括"企业最佳实践交流"这项内容。华润集团着眼于国际和国内优秀的标杆企业的最佳实践。为了避免一般意义上的浅层交流，达到深入系统地沟通和借鉴的效果，华润集团要求学员在考察结束后必须形成行动方案和落地计划。

3. 实践锻炼

总体而言，课程培训和辅导反馈相对容易落实。核心管理团队赋能成长最难落实的是**实践锻炼**，但实践锻炼恰恰是最有效的措施。实践锻炼之所以困难，主要有以下几个方面的原因。

（1）**培养过不等于有效果**。安排实践锻炼不难，难的是实实在在地产生效果。这个问题一直是本书的核心主题：我们需要的不是培训、培养，我们需要的是核心管理团队的成长。如何才能确保我们安排的实践内容对核心管理团队的赋能成长确实有效呢？

（2）**用人不等于培养人**。我们都知道，用一个人和培养一个人是完全不同的。有一种调侃的说法是，要想"用废"一个人，最简单的办法就是让他一直做自己最擅长的事情。从组织目标达成效率、风险防范的角度考虑，安排每一位员工做自己最擅长的事情确实是最恰当的。在核心管理团队实践锻炼的过程中，如何才能做到在赋能成长的同时兼顾核心管理团队工作任务的完成？这就需要平衡用人与培养人。在这个方面，华为确实有不同于其他企业的做法。

我们研究平安、腾讯、阿里巴巴等知名企业的人才培养体系之后发现，这些企业都设计了系统的在岗核心管理团队领导力提升项目。例如，腾讯针对现任管理干部设计了**现任中层干部培训项目"帝企鹅系列培训"、现任基层干部培训项目"功夫企鹅系列培训"**，平安集团也有**团队领导力、中级领导力和高级领导力**等培养项目。但是，在华为大学的干部培养方案中，我们却找不到类似的培养项目。华为大学某年的重点培养项目（部分）如图5-16所示。

需要说明的是，人们常说的**"青训班""高研班"**实际上属于华为干部后备人才梯队培养项目，并不是华为在岗干部培养项目。对于后备人才梯队培养这个话题，我们将在第 6 章中详细探讨。

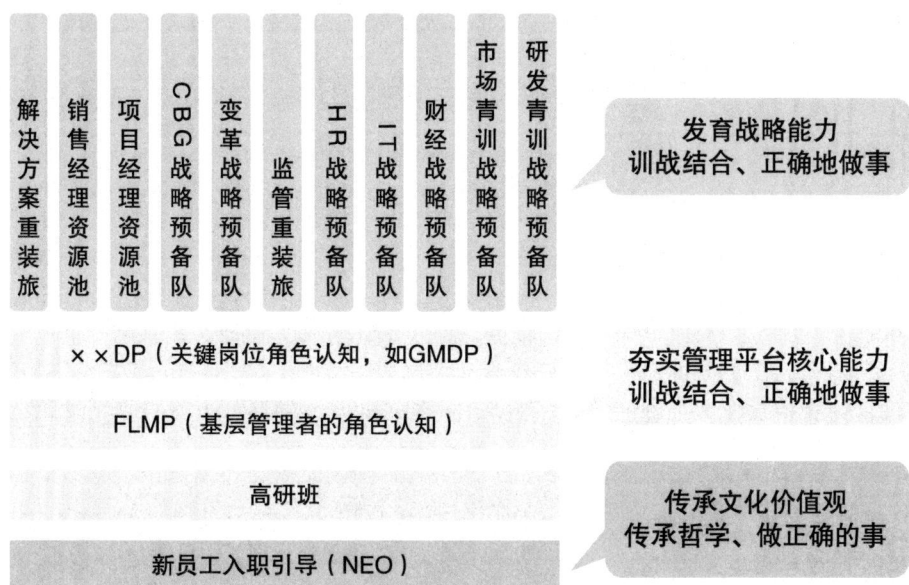

图 5-16　华为大学某年重点培养项目（部分）

在图 5-16 中，最上面一排的人才培养项目每年都会动态变化，并不是固定的。为什么会这样呢？

前文已经介绍过，华为的人才培养项目的很大一部分需求来自**战略解码**，这是华为在人才培养方面不同于其他企业的地方。既然项目需求来自战略解码，那么每年的项目就是动态变化的，这是再正常不过的了。

5.3.3　造环境：营造核心管理团队成长的组织氛围

第 2 章曾经提到，营造人才成长的组织环境是非常重要的。既然核心管理团队是企业中最重要的群体，核心管理团队赋能成长的组织环境建设就显得尤为重要了。

源自战略解码的人才培养项目直接支撑着华为当前绩效目标的达成，是必须落实的，否则绩效目标就很可能"泡汤"。华为以战略解码为工具，聚焦公司能力发展主航道，将核心管理团队赋能成长与公司的组织能力发展很好地匹配起来。绩效目标的完成情况正是核心管理团队赋能成长效果的验证指标。

如前文所述，华为在岗干部的赋能成长内容基本上来自战略解码，可以直接支撑华为当前绩效目标的达成。如果个人学习成长效果不佳，就必然会影响绩效目标的达成。华为是一家高绩效文化导向的企业，绩效目标没有完成对组织、团队和个人的影响都是非常大的。

1. 激励体系

绩效与员工的调薪、奖金、虚拟股权和 TUP（华为推行的一种递延奖金计划）都有直接关系，这是短期内就可以直接感受到的效果。此外，华为的奖金激励一贯遵循从公司到部门、从部门到个人的模式，强调"**力出一孔，利出一孔**"。核心管理团队的绩效目标没有达成会对核心管理团队及其成员产生严重影响。

2. 干部任免

- 绝对绩效：以年底目标为准，中高层管理者完成率低于 **80%** 的，正职降为副职或予以免职。

- 相对绩效：个人绩效承诺（Personal Business Commitments，PBC）结果排名在末尾 10% 的要降职和调整，而且正职免职后不能提拔副职为正职（华为设计的这条规则真的是把人性琢磨透了。我见过不少企业中的部门正职和副职面和心不和，甚至相互拆台。华为的这条规则把部门正副职的利益捆绑在了一起）。

需要说明的是，末位淘汰不是辞退，被淘汰的管理者可以进入战略预备队，重新去竞争其他岗位（战略预备队的相关内容可以参考本书第 6 章）。

此外，已经降职的干部，一年内不准提拔使用，更不能跨部门提拔使用，这就相当于"异地为官"之路也被堵死了。

华为在核心价值观方面采用关键事件评价法。关键事件评价不合格的干部，予以降职或不得提拔。

3. 晋升发展

华为强调，要优先从成功的团队中选拔干部，出成绩的地方也要出人才。这项要求实际上把个人晋升与团队绩效捆绑在了一起。在干部选拔标准中，华为强调以下几点。

- 价值观：践行核心价值观是衡量干部的基础。文化传承的重要性怎么强调都不为过。
- 品德：品德与作风是干部的资格底线。层级越高的干部，越要强调品德。
- 绩效：绩效是干部选拔的必要条件和分水岭。只有绩效排名在前 25% 的员工才能进入干部选拔流程。
- 能力：能力是持续取得高绩效的关键成功要素，经验是对能力的考验。对基层管理者而言，能力主要指任职资格或专业能力水平及领导力的素质基线；对其他层级的管理者而言，能力主要是指领导力。

以上都是华为相对"**硬**"的措施。华为希望通过绩效目标的达成，牵引大家重视核心管理团队的赋能成长。此外，在华为的发展过程中，**任正非反复强调自我学习、自我成长的重要性**，这些属于"**软**"环境的营造。

下面从《以奋斗者为本》中摘录两段时间跨度长达十几年的任正非讲话供大家参考。

培训要靠自我培训，灌输性培训不是长久之计。最优秀、最杰出的人都是自我培训出来的。老师不讲你就学不到，你怎么超过老师？所以，人人是老师，人人是学生。如果不自我提高，甚至重复犯同样的错误，那么再对你培训也没有意义。

——《培训要务实》，1998 年

我们要从过去的培养制和苦口婆心的培育方式，转变为你爱学就学，不爱学我们也不给你穿小鞋，关键是看你工作干得好不好来确定你的去留，而不是看你爱不爱学习。历史上不好好学习最后成为伟大人物的例子很多，学习不要强求。我们不搞培养制，我们没有责任培养你。我们是选拔制，选拔更优秀的人上来，在全公司、全世界范围内选拔优秀者，落后者我们就淘汰。

——《以"选拔制"建设干部队伍》，2011 年

小结

- 驱动组织成长有两条路径：一条是建立流程、制度、规则，摆脱对少数人的依赖，这是工业时代卓越企业走向巅峰的经典实践；另一条是提高人才密度，这是新生代企业所采取的路径。在不确定性强的时代，提高人才密度成了驱动组织成长的最佳路径。
- "人才密度"这个概念源于奈飞，指高绩效员工所占的百分比。
- 人才密度提升 IPO 三部曲是"精准选才（入口管理）—赋能成长（过程管理）—优化调整（出口管理）"。
- 角色定位、组织运作模式、企业文化、战略目标是确定核心管理团队成长目标时需要考虑的四个要素。

第 6 章

人才厚度：
后备人才梯队建设

企业发展到一定规模以后，必然会更加重视后备人才的培养。例如，华为有"青训班""高研班"，腾讯有"飞龙计划""育龙计划""潜龙计划"，TCL集团有"鹰系列计划"，华润集团有"60班""70班"等。其实，各家企业的后备人才培养计划大同小异，只是名称不同而已。人才密度影响组织的当下，人才厚度则影响组织的未来。

6.1　华为人才梯队建设实践

6.1.1　华为管理干部后备梯队建设

1.基层管理者赋能培训

对于基层管理者，华为大学从管事和管人两个角度出发，专门开发了相关的培训项目。

- 管事——青训班：培养的重点内容为项目管理。
- 管人——FLMP：培养的重点内容为基层管理者的角色定位及"转身"，帮助学员完成从骨干（个人贡献者）到管理者的"转身"。

（1）**青训班**。如前文所述，从2014年开始，华为从矩阵型组织向项目型组织转型。项目管理成了华为管理的基本细胞，被视为最重要的一种管理。任正非曾说："项目管理做不好的干部，去管理代表处和地区部就是

'昏君'。"

"青训班"并非单纯的课程讲授，而是一个包括自学、课堂教学、实战等环节的系统性的基层管理者赋能项目，一个典型的**训战结合的人才培养项目**，如图 6-1 所示。

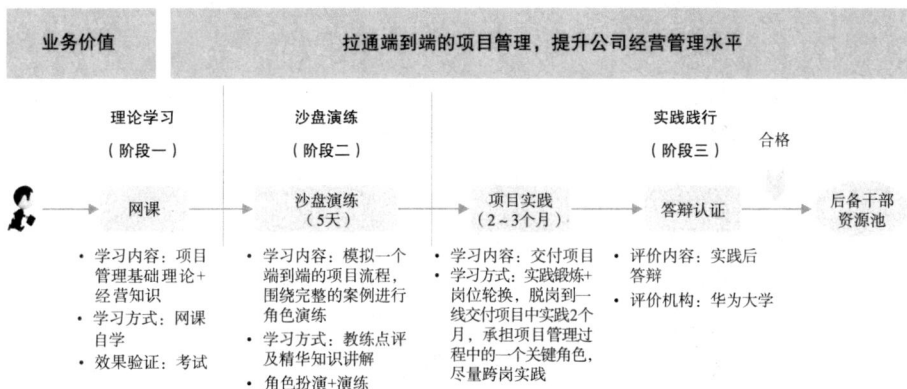

图 6-1　华为"青训班"基本框架

（2）FLMP。对一名志在成为"将军"的华为人来说，仅靠业务的**项目管理**赋能是不够的。一名合格的基层管理者，不仅要会管事，还要会管人。

如何帮助管理者尽快完成"转身"并帮助他们持续提升管理能力呢？

华为大学专门为基层管理者设计了培训项目 FLMP（First-Line Manager Leadership Program），旨在帮助学员完成从骨干（个人贡献者）到管理者的"转身"。与**"青训班"**类似，FLMP 也是一个集学习研讨、在岗实践、述职答辩、综合验收于一体的系统性赋能项目，如图 6-2 所示。

2. 高研班

华为有一个管理者培养项目叫**"高研班"**，也就是**高管研讨培训班**。这个培养项目的目标是培养高层管理者的后备人选，培养对象是 18 级左右的人员（即准专家级人员）。在华为的职级划分中，17 级和 18 级属于高级骨

业务价值

改善项目经营的土壤，选拔并发展后备干部，支撑公司向以项目为中心转型

理论学习
（阶段一）

网课

- 学习内容：管理理论及相关知识
- 学习方式：网课自学
- 效果验证：考试

课堂教学
（阶段二）

课堂教学

- 学习目标：转变学员思想，帮助管理者实现"转身"，为学员植入管理意识和观念
- 学习内容：基层管理者角色认知、团队管理、绩效管理、有效激励和公司人力资源管理政策
- 学习方式：课堂讲授

实践检验
（5～6个月）

实践检验

- 学习方式：针对课堂内容，在岗实践5～6个月，通过具体实践固化行为

实践检验
（阶段三）

述职答辩

- 评价内容：实践后答辩
- 评价机构：华为大学

合格

后备干部资源池

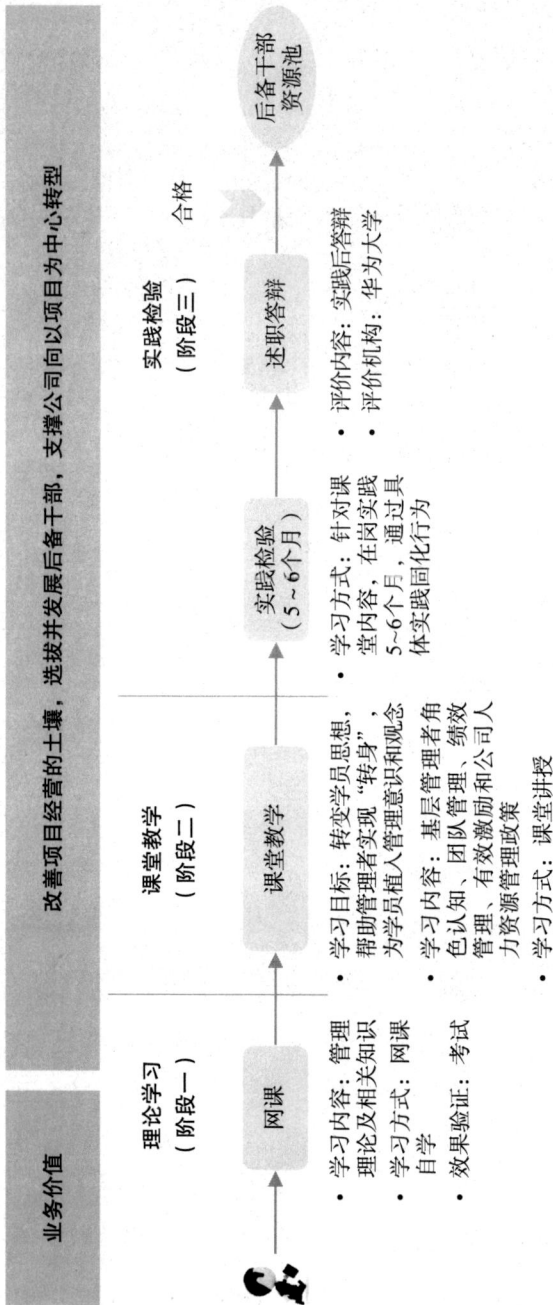

图 6-2　华为 FLMP 基本框架

干和准专家，这也是人才成长的一个**分水岭**，迈过这道门槛就进入中高管层级了。

"高研班"的基本框架如图 6-3 所示。

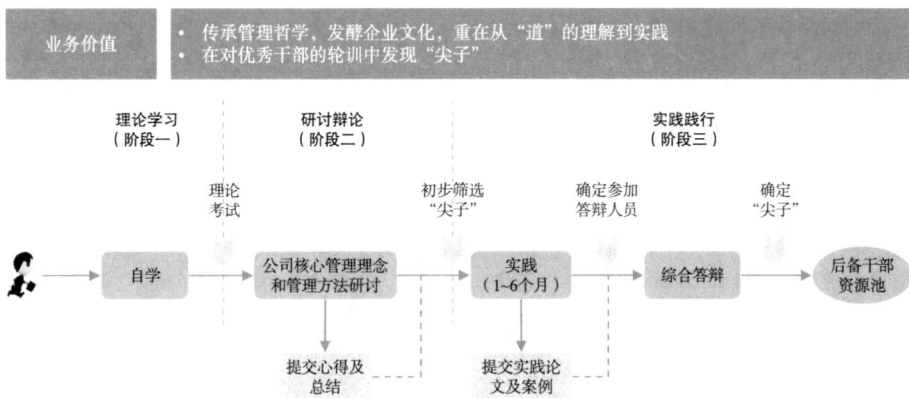

图 6-3　华为"高研班"基本框架

对比其他企业的高管培养，华为"高研班"有以下几个显著特点。

（1）培养内容及培养方式。培养内容基本上不涉及领导力提升等，依然采用训战结合的形式。对华为的管理者而言，一般的领导力、管理技能培训已经过关，自然不再需要重点考虑。

首先是自学，其内容主要是华为的核心价值观，这是华为核心管理理念及管理方法的源头。对于高层干部，华为要求他们学习公司文件，领会高层的智慧精华。

其次是课堂研讨，每位参训学员要参加三次研讨，分别围绕《人力资源管理纲要》《业务管理纲要》和《财经管理纲要》三大教材，先组内讨论再全班讨论。课堂上没有老师，只有引导员，引导员由公司高层担任，只点评不讲课。"高研班"除了让学员理解并运用公司干部管理的政策、制度及管理方法和工具，更重要的是组织学员研讨公司核心战略和管理理念，传递公司的管理哲学和核心价值观。流程和制度都容易学习和继承，甚至可以完善优化，但核心价值观是极难传承的。

最后是1~6个月的实践锻炼。实践锻炼结束之后，撰写至少一篇基于真实案例的文章作为结业论文，旨在强化对理论的现实分析与应用。学员提交的案例和心得发布在华为大学建设的案例平台"管理视界"上，推送给全公司的管理者进行讨论。这种共享研讨模式至少有两个方面的好处：一是有利于组织内部的经验共享，二是无形中给学员传递一种压力，让他们认真总结案例。

（2）学费及请假。与一般企业大学的做法不同，华为大学向每一位"高研班"参训学员收取学费，学费由学员个人承担，学员在参训期间要请事假。华为这样安排的目的是让每位参训干部增强自主学习的意识。

3. 华为高管轮值培养

为了逐步摆脱对任正非的个人依赖，并在实战中考察、培养并选拔接班人，华为采取了一种较为独特的**高管轮值**机制。这种接班人培养机制其实在《华为基本法》中已经明确了。

华为公司的接班人是在集体奋斗中从员工和各级干部中自然产生的领袖。

——《华为基本法》

华为的高管轮值机制从2004年开始，经历了三个发展阶段，如图6-4所示。

华为从2004年开始在咨询公司的帮助下开展组织能力建设，IBM提出了建立经营管理团队（Executive Management Team，EMT）的建议。首届EMT由8名核心管理者组成，并以轮值主席（相当于轮值COO）的方式运作，每人轮值半年。

图 6-4　华为高管轮值机制的三个发展阶段

通过这种方式，华为有效地整合了核心管理层的不同想法和意见，基本保证了决策的正确性，摒弃了以往"一言堂"的决策模式，让各位核心管理者都参与到决策中来，有效地提升了他们的战略洞察力。

在 EMT 运作成熟之后，华为在 2011 年开创了轮值 CEO 制度。具体来说，就是在 EMT 成员中选出 3 人，由他们轮流担任公司 CEO，任期半年，主要职责包括提升公司整体业绩水平和长期竞争力、处理突发紧急事件等。在轮值 CEO 制度日趋成熟的基础上，华为于 2018 年再次升级管理模式，制定了轮值董事长制度，任期也是半年，并且由董事会代表公司股东权益，行使最高战略决策权。

轮值制度可以有效地锤炼管理者的领导力，大大提升了核心管理层处理重大事务的能力，拓宽了管理者的思维和眼界，有效地提升了他们的战略洞察力和组织影响力。在轮值期间，他们原先的职位会被保留。CEO 需要综合协调、统筹其他部门，从局部视角转变为全局视角，加深对其他部门的理解，更好地把握不同部门、团队之间的平衡。让核心管理团队轮值起来，也能在一定程度上解决企业内部"山头主义"盛行、"帮派"林立的问题，避免在未来接班时中高层核心管理者流失。

当然，对大部分企业来讲，组织规模还未达到可以仿照华为设置轮值

CEO 和轮值董事长的地步，但设置 EMT 并安排 EMT 主席轮值的确是可以参考借鉴的。例如，企业可以安排核心管理班子组成 EMT，其轮值主席就类似于 COO。EMT 作为一个群策群力的机构，对企业重大、关键业务发展和运作问题进行决策。在 EMT 设置初期，为了尽量避免出现重大偏差，可确立或保留 CEO 的一票否决权。EMT 机制既可以给核心管理团队磨炼自身能力的机会，也在一定程度上保障了组织的整体性，减轻了因个别人离职给组织带来的动荡。

6.1.2　华为的"蒙哥马利"计划

行业中知道"蒙哥马利"计划的人不多，该计划始于 2017 年，旨在打通"**从二等兵快速晋升到上将**"的流畅通道。顾名思义，从"二等兵"到"上将"就是从基层业务骨干中选拔人才，培养未来的"将军"。根据"蒙哥马利"计划，华为 2017 年破格提拔约 4 500 人，2018 年破格提拔约 6 000 人。

"蒙哥马利"计划以责任结果为导向，在成功实践中选拔与发展干部。同时，它也是一种针对员工的激励手段，给机会是对优秀人才的最大激励。员工在最佳时间内以最佳角色做出最佳贡献，就能获得最佳回报。

那么，怎么理解华为的"蒙哥马利"计划呢？

1. 为什么选"二等兵"

华为认为努力奋斗的优秀人才是企业价值的创造之源。华为始终坚持"积极、多元、开放"的人才观，敢于破格提拔优秀人才，构建企业与人才同创共赢的人才管理机制。

"蒙哥马利"计划的真正目的是立标杆，给年轻人树立榜样，营造优秀人才辈出、奋勇争先、千军万马上战场的氛围，激发组织活力，为优秀人才提供更多成长的机会。

2. 原则

大部分企业的后备人才培养计划都是企业把握主动权，从业绩优秀、有发展潜力且符合企业文化中的员工中去挑选培养对象。但是，"蒙哥马利"的主动权在员工自己手里。

"蒙哥马利"计划并不是从业绩突出的人员中选拔后备人才，而是主动识别人才并创造机会磨炼他们，在实战中选拔人才。

"蒙哥马利"计划不搞"一刀切"，由业务驱动。人力资源部门提供方法、指引，根据人群特点差异化地开展工作，可以说非常灵活。

3. 选拔与培养方法

"蒙哥马利"计划不同于其他企业的后备人才培养方案，并没有采取项目制。如前文所述，这个计划的主动权在员工手里，每一位参与的员工都要自己主动提出，就自己的工作成绩和感悟，在公司董事会成员面前进行一次20 分钟的演讲。这个演讲也不是单独组织的，而是穿插在华为 EMT 月度例行办公会议中。

员工入选"蒙哥马利"计划以后，将获得具有挑战性的学习成长机会，一般的周期为 3~6 个月。在此过程中，主管将提供指导和支持。3 个月后，公司对员工的成长情况进行评估，并讨论下一步安排（出池、继续训战或提供更大承重机会）。

总体来说，"蒙哥马利"计划的人才培养方法如下。

- 主动权在员工手里，由员工自己主动提出参与计划。

- 非项目制，识别出优秀人才后，为他们提供具有挑战性的机会，培养周期为 3~6 个月。

- 建立优秀人才档案，长期记录跟踪，让各业务主管可以快速发现并使用人才。

6.1.3　华为战略预备队

因为名称带有"预备"二字，所以华为战略预备队很容易让人将其理解为后备人才梯队，但它并不是一般意义上的后备人才梯队，在这里对其做一个简单的介绍。

华为战略预备队的前身最早可以追溯到 2008 年。面对全球金融危机，当时的华为果断缩减海外人员，让他们回流到总部，通过内部后备队的方式重新给他们赋能，之后在内部给他们找合适的岗位，以免在危机时刻流失人才，保证组织活力。因此，战略预备队不同于内部人才市场模式，这是一种循环赋能的人才发展模式。

华为战略预备队真正运作成熟是在 2014 年以后，发展至今已经形成了非常完善的体系和运作机制，被广泛地运用在华为内部各个体系的高级专业人才的培养上。

为什么是 2014 年以后？这是因为华为开始进行一场大的组织模式变革，公司从矩阵式组织向项目型组织转型。

转型意味着什么？转型意味着对人员能力的要求将产生巨大的转变。转型也意味着一大批原有人员甚至曾经非常优秀的人员将会变得相对不胜任。此外，任正非感觉到，华为创立 30 年了，公司规模已经发展得很大，面临"大企业病"，拥有许多无法应对新战争的"老兵"和混吃混喝的"虾兵"。只有重塑干部队伍，去掉这些负担，减少"大企业病"的危害，华为才能继续前行。

根据华为"心声社区"的信息，2015 年 7 月 30 日任正非在战略预备队业务汇报上做过一次讲话，对建立战略预备队的目的做了一次诠释。

首先要明确一点，为什么要有战略预备队？公司正在转型到一种新的管理方法上，一定要让所有人学会正确地做事。因为公司转型后，并不一定每个人都能接受，特别是高级干部，所以战略预备队不只是培训优秀的骨干员工，也包括各级重要岗位的干部。如果高级干部不会正确地做事，被新员工架空，这也是灾难。老干部、新干部统一在一个作战平台上培训转型，老干部不是要去操作这个平台，而是经过训练后，能够理解这个平台，有决策的能力。

目前有些干部没有决策能力，不断没有目的地开会、开会、再开会。而对于那些具有领袖潜能、善于抓住主要矛盾和矛盾的主要方面的人，我们要通过战略预备队的循环赋能，把这些草莽英雄转换成优秀的职业经理人。有敢于胜利的精神，才能善于胜利。

——任正非在战略预备队业务汇报上的讲话，2015 年

战略预备队是一个循环赋能机制，不是一个干部选拔晋升机制。用任正非的话来说就是："入队快、出队快、升官慢。"因此，**战略预备队**既是一个培养"将军"和"优秀士兵"的学校，也是一个淘汰不合格员工的筛子。在人力资源与市场中间加一个加油站、缓冲带、滤网，这种做法非常值得其他企业学习。华为战略预备队主要发挥以下三大作用。

作用一：聚焦战略能力的探索和突破，选拔高潜质人才进行实战化赋能

配合华为向"以项目为中心"的战略转型，培养组织转型后所需关键人才。华为选拔优秀员工进行培养，让优秀的人才变得更优秀。为此，任正非提出："**每年排在前 25% 的优秀人员进战略预备队。**"如果你们公司正在进行其他变革转型，如 IPD、数字化转型等，那么同样可以推行战略预备队制度。

作用二：循环赋能

有些海外市场无法继续拓展了，有些老的产品线需要砍掉，这是企业战略调整导致的人员"下岗"。这些人都在前线打过仗，有技术、有经验，他们是企业的财富，不能退掉，这些人可以进入战略预备队进行循环赋能。但

是，他们进了战略预备队之后必须接受考核，淘汰机制会把落后的人淘汰掉。前两项作用合在一起，可以理解为：既不抛弃老干部，又要让新干部快速进入状态。

作用三：鲶鱼效应

战略预备队在训战过程中采用"混合联队"建制，即不同专业、不同职级、不同年龄的人组成"混合联队"，大家可以互相取长补短。

通过竞争、考核，让战略预备队成员相互比拼，减少惰性。同时，把战略预备队员送到前线也可以刺激前线的将士，让他们更加努力地战斗，不努力的话很快就会有人替代自己。

我们可以理解为：老人之间相互竞争，新人与老人竞争，预备队与前线竞争。总而言之，这其实就是一种鲶鱼效应或内部竞争机制，不仅增强了员工的危机感，还避免了"大企业病"的产生。任正非说，这叫"不断输入新鲜血液，增强优秀干部、专家的循环赋能"。

6.2　人才梯队建设

6.2.1　后备人才培养模式

1. 人才梯队建设的价值

《三国演义》中，"**蜀中无大将，廖化作先锋**"的典故是大家耳熟能详的，类似的场景其实在企业中也常常见到。有一家行业知名的企业成立近 20 年，高管有 70% 以上已经超过 55 岁，企业发展进入瓶颈期。还有一家企业想开展中层管理者后备人才梯队建设，计划从基层管理团队中挑选培养对象，最后发现居然选不出来足够的候选人。

　　企业在创业早期引入的高管能力没问题，用起来肯定顺手，而培养新人既费时费力还不容易出成果。当然，也有一些企业对培养后备人才心存顾虑：企业领导既想培养一些"牛人"，又担心这些"牛人"翘尾巴，进退两难。企业忽视后备人才的培养或后备人才培养不得力，等到真正用人之时，就很可能会出现核心人才**"派不出、顶不上、动不了"**的尴尬局面。

- **派不出**：企业开拓新业务、设立新部门时，内部人才捉襟见肘，选不出合适的人，只能眼睁睁地看着机会窗口慢慢关闭。
- **顶不上**：原有部门负责人离职或调任到其他岗位以后，迟迟找不到合适的人顶上去。
- **动不了**：当年创业时的核心团队逐渐成为"小诸侯"。企业最高领导苦于没有后备人选，让这些"小诸侯"成了**"惹不起、不敢碰、不敢换"**的人。

2. 后备人才培养模式

　　一般而言，企业创立之后 15~20 年就要考虑后备人才培养。根据后备人才培养目标岗位的指向性差异，后备人才培养可以分为**岗位层级培养模式**和**岗位培养模式**。

　　（1）**岗位层级培养模式**。在这种培养模式下，培养目标指向某个岗位层级，但不指向某个具体的岗位。例如，企业可以开展中高层管理者后备人才梯队建设项目，培养企业未来的总监级管理者后备人才梯队。但是，培养的后备人才并不非常明晰地指向研发总监、营销总监等具体岗位。前文介绍的华为"青训班"、FLMP、"高研班"及 TCL 集团的"鹰系列计划"都属于这种模式。

因为培养对象的具体岗位指向不明确，所以重点是培养该层级后备人才具有共性的能力，提高后备人才整体的"能力水平面"。因为培养项目是按层级组织的，所以这种模式的优点是投入较少，其不足之处是不够聚焦，培养出来的对象难以达到"即插即用"的能力准备度。

（2）**岗位培养模式**。在这种培养模式下，培养目标精准地指向岗位，如子公司总经理、销售公司总经理、研发总监等，如图6-5所示。

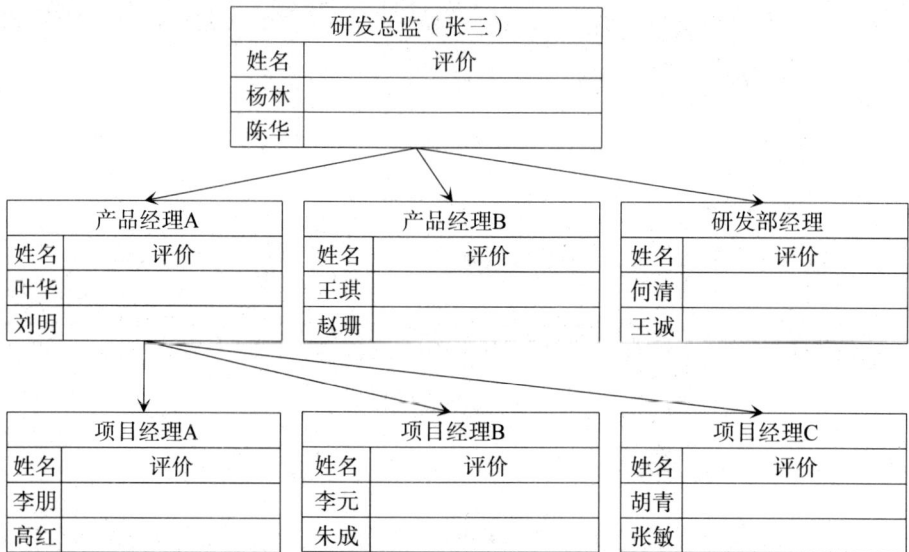

研发总监（张三）	
姓名	评价
杨林	
陈华	

产品经理A	
姓名	评价
叶华	
刘明	

产品经理B	
姓名	评价
王琪	
赵珊	

研发部经理	
姓名	评价
何清	
王诚	

项目经理A	
姓名	评价
李朋	
高红	

项目经理B	
姓名	评价
李元	
朱成	

项目经理C	
姓名	评价
胡青	
张敏	

图6-5 岗位培养模式

这种培养模式可以做到精准聚焦，培养出来的人才可以达到"**即插即用**"的能力准备度，其优点不言而喻。其不足之处是投入大，难以大规模开展，往往只能用于关键岗位。

大多数企业在培养后备人才的过程中会同时使用以上两种模式，也就是点面结合。

6.2.2　人才梯队建设解决方案

1. 后备人才培养与在岗人员培养的异同

虽然都是人才培养，但与在岗人员培养相比，后备人才培养有显著的不同，两者至少存在四个方面的差异，如表 6-1 所示。

表 6-1　在岗人员培养与后备人才培养的对比

对比项目	在岗人员培养	后备人才培养
培养对象	在培养之前，培养对象不明确，需要先甄选培养对象	培养对象是具体的，就是岗位上现有的任职者
培养内容	面向未来的任职岗位，提高能力准备度。部分培养内容可能在当前岗位上用不到，主要是为未来准备"弹药库"	聚焦当前岗位，以提升任职资格的岗位匹配度，或者赋能任职者，促进绩效目标的达成
培养方式	部分培养内容可以在自己的岗位上进行实践锻炼，容易做到训战结合	只有做一些有针对性的安排，才能找到实践锻炼的机会，训战结合实施难度更高
结果应用	影响任职资格的岗位匹配度或当前绩效目标的达成	经过培养并通过考核评价的后备人才进入资源池，不合格者被淘汰。此外，如果组织规模没有按预期扩张或目标岗位任职者仍然在岗，"入池"的后备人才将不可避免地处于候补状态

2. 后备人才梯队建设解决方案

除了以上对比分析的四个要素，企业进行后备人才梯队建设时还要考虑人员规划、后备人才库管理等因素，整体的解决方案如图 6-6 所示。

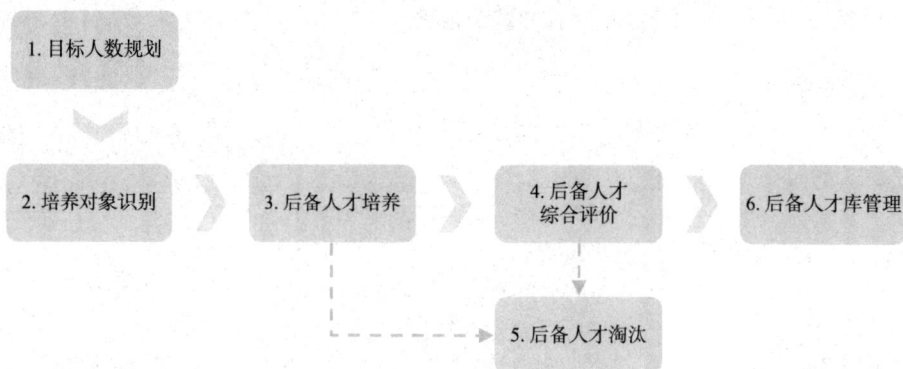

图 6-6　后备人才梯队建设解决方案

- **目标人数规划**：规划需要培养多少后备人才。企业需要综合考虑未来人员需求，现有岗位人员的离职、调转、退休，培养效率等多个方面的因素。培养的后备人才数量应在需要的人员数量基础上按一定比例放大。

- **培养对象识别**：在培养后备人才之前，培养对象不明确，需要先甄选培养对象。这就会涉及后备人才从哪里来、选拔的标准是什么等问题。具体内容和方法请参考下一节的内容。

- **后备人才培养**：后备人才培养的核心模式仍然是训战结合。但是，培养目标不同、后备人才选拔对象来源不同都会影响培养内容和具体措施，与在岗人员的培养存在显著差异（具体方法请参考6.4节的内容）。

- **后备人才综合评价与淘汰**：后备人才的培养过程也是一个逐步考核评价、筛选、淘汰人才的过程。正因为如此，纳入后备人才培养计划的初始人数需要在最终入池人数的基础上进行一定比例的放大。

- **后备人才库管理**：合格的后备人才"入池"以后，不能简单地等待候补上岗。后备人才库不是"保险箱"，"入池"的后备人才要遵循逆水行舟的原则，同样需要优化淘汰。

6.3 后备人才的遴选

6.3.1 高潜人才

遴选后备人才培养对象时最容易陷入的误区就是选拔绩效好的员工。

绩效是相对于当前岗位责任而言的，而后备人才培养是指向未来其他目标岗位的。简单地用绩效选拔后备人才，必然会产生偏差。遴选后备人才时要寻找成长性高的人才，即高潜人才。2012 年，光辉国际（Korn Ferry）在《商业评论》上发表了一篇文章，该文章分析了绩效与高潜人才之间的关系，相关统计数据表明：

- 在绩效好的员工中，具备高潜质的占 29%；
- 在绩效一般的员工中，具备高潜质的占 7%。

阿里巴巴内部有一句话是"企业管理需要避免'剩者为王的销冠'"。这句话的意思是，真正优秀的销售人员可能因为各种原因早已离开公司了，现在的所谓"销冠"可能是依靠"继承"早走人员的"遗产"（如客户）才成为"销冠"的，这些人实际上反而是大浪淘沙留下的庸才。这从另一个方面说明了业绩评价在能力评价、潜力评估中的局限性。

既然仅用绩效遴选后备人才不合适，那么应该如何识别、遴选高潜后备人才呢？我见过几个高潜人才的评价模型，其核心逻辑都大同小异，下面挑选其中的几个进行介绍。

模型一：人才成长四象限模型

根据 DDI、HAY、Corporate Leadership Council 等机构的长期调查，高潜人才可以用四象限模型进行定义，如图 6-7 所示。

学习敏锐度
求知欲和好奇心强，愿意学习与目前工作关联不明显的知识，渴望通过不断的学习加强自我发展，敢于接受挑战

跨界思考
可以把概念思维应用到广泛的问题上并发现联系

情绪平衡
情绪稳定，控制能力强，具有良好的恢复力及坚忍不拔的精神

社会心与同理心
能够聆听、理解他人，帮助他人和团队实现更好的发展

图 6-7　人才成长四象限模型

如果企业希望比较系统、完整地评价人才的潜力，就可以从以上四个维度进行评估。我们可以将这四个维度进一步细分为 16 个测评项。这是一种产品化的评估方法，操作相对复杂，需要企业具备较好的管理基础。

模型二：高潜人才二元模型

2012 年，光辉国际在《商业评论》上发表了一篇文章，提出了另外一个高潜人才模型。这个模型看起来比前面的模型简单明了，如图 6-8 所示。

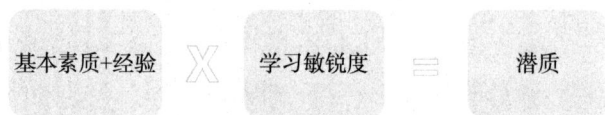

基本素质+经验　X　学习敏锐度　=　潜质

图 6-8　高潜人才二元模型

在上述模型中，几个要素的内涵如下。

- **基本素质**：智商和情商。

- **经验**：多元化的工作经历、挫折、向他人学来的经验教训、教育和培训。

- **学习敏锐度**：将经验举一反三地运用到新环境或动态环境中的能力和意愿。

我认为以上两个模型并没有本质上的差别，高潜人才评估模型的要点只有两个。

- **要点一：起点高，主要指智商（认知能力）、情商（人际能力）和经验。** 在模型一中，"跨界思考"属于智商（认知能力）的范畴，"**情绪平衡**""**社会心与同理心**"属于情商（人际能力）的范畴。

- **要点二：长得快，也就是两个模型中的"学习敏锐度"。** 这两个模型中的"学习敏锐度"并不等于学习能力，其内涵比单纯的学习能力要丰富。按照光辉国际的观点，学习敏锐度的内涵如下：

  - 设置更高的具有挑战性的目标，并形成主人翁态度；

  - 挑战现状，能为了企业的利益表达不被他人接受的观点；

  - 接受新的、具有挑战性的任务；

  - 对新事物表现出好奇心并采取学习行动。

从以上内涵看，**学习敏锐度**至少包括**成就导向、追求卓越、学习能力**等素质，很显然是一项综合素质。其实，高潜人才的判断逻辑很简单：起点高、长得快，自然就是高潜人才。

《哈佛商业评论》在 2022 年 6 月发表了一篇文章，阐述了高潜人才评估的另外一个模型，这个模型由以下三个部分组成。

- 认知商（CQ）：他们如何运用自己的智力。

- 动力商（DQ）：什么激励着他们，他们如何运用自己的能量。

- 情商（EQ）：他们如何与周围的人互动。

我认为这个模型与上述两个模型并没有本质区别，只是表达方式不同而已。智商、情商、学习敏锐度都可以通过测评问卷进行快速评估，以大大提高评估效率。

6.3.2 后备人才的来源

为什么要考虑后备人才来源的问题？

这就像培养奥运会乒乓球运动员，教练选拔好苗子是从省队选还是从更基层的市队选？很显然，后备队员的来源不同意味着队员的能力不同，选拔的标准、后续培养目标、培养方案都会存在差异。

这个问题显然与企业后备人才的培养周期和投入有关。大部分企业开展后备人才梯队建设时，基本上都是从比目标岗位层级低一个层级的群体中选拔，最多再下探一个层级。2008 年前后，由于业务快速增长、国际化进程加快，华为面临大批管理干部空缺的问题，急需开展后备人才梯队建设。在此期间，华为培养后备干部时将其分为三层，每一层的培养对象都来自低一层的优秀人员。基层管理者的后备人才来自专业技术骨干人员，如图 6-9 所示。

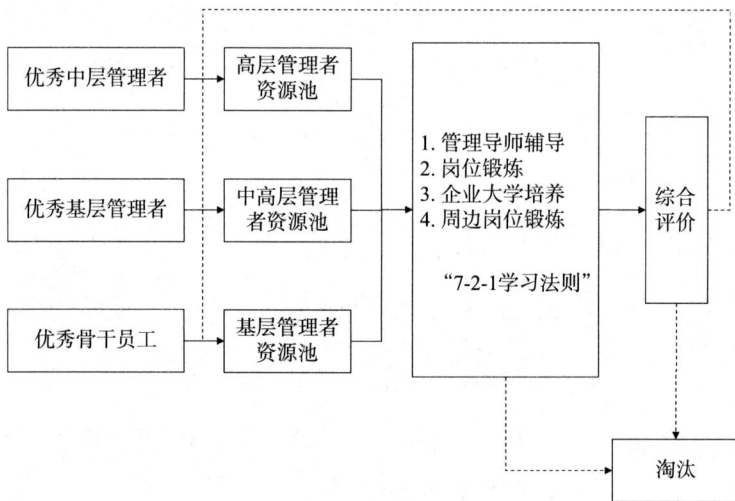

图 6-9　华为后备人才培养的"资源池"模型

有些企业的人才培养力度较大，有的会实施管培生计划，其招聘面试的标准肯定不同。华为从 2019 年开始招聘"天才少年"计划，其人才选拔标准自然也不同。

除了以上有计划开展的后备管理者人才梯队建设，华为还建立了任职资格体系。任职资格体系解决了专业技术人员的职业发展问题，同时也是一套专业技术人才梯队培养体系，如图 6-10 所示。

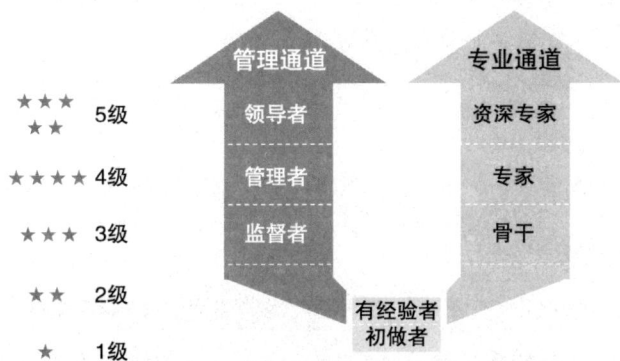

图 6-10　华为的双通道任职资格体系

有经验者（熟手）自然是骨干的后备，优秀的骨干自然是专家的后备，以此类推（对任职资格相关内容感兴趣的读者可以参考我的另一本书《任职资格与员工能力管理》）。

6.3.3　后备人才的选拔标准

后备人才选拔无疑是后备人才培养的关键环节之一。培养在岗干部时培养对象是明确的，但是后备人才需要一个选拔的过程。后备人才选错了有可能导致后备人才培养工作白忙一场，所以必须"**选对人，再培养**"。

人才梯队建设中的后备人才肯定需要从高潜人才中遴选。但是，遴选后备人才时，除了考虑成长性，还要考虑其他因素。如何从后备人才中选出好苗子？我们看看华为是从哪些角度选拔后备人才的，华为选拔后备人才的标准如表 6-2 所示。

表 6-2　华为选拔后备人才的标准

层级	一级后备梯队（基层）	二级后备梯队（中层）	三级后备梯队（高层）
选拔标准	• 有一定的工作经历，空降优秀人员可直接进入梯队 • 业绩一贯优先，年终绩效排在前 30% • 符合领导力基线要求 • 有责任感和使命感，敬业、奉献 • 品德诚信档案无不良记录	• 从事基层管理工作 2 年以上 • 业绩一贯优先，年终绩效排在前 30% • 符合领导力基线要求 • 团队氛围好者优先 • 关键事件表现突出者优先 • 品德诚信档案无不良记录	• 从事中层管理工作 3 年以上 • 部门业绩一贯优先，年终部门绩效排在前 30% • 符合领导力基线要求 • 品德优秀 • 具有自我批评精神和战略洞察力

华为的后备人才选拔标准主要包括**工作经历、业绩、领导力、品德、诚信、敬业、关键事件表现**等。选拔高层后备人才时除了看个人业绩排名，还要关注部门业绩排名。这个理念与华为一贯倡导的人才选拔理念相一致：**出成绩的地方也要出人才，优先从成功的团队中选拔干部**。因此，后备人才的选拔过程也是企业价值观的强化过程。

后备人才选拔一定要强调业绩导向，业绩是人才选拔的必要条件和分水岭，华为的理念是"**茶壶里有饺子，倒不出来不算饺子**"，意思就是有能力的人一定要在实际工作过程中出业绩，否则这种能力是不被认可的。

熟悉阿里巴巴"六脉神剑"的人都知道，阿里巴巴在价值观评价方面采用行为评价。而华为在价值观评价方面采用关键事件评价。**所谓关键事件，就是典型事件**。对企业来说，典型的关键事件如下：

● 当企业经营出现危机时；

● 当企业需要采取战略性对策时；

● 当企业实施重大业务和员工管理政策调整时；

● 当企业需要员工在一定程度上牺牲个人短期利益时。

发生关键事件时，企业重视员工的态度和言行，企业重视组织利益与个人利益发生冲突时员工的立场和行为，核心员工必须在关键事件中表现出鲜明的立场，敢于为企业的利益而坚持原则。选拔核心员工时，首先要考察其在关键事件中的表现，其表现出来的忠诚要能经得起长时间的考验。

何谓**品德**？

华为所倡导的品德是指价值观的认同，不是简单的思想道德问题。例如，阿里巴巴选拔人才时要评价其对"**九阴真经**""**六脉神剑**"的认同程度。

有人说，关键事件好判断，价值观这种东西太虚了，很难对其做出评价。其实，价值观评价并不难。从广义上而言，价值观是能力模型的组成部分，其评价方式也可以采用行为评价。言外之意，我们不是看你如何唱高调，就看你的行为表现，就看你是怎么做的。2019 年，阿里巴巴对核心价值观"六脉神剑"进行了升级，其中有一条是"**今天最好的表现是明天最低的要求**"。我们看看阿里巴巴是如何诠释和定义要求的（见表 6-3 中的"行为描述"）。

表 6-3　阿里巴巴"六脉神剑"部分内容诠释及行为描述

核心价值观	诠释	行为描述
今天最好的表现是明天最低的要求	• 在阿里最困难的时候，正是这样的精神，帮助我们渡过难关，活了下来 • 逆境时，我们懂得自我激励；顺境时，我们敢于设定 dream target • 面向未来，不进则退，我们仍要敢想敢拼，自我挑战，自我超越	• 认真踏实，完成本职工作 • 保持好奇，持续学习，学以致用 • 不为失败找借口，只为成功找方法，全力以赴拿结果 • 不满足现状，不自我设限，打破"不可能"的边界

注：阿里巴巴"六脉神剑"：客户第一，员工第二，股东第三；因为信任，所以简单；唯一不变的是变化；今天最好的表现是明天最低的要求；此时此刻，非我莫属；认真生活，快乐工作。

阿里巴巴的核心价值观每项细分为 4 项行为描述。阿里巴巴对照每项行为描述，对员工的实际表现进行评价，符合得 1 分，不符合得 0 分，没有得

0.5 分的情况，相当于每项的总分是 4 分。

对于**"认真生活，快乐工作"**这项价值观，阿里巴巴只倡导、不纳入考核。按照这个规则，"六脉神剑"中的 5 项核心价值观有评分，每项 4 分，总分是 20 分。

6.4　后备人才的赋能成长

6.4.1　后备人才培养方案设计

确定后备人才的赋能点是设计培养方案的基础。正如本书第 2 章所述，确定赋能点的关键是找准培养目标的定位，比较培养对象的现状与目标之间的差距。下面以华为的 FLMP 为例，分析其赋能内容的提取方式。

华为基层管理者的角色定位如图 6-11 所示。

图 6-11　华为基层管理者的角色定位

基于华为对基层管理者的要求，FLMP 的培训内容包括**基层管理者角色认知、团队管理、绩效管理、有效激励和公司人力资源管理政策**等，其目标是帮助学员转变思想，实现"转身"，为学员植入管理意识和观念。其中，

团队管理、有效激励、公司人力资源管理政策主要对应于"带团队"；**绩效管理**主要对应于**"定目标"**和**"管理业务活动"**；**"践行文化"**没有直接对应的内容，而是隐含在其他内容中。

课程培训完成后，学员需要在岗实践 5~6 个月，通过具体实践固化行为。

需要说明的是，华为已经转型为项目型组织，因此这些后备人员比较容易找到担任项目经理的机会，在真正的岗位上进行实践锻炼。

6.4.2　华为干部"之"字形成长模型

华为干部的"之"字形成长源自美军航空母舰舰长的培养模式。有人将拉姆·查兰的领导力发展六阶段模型理解为"之"字形成长（参见第 5 章相关内容），虽然那个模型看起来很像"之"字，但这种观点显然是错误的。

在一次华为片联开工会上，任正非说："片联要担负起历史的重任，加强干部'之'字形成长制度建设，坚持从成功实践中选拔优秀干部，破除地方主义，破除部门利益。"

"之"字形成长模式，实际上是一种轮岗制，是华为推行的一种体验式快速学习方式。华为的轮岗方式有两种：一种是业务轮换，例如，让研发人员去做中试、售前、生产、服务，让他们真正理解端到端的流程运作；另一种是岗位轮换，即调整中高级干部的职务。

所谓"之"字形成长，就是成长路线是一条折线，这是相对于直上直下的"烟囱式"成长而言的。任正非说："过去我们的干部都是直线形成长，对于横向的业务什么都不明白，所以，现在我们要加快干部的'之'字形成长。直线成长起来的干部缺少足够多的岗位的实践历练。"

实际上，华为的很多高层干部都走过"之"字形成长路线，在他们的成长过程中横跨过多个部门、多个岗位，负责过多项工作。有技术人才去负责市场的，有市场人才去管理供应链的，有研发人才去管人力资源的。我们可以看一下华为最高管理层的简历，他们几乎都在多个岗位上历练过，或者说他们都有过"之"字形成长经历。我们打开华为的官网，读一下华为核心高管的个人介绍就可以发现这样的规律。

- **梁华**：1995 年加入华为，历任供应链总裁、首席财务官（Chief Finance Officer，CFO）、流程与 IT 管理部总裁、全球技术服务部总裁、首席供应官、审计委员会主任、监事会主席等职务。
- **徐直军**：1993 年加入华为，历任无线产品线总裁、战略与营销总裁、产品与解决方案总裁、产品投资评审委员会主任、轮值 CEO、战略与发展委员会主任等职务。
- **余承东**：1993 年加入华为，历任 3G 产品总临、无线产品行销副总裁、无线产品线总裁、欧洲片区总裁、战略与营销总裁等职务。

我们都知道，在大部分企业中上下协同问题不大，而且效率可能很高，出现问题的往往都是横向协同。究其原因，上下之间毕竟是一条线，目标一致、利益一致；而横向部门之间的目标则不一定一致，甚至会互相制约。

"烟囱式"成长的干部，思维难免会有局限性，考虑问题比较片面，也容易出现本位主义。为了避免出现这样的问题，华为对干部管理有明确的规定：职能部门的正职必须有一线管理经验，职能部门的副职不允许直接晋升为正职。

因此，华为一直鼓励干部流动，以形成一个有力的作战群。任正非说："干部和人才不流动就会出现板结，会让机关和现场脱节，如果形成'阶级'，华为迟早会分裂。"所以，他一直强调干部和人才的流动，并要求不拘一格地从有成功实践经验的人中选拔优秀专家及干部。他还推动优秀的、视野开阔的、意志坚强的、品格好的干部走向"之"字形成长道路。

华为不允许干部只在某个部门或系统里面循环，特别是中高层干部。这样做的好处大家都能理解，但真正做到是很不容易的，这要求企业打通干部管理的整体链条，调整、改变干部的培养和任免权限。

大部分集团型企业，仅仅能够做到对财务体系干部的垂直管理。2018 年 7 月，华为成立了总干部部，将干部管理彻底从人力资源部分离出来，由此实现了对全体干部的垂直管理：人力资源部管规则与监督，总干部部管人。在这样的机制下，华为自然能够做到跨领域、跨体系调配干部。

华为干部的循环流动的根据是业务需要，不是为了流动而流动。换句话说，华为推行轮岗并不像某些企业是为了开展人才培养项目。任正非说："华为只会给那些可能上航母当舰长的人进行循环流动；其他员工一般不需要跨区域工作经验，也不需要流动。所以，不是为了干部成长去流动，而是你成长了，就给你流动机会。"显而易见，华为轮岗换的指导思想有很大的不同。

6.4.3　高潜人才成长的同心圆模型

同心圆模型是管理专家拉姆·查兰在《高管路径》（*Leaders at All Levels*）一书中提出的，如图 6-12 所示。

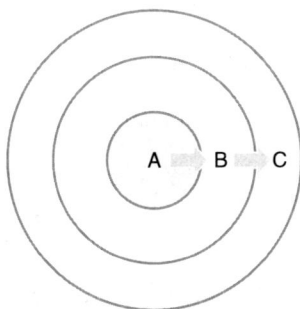

图 6-12　同心圆模型

在同心圆模型中，**圆心代表培养对象的素质和能力**；一圈圈**同心圆代表不同的工作岗位**。从内到外的一系列同心圆代表轮换的不同岗位。从圆心向外扩展，同心圆的半径越来越大，代表不同岗位职责的**难度与广度**的变化。

在成长过程中，培养对象从圆心起步，在职责难度与广度相对较小的岗位上历练。如果培养对象能够赢得挑战，在现有的岗位上脱颖而出，就说明他们已经做好准备，可以迎接下一个难度及广度更大的工作挑战了。这时，培养对象就从第一个圆圈跃迁到了外面的第二个圆圈，以此类推。

培养对象通过这样持续强化的练习模式，在难度及广度不断递增的一系列工作岗位上历练自己的领导能力。每一次练习都能帮助他们持续提升自己，越来越自如地运用各种技能。

下面举例说明应该如何锻炼人才的领导能力。我们可以将图 6-12 所示模型中的 A、B、C 三点分别理解为基层管理者、中层管理者和高管所对应的岗位。

- A 点：当他刚走上领导岗位（基层管理者）时，必须能够挑选合适的下属，并将他们组成强有力的工作团队。

- B 点：当他调任下一个领导岗位（中层管理者）时，必须有能力影响非下属的其他人，如其他部门的同事及公司的供应商等，这说明他的领导力和影响力越来越强大。如果他做不到这一点，就说明他的影响力主要来自于职位的权力，只能影响下属，但横向协同能力不足。

- C 点：他开始承担管理全公司的领导职责（高层管理者），需要组建更强的甚至跨文化的团队。虽然这些都是他在刚上任时不具备的能力，但是之前岗位的历练已经为他打下了坚实的基础，包括如何识人用人、如何管理团队等。因此，在面对来自不同地区、不同文化的同事时，在需要运作复杂团队时，他早已成竹在胸，不会手足无措。

无论是华为的"之"字形成长模型，还是拉姆·查兰提出的同心圆模式，采用岗位轮换进行后备人才培养都面临不小的挑战。

首先，被选为后备人才的肯定都是挑大梁的骨干，把他们轮换到其他岗位之后是否会影响原部门的业绩？华为人才密度高、家底厚，所以轮岗的影响不大。因此，企业在创业初期采用轮岗的方式培养人才时要控制比例，兼顾当下和未来。

其次，原有业务部门是否肯放人？华为等企业对某个层级以上的干部进行集中管理、统一调配，以避免产生本位主义、"山头主义"。

最后，后备人才的承受能力够强吗？每次轮岗都意味着需要学习新的东西，业绩和个人利益在短期内都有可能受到影响。另外，华为采用"之"字形轮岗，自然有些人经受不住"折腾"而选择离开。一般来说，轮岗都是同一层级岗位之间的轮换。但是，为了促进人才成长，必要的时候要对他们进行"降级"轮岗，这对后备人才是巨大的考验。

6.4.4　后备人才的其他训战战场

前文反复阐述过，人才成长需要训战结合。既然要战，就要有战场。由于后备人才尚未上岗，因此为他们选择战场似乎不太容易。除了轮岗，还有其他可选的战场吗？

（1）**安排后备人才负责项目型任务**。项目型任务不属于企业日常运营工作，与现有的组织体系不冲突，因此往往是非常好的锻炼机会，如领导某个变革项目或参与跨部门协同项目等。我与某家企业合作了 10 年的时间，回想起来，每期项目的负责人和参与者在企业都得到了非常好的发展。这种现象不是个例，而是常态。

（2）**扩充当前任务**。要想达成实践锻炼的目标，不一定非要将培养对象调入新的工作岗位，也可以适当调整培养对象的工作范围、职责和工作方向。例如，某后备人才目前只负责国内市场销售，但企业正好在开拓国际市场，而且业务量不大，此时就可以将国际业务纳入其职责，借此机会开阔其视野。

（3）**设立新岗位或平行岗位**。当企业实在找不到可供后备人才实践锻炼的机会，而有些关键人员即将晋升，迫切需要培养几项关键能力的时候，可以考虑创造一个全新的岗位或设立平行岗位，也就是"**因人设岗**"。设立新岗位好理解，什么叫平行岗位呢？例如，某企业设立了一个临时的运营官岗位，直接向业务单元负责人汇报。这个岗位类似于COO，实际上承担业务单元的战略任务。设立平行岗位这种做法在发展迅速的业务领域尤其有效。

在后备人才的成长过程中，企业可以安排导师为其提供指导。培养在岗人员时，企业往往会安排培养对象的主管领导担任导师。对于后备人才，企业可以选择"**隔代培养**"的方式，阿里巴巴称之为"**隔代带兵、贴身亲带、以战养兵**"。

6.4.5　后备人才成长效果评价

在岗人才的成长效果需要评估，后备人才的成长效果也需要评估。评估的规则与后备人才的选拔标准、培养内容基本对应，重点考察四个要素，如图6-13所示。

很多企业把后备人才培养项目做成了一个"**保险箱**"，缺乏必要的淘汰机制，甚至从项目一开始就对后备人才进行大肆宣传，搞得最后很被动。**后备人才的培养过程也是一个人才选拔优化的过程，即训选结合**。严格的后备人才优化淘汰机制可以发挥以下作用。

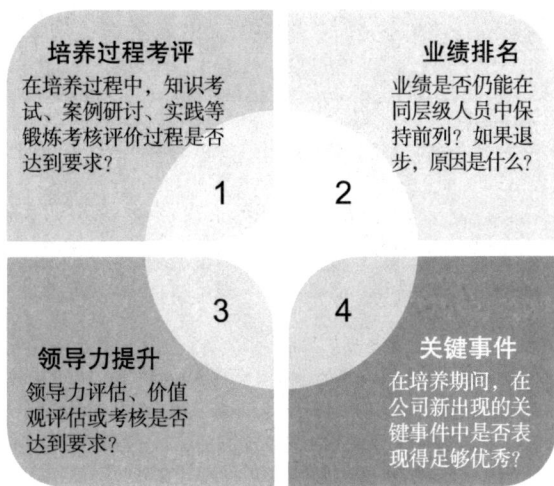

图 6-13　后备人才成长效果评价要素

- 淘汰培养阶段业绩评价、能力提升评价不达标者，即淘汰在选拔阶段看走眼的人。

- 淘汰培养阶段触及"**高压线**"的人，即淘汰与公司核心价值观不匹配，甚至违反国家法律法规、公司制度的人。

- 在后备人才学习成长的过程中给其施加压力。

　　后备人才培养周期结束时，综合评价排名在末尾 5% 的会被淘汰，这是硬性的末位淘汰。在华为的后备人才培养项目实施过程中，淘汰率基本上可以达到 2/3。假设最终目标是培养 50 人，即真正进入"资源池"的有 50 人，那么最初挑选的培养对象可能有 150 人，而这 150 人又是从大约 450 人中挑选出来的。

小结

- 人才密度影响企业的当下，人才厚度则影响组织的未来。后备人才梯队建设是提升组织人才厚度的关键举措。

- 高潜人才不等于高绩效人员。

- 甄选高潜人才时，智商（认知能力）、情商（人际能力）、经验和学习敏锐度是判断的关键。起点高（认知能力＋人际能力＋经验）、长得又快（学习敏锐度），自然就是高潜人才。

- 与在岗人员培养不同，后备人才培养缺少现成的战场，往往需要专门增设训战战场。

- 成为后备人才培养项目的培养对象，并不意味着进入了晋升的"保险箱"，而是进入了人才成长的"熔炉"。后备人才的培养过程也是一个人才选拔优化的过程。

第 7 章

人才新生：
新人的获取与培养

"造血干细胞"的概念来自生物学，是血液中具有自我更新能力、能够分化成血细胞的特殊细胞，其作用是保障血液系统的正常功能。组织中缺乏工作经验的年轻人，就非常像血液系统中的造血干细胞。他们虽然不成熟，但具备极佳的成长性。在快速变化的时代，可以说：谁拥有了优秀的年轻人，谁就拥有了未来！

7.1 让人爱恨交加的新人

7.1.1 华为的"天才少年"

我们在战略决策过程中要善于转变，未来世界不一定掌握在有资历的人手里，我们要承认年轻人可能有未来，不要总是认为小年轻不能当上将。我们要发现这种善于学习的苗子，敢于给他们去"上甘岭"打仗的机会，不死就是将军，死了就是英雄。

——任正非在战略务虚会上的讲话，2014 年

2019 年 7 月，华为总裁办的一封电子邮件在网上广为流传，内容是华为给 8 名优秀博士生制定的年薪方案，其薪酬之高令业界一片哗然，有人称华为此举是"千金买骨"。

这 8 名博士的平均年薪超过 100 万元。最高的甚至超过 200 万元，是华为

正常招聘的人员年薪的 3~5 倍。他们虽然是博士，但都是应届生，并没有任何工作经验；他们虽然学术水平很高，也只能算是年轻的职场新人，为什么华为愿意花如此高价将其招入麾下？

2022 年 3 月，华为轮值董事长郭平透露，华为前两年招聘了 2.6 万名应届毕业生，其中 300 多人被华为定义为"天才少年"，比例仅为 1% 多一点。

2022 年 4 月 25 日，微信公众号"华为招聘"发布消息，华为再次面向全球招募"天才少年"（见图 7-1）。对于"天才少年"，华为不限学历、不限学校，但要求应聘者在数学、计算机、物理、材料、芯片、智能制造、化学等相关领域有特别建树并有志成为技术领军人物。华为称将为他们提供"大牛"导师，全球化的视野、平台和资源，以及超过正常水平 5 倍的薪酬。

对科技型企业而言，养一个这样的人才，投入一般是员工薪酬的 3 倍。换句话说，每位"天才少年"每年的投入是 500 万元上下。耗费如此之高，华为"天才少年"计划取得的成果如何呢？

2019 年入职华为的钟钊是"天才少年"计划招到的第一号"天才"。在入

图 7-1　华为面向全球招募"天才少年"的海报

职华为后不到 1 年的时间里，钟钊及其团队把自动机器学习（Automated Machine Learning，AutoML）技术应用到了数千万台华为手机上，在业界首次实现了 AutoML 的大规模商用。此后，钟钊及其团队又开发了端到端像素级 AutoML 流水线，成功地将视频摄影原型算法的复杂度降低百倍，再次实现了突破。

简单来说，AutoML 就是"用 AI 设计 AI"，在钟钊进入华为前，华为诺亚方舟实验室已经在做 AutoML 方向的研究。钟钊说："通过 2 个月的拼搏，我们的攻关取得了显著成效。2019 年到 2021 年，我们的拍照算法在 M、P 系列多款手机中不断取得突破，AutoML 这套系统或者说算法发挥了不可替代的作用。"

这样的 ROI 是否合算，大家可以自己思考一下。

7.1.2 可爱的新人

除了华为，那些发展良好的、着眼于未来的企业同样每年招聘大量的优秀应届毕业生，这些没有什么工作经验的年轻人凭什么能够获得这些企业的垂青？

1. 未来是年轻人的时代

猎豹移动 CEO 傅盛曾说："**现在，一家企业可能都不知道未来 5 年会怎么样！**"很多新生代企业基本只制定 3 年以内的中短期战略目标。任正非也说过："**战略只能大致清晰，但组织必须保持高度的活力。**"

天下武功，唯快不破。要想在快速变化的、充满不确定性的时代保持自身竞争力，甚至在这样的时代中抓住机会借势起飞，企业就必须保持敏捷和开放。要想打造这样的敏捷型组织，企业的人才就必须具备很强的自我更新能力，能够以开放的心态拥抱变化，快速接受并转化新知识、新理念，勇于打破常规与桎梏，善于创新和颠覆。以上特质显然在年青一代、新人身上更能得到体现。

这些年轻人从小就生活在快速变化、信息爆炸的时代，他们更加自信开放，对变化更加敏感，更愿意接受和学习一切新鲜事物。同时，他们朝气蓬勃、富有活力，精力更加旺盛，家庭负担也相对更轻，能够承担更加繁重的工作任务，这些都成了新一代年轻人在 VUCA 时代的相对优势。

2021 年，任正非公开表示，**江山代有才人出，不拘一格降人才**。任正非说："现在的年轻人大多数都摆脱了温饱问题，把兴趣爱好作为第一位，不像当年的我们那么有饥饿感，升个官、涨个级、多点奖金，我们就干。现在的年轻人很多是为了爱好而工作，在追寻事业的过程中可能成功也可能失败，如果是为了兴趣爱好，就别把物质激励看得那么重。年轻人有新生的活泼力量，我们就不拘一格降人才。"

我们可以发现，处在时代浪潮最前沿的科技企业和互联网企业，员工年轻化的趋势都非常明显，而且往往是越处于前沿领域的团队越年轻。成立于 2012 年的字节跳动旗下拥有今日头条、抖音、TikTok（抖音的海外版）、西瓜视频等热门产品，仅用了 7~8 年时间就覆盖了全球 150 多个国家和地区，成为全球增长最快的科技企业之一。但是，字节跳动员工的平均年龄不超过 27 岁，有 50% 的一线领导者是"90 后"。

全球职场社交平台领英（LinkedIn）在 2019 年发布了我国 20 家顶尖创业公司的人员情况，这些公司员工平均年龄统计如图 7-2 所示。相关数据表明，**这些国内顶尖创业公司的员工平均年龄为 28 岁**。另外，根据美国知名调查机构 PayScale 的数据，2018 年苹果公司员工的平均年龄是 31 岁，谷歌公司是 30 岁，Facebook 和领英是 29 岁。在国内企业中，腾讯、华为等员工的平均年龄都在 30 岁左右。苹果公司成立于 1976 年，华为成立于 1987 年，三四十年的时间过去了，这些公司的员工平均年龄依然保持在较低的水平。

员工平均年龄

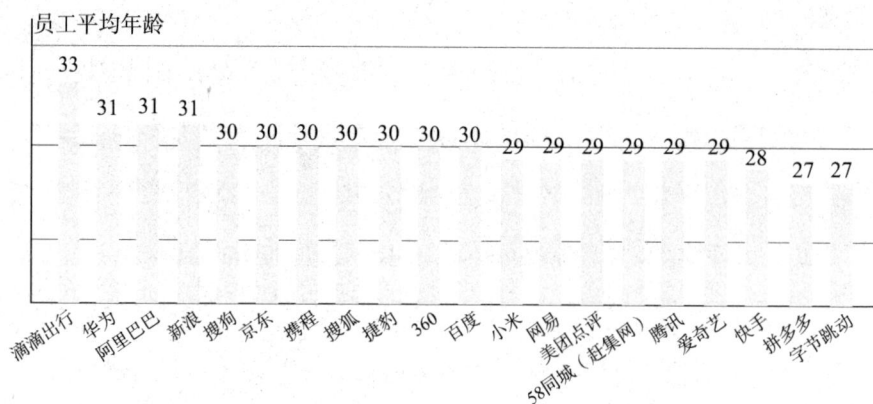

来源：领英

图 7-2　我国 20 家顶尖创业公司员工平均年龄统计

显然，这些企业一边不断地优化老人，一边大量补充低于员工平均年龄的新人。

2. 从新人抓起，团队更具凝聚力

通常来说，企业获取人才无非两种方式：一是从外部引进成熟人才，可以形象地称之为"买"；二是企业自己培养，可以形象地称之为"造"。

从外部引进优秀、成熟的一般岗位人才，如果当初没看走眼，而且企业可以提供一定的支持条件，那么通常都可以做到"即来即用"，快速解决无人可用的问题，甚至带来更新的技术、理念和客户资源等额外价值。但是，如果引入的是高级管理者，想让他们一来企业就完全胜任目标岗位，恐怕就比较困难。许多企业的惨痛经验都说明了空降高管的"落地"是很难一步到位的。

《基业长青》的作者吉姆·柯林斯做了 30 年的数据统计，他发现：**高瞻远瞩的企业，其高层管理者只有 3.5% 是从外部引入的。**

任正非深知"科技是第一生产力"，只有培养人才才能打造自己的核心技术，他曾将这些"天才少年"比作泥鳅，他们可以钻活组织、激活队伍。任正非表示："华为公司未来要拖着这个世界往前走，自己创造标准。"

完全由企业自己培养的人才通常是以"一张白纸"的状态进入企业的，这是他们成为职场人的第一站。将企业核心价值观融入自身思想和行为的过程是他们进入职场后接受的首次洗礼。这种先入为主的优势让他们的工作习惯甚至思维方式都更容易与企业高度匹配、完美融合。因此，企业自己培养的人才融入企业的成本极低，自然更容易受到企业优秀价值观的影响和塑造，更容易对企业产生认同感，与企业形成牢固的"统一战线"。

OPPO 很多线下渠道商的负责人之前就是 OPPO 的员工，深受 OPPO 价值观的影响，后来即使不在 OPPO 工作，仍然与 OPPO 形成了非常牢固的合作关系，OPPO 由此形成了强大的线下布局能力。这种能力来自企业对人才强大的影响力和塑造力，是其人才管理水平高的体现。

7.1.3　新人成长的拦路虎

既然培养新人对企业来说大有裨益，但为什么还是有很多企业对新人培养不够重视呢？一些初创型企业确实需要"拿来主义"，先做到安身立命，但为什么进入发展期的企业也不太愿意培养新人？主要原因无非以下几点（见图 7-3）。

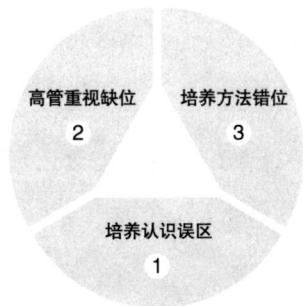

图 7-3　企业不愿意培养新人的主要原因

1. 培养认识误区

不少企业的管理者对年轻人有一定的刻板印象：**年轻员工思维过于跳跃，不够稳定**。这些管理者认为，培养新人太费劲，成本太高，ROI 不高。此外，他们也担心自己尽心尽力去培养新人，好不容易培养出来的好苗子，还没给公司带来多少效益，就觉得自己翅膀硬了，很快另谋高就。

好不容易培养出来的优秀员工还有可能直接被竞争对手"摘了果子"。例如，当年很多企业都在挖华为的员工，尤其是刚在华为工作两三年的年轻人。这些人刚被培养为熟手，工作习惯好、职业素养高、办事能力强，工资也不是很高，挖人成本对这些企业来说是完全可以接受的。当时，这件事让华为十分头疼，以至于后来华为有针对性地设计了 TUP 激励方案，才逐步扭转了被动局面。

一些企业对新人培养成果的保持缺乏信心，认为这是一桩"亏本买卖"，这种想法并不正确。华为从来没有因为其他企业不断"挖角"而放慢人才培养的脚步。如果把人才比作金蛋，那么企业最重要的不是拥有多少金蛋，而是要拥有那只会下金蛋的母鸡。显然，华为的人才培养能力就是这样一只会下金蛋的母鸡。

担心自己培养出来的人才流失甚至为竞争对手添砖加瓦不应该成为消极对待新人培养的理由。**培养人与留住人是两件事，如果企业的主要问题是留不住人，就应该考虑如何解决留不住人的问题，努力提高这个方面的组织能力，争取创造更具有吸引力的组织环境，把真正合适的人才留下来，而不应该选择"自废武功"，把自己培养人才的能力也耽误了。**

华为虽然曾被诸多企业"挖角"，但华为抓住了问题的根本原因，创新性地完善了其人才激励与保留政策，以降低"挖角"发生的概率。华为没有因为害怕人才流失就不培养年轻人，这值得其他企业借鉴。

2. 高管重视缺位

有些企业之所以对新人培养不重视，究其根本是因为"一把手"的忽视。企业"一把手"在人才培养工作中的重要作用在本书第 1 章中已经阐述过。

高层领导的"雷达"辐射范围有限，通常只能顾及中高层领导的培养，而远离组织"权力中心"的新人，除非成就特别突出，否则很难引起高层的重视。"上面不管，下面放羊"，企业自然没办法形成培养新人的习惯和组织氛围。

即使有些企业的最高领导关注基层员工，他们对新人培养也提不起太大的兴趣，总是觉得新人培养太慢，难以见到成效，无法填补快速扩大的人才缺口，只希望不管是什么岗位，都由具备一定工作经验的人来接手，上岗就能创造价值。

组织能力较强的优秀企业培养新人的速度更快、效果更佳，不依赖外部的成熟人才，这些企业的新员工"转身"速度更快，企业更容易收回初期的人力资本投入（见图 7-4），这也是普通企业与优秀企业在组织能力方面差距的体现。

新人没有工作经验，管理者甄别人才的能力又不足，因此管理者无法通过新人过往的工作经历进行判断，难以知道坐在自己对面的年轻人到底是不是人才。企业在考虑招聘新人的同时也为自己打算：如果进来的是人才，投入的培养成本好歹还能收回；但如果不是人才，那就坏了，企业前期投入的所有培养成本都打水漂了。因此，很多企业对这笔前途未卜的投资总是掂量来掂量去，最终往往不了了之。

另外，如果你们公司也经常声称十分重视新人的培养，那就请你们再审视一下你们公司的绩效考核指标，审视一下你们公司的领导力标准、干部的选拔标准，看看你们公司是否真的重视新人培养。

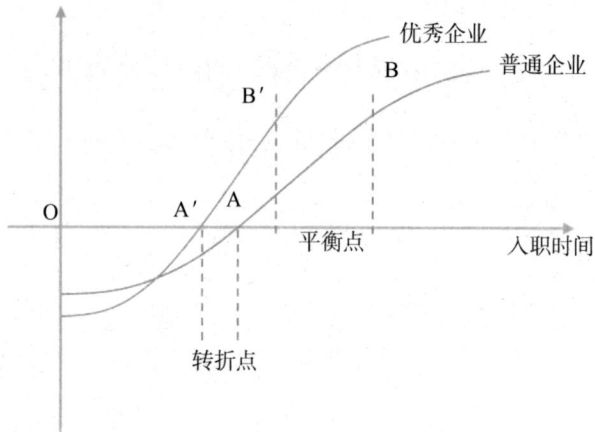

图 7-4   不同企业中新人的"转身"周期

3. 培养方法错位

企业不愿培养新人还有一个重要原因，那就是觉得现在的年轻人太难"伺候"了，一个个都非常有主见，如果他们不认同你说的，即使当面不反驳，也会在行动上表现得非常消极。

正如前文所述，当代年轻人的自我意识强烈，价值体系更加多元化，思想更加独立，他们非常抗拒被当作机器一样对待，不愿接受他人的控制，也没有强烈的等级观念。越是高级人才，这一特征越明显。观察当前许多企业的新人培养方式，不难发现年青一代新员工难以培养的主要症结在哪里。

首先，传统的填鸭式、说教式的培养方式对新生代员工的作用非常有限，甚至会产生不小的副作用。新生代员工根本就不喜欢领导的高谈阔论，鄙视"假、大、空"，对他们看来没用的培训内容也没有什么兴趣。如果领导想知道自己公司的新员工培训效果怎么样，就不要去看什么**培训反馈表**，因为新员工在真正认可公司之前是很难在这个方面说实话的。领导反而应该想办法去听听他们在背后是怎么批评公司的培训方式和内容的。

其次，这些年轻人刚来到公司，入职之初的培训通常决定了他们对公司的第一印象。对新生代员工来说，培训是一个非常直观且重要的体验。但在现实中，新人入职的都是一些基层岗位，基层管理者只是象征性地培训一下他们就草草了事。这种态度会被他们捕捉到，他们会认为自己不被重视，自己的价值无法彰显。这会让他们的积极性受到一定程度的打击，甚至会让他们产生离开的想法。即使有的人没有选择离开，这种对公司的负面认知也会严重影响其今后的个人成长和绩效达成。

最后，很多传统企业自上而下的层层严格管控和官僚主义让新生代员工深恶痛绝，尤其是在以知识贡献为主的企业中。他们会认为自己的才华和创意被这样严苛死板的制度所束缚，一层又一层的汇报与审批低效且烦琐，耗费了他们大量本该产出价值的精力与活力。他们会表现得越来越被动、消极，企业继续培养他们自然会变得更加困难。自我成长最大的动力就是自身价值的实现，如果他们感到自己只是一颗被人拧来拧去的螺丝钉，就很容易丧失对成长的渴望，要么辞职走人，要么得过且过。无论是哪种结局，都不是企业愿意看到的。

那么，企业除了从上到下真正从思想上重视这个事情，还应该做什么，才能获得快速培养新人的能力呢？

7.2　强化选才，引入种子选手

企业要想走出新人培养的困境，切实有效地提升人力资本 ROI，首先要做的就要找到适合自己的优秀年轻人才，只有可塑之才值得下功夫去培养。无法选出好苗子，采用再科学的培养方式也是事倍功半。因此，还是要强调那句话——"先选才，后培养"。

7.2.1　选择能成才的好苗子

要想让人力资本投资获得可观且持续的回报，企业必须保证人才队伍不断成长，并以此牵引业务的快速发展。许多企业在选人的时候只看重目标人选与应聘岗位所需技能相匹配的表层能力，却忽略了支撑他们快速成长的底层能力。他们是否具备这种底层能力、这种底层能力是否突出，恰恰是人才是否具备高成长性、能否为企业创造源源不断的价值的关键。因此，企业在招聘、选择新人时要特别关注他们是否具有成长型思维，能否不断自我成长。

对于选人，最重要的是考察**冰山模型**中海平面以下的情况（见图7-5）。

具备成长型思维的人通常具有较为客观的自我认知能力、更加开放包容的心态和快速学习的能力，一般直观地表现为明显的乐观心态。 这里说的"乐观"并不是性格上的乐观开朗。企业在选人的时候要分清应聘者是盲目乐观、表面乐观，还是真正基于内心对挑战的渴望、对进步的追求而表现出积极向上的态度。

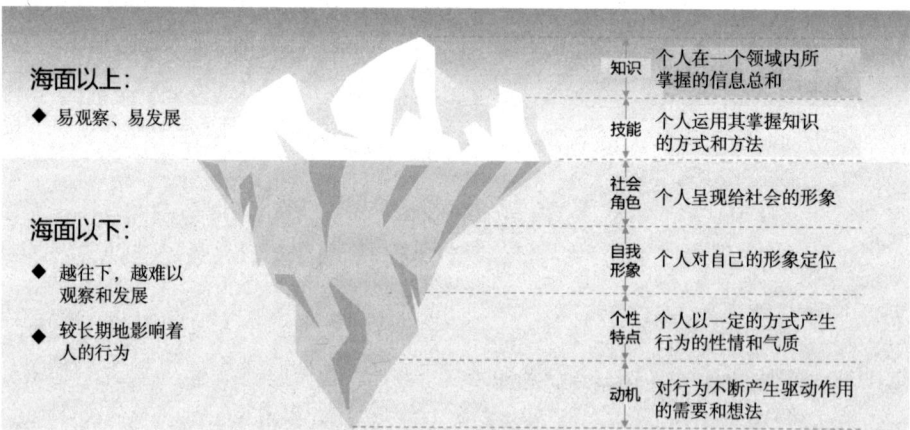

图 7-5　冰山模型

我们可以再次对照前文中华为"天才少年"的招聘广告，看看哪一条不对应于"真正基于内心对挑战的渴望、对进步的追求而表现出积极向上的态度"这个核心要点。

下面看看字节跳动的人才观及优秀人才应该具备的特质，如图 7-6 所示。

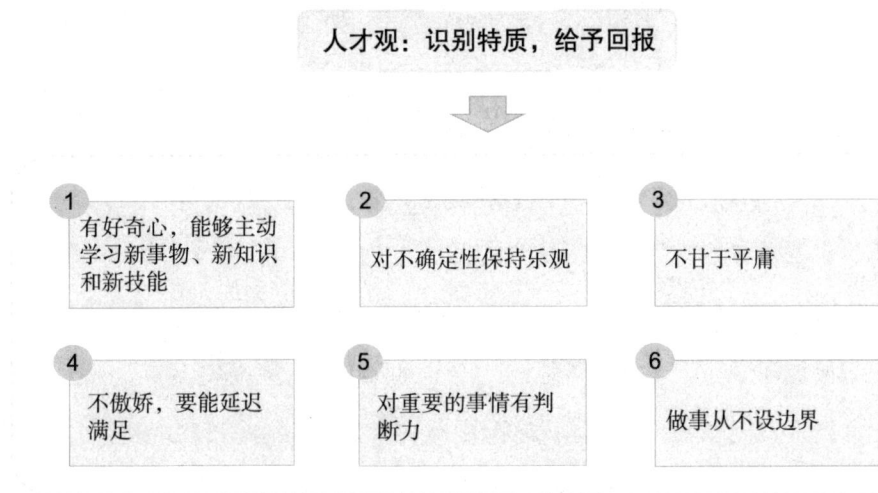

人才观：识别特质，给予回报

1 有好奇心，能够主动学习新事物、新知识和新技能	2 对不确定性保持乐观	3 不甘于平庸
4 不傲娇，要能延迟满足	5 对重要的事情有判断力	6 做事从不设边界

图 7-6　字节跳动的人才观及优秀人才应该具备的特质

我们可以将字节跳动的人才观与本书第 6 章阐述的高潜人才的判断标准对比一下，两者基本上是一致的。

过去，我们常说人才管理要遵从"28 法则"。现在，随着技术的发展，我们需要遵从"2-98 法则"，需要关注更小众的"超优"人才。无论组织多大，这些人才都是真正的关键人物，都会对组织整体效能产生巨大的影响。本章开头介绍的华为"天才少年"显然就属于这一类"超优"人才。

7.2.2　气味相投者才能同心协力

对企业来说，一棵好苗子除了自身能力与岗位相匹配并具备成长型思维，还要拥有与企业类似的核心价值观。核心价值观是员工在企业内的行为准则。正如阿里巴巴前 COO 关明生所说："**价值观不是道德观念，而是游戏规则。**"企业要挑选与自身价值观相符的人，至少不能是与企业价值观严重不符或背道而驰的人，这样才能提高新人融入企业的成功率。

只有员工与企业的价值观趋同，管理协调的效率才会高，组织才更容易形成合力。阿里巴巴曾凭借"六脉神剑"价值观广结各路英雄，同时毫不留情地剔除违背这些价值观的员工，形成了价值观高度统一、凝聚力强的组织。华为在这个方面的表现同样很突出。

企业文化在很大程度上取决于创始人，要想组建彼此支持、默契配合的团队，就必须寻找有同样"气味"的人。员工当然也会去"嗅"领导和企业的"味道"。选人选德，这对企业来说是非常重要的。一名做事不遵从企业价值观的员工很容易"坏了一锅粥"，让企业蒙受巨大的损失。

此外，员工与企业的价值观匹配度高对员工个人的成长和发展也大有裨益。与企业价值观高度契合的员工更享受在组织中扮演的角色，愿意为这份事业投入更多的精力。这不仅会带来更好的绩效表现，也更容易让员工在工作中提升个人能力，形成与企业和谐共生的良好关系。

价值观看起来很虚、难以衡量，但企业可以采用 STAR 面试法检验新人相关特质的兼容性和成长性，看其能否与企业同心同德、携手并进。

7.3 化蛹成蝶，推动新人快速成长

刚走出校园的年轻人蜕变为职场人是一个巨大的跨越，涉及思想意识和知识技能的双重转变。企业能否帮助新人快速完成这样的转变将直接影响企业人力资本 ROI。

7.3.1 植入企业文化的基因

培养新人的第一步必须从思想改造开始，就像带兵去前线打仗，总得先做好战前动员一样。

前文曾经提到，在选拔新人的时候要选价值观趋同的，但这只能保证大方向上不出问题。要想植入价值观这种意识层面的东西，领导只是讲两句话几乎是没有任何用处的。企业一定要先和这些新人拉近关系，如果一上来就开始灌输价值观，他们会迅速屏蔽这些信息，甚至会产生逆反心理。

说到这一点，就不得不称赞华为的做法。华为每年都会招收国内外大量优秀的毕业生。按理说，作为全球知名企业，华为招人应该不成问题，但就是这家在别人看来招人不成问题的公司偏偏在应届生招聘上下足了功夫。

华为去做校招宣讲的都是核心高管，如孟晚舟和余承东，这给年轻人传递了一个积极的信号：**我们十分重视你！**

校招过后，虽然还没有报到入职，但每一位被华为"盯上"的应届生都会被安排一名导师，导师会在应届生尚未走出校门时就开始悉心关照他们。导师会定期（至少每月一次）向每一名学生了解他们的情况，包括个人身心情况、毕业论文的进展、离校后的打算等。学生可以向导师咨询任何自己感兴趣和困惑的问题，如华为整体的工作氛围、具体岗位的工作内容和能力要求、未来的发展方向等。华为给他们安排导师的目的是希望早早走进年轻人的内心，先行一步与他们建立良好的互信关系，拉近新人与公司之间的距离，增强新人对公司的好感。在华为，这一步骤叫"**刷颜色**"。

以上动作只是铺垫，"刷颜色"结束之后，就要考虑如何让新人发自内心地认同公司了。

在给新人做企业文化培训的时候，一定不要做单向的填鸭式灌输，最好通过案例研讨和情景再现的形式让他们感受到企业文化的力量。为此，华为建立了一套全面的案例收集分析体系，还会拍摄、制作一些短片，这些内容均紧紧围绕并真实展现了华为的核心价值观。同时，华为利用课外活动、游戏等方式，让新员工一方面能够理解核心价值观形成的原因，另一方面能够理解为什么要坚持这些核心价值观。这样的培训方式更加人性化，能够逐渐使企业文化深入新员工的内心。

很多企业难以像华为那样做得如此全面深入，但可以尽量收集能够体现企业价值观的真实案例，并将其以故事的形式分享给新员工，然后设计一些实战场景，让他们自己研讨**在这样的情景中应该如何理解并践行企业的核心价值观**。企业要通过真实的场景让自身的核心价值观更加鲜活、可感知，更加深入人心，而不是仅仅喊几句口号，让员工背几个句子。企业文化是用来指导行为的，只有新人真正知道如何去做，价值观植入才算基本完成了。

当然，企业领导者永远都应该是企业价值观坚定的践行者与维护者。唯有如此，企业文化才不会成为挂在墙上的几句话，才能让新人受到组织的感召，快速地融入队伍。

7.3.2　激发新人成长的原动力

人才成长，无论外界提供哪些帮助和支持，归根结底还是个人的事情，因为成长的原动力来自个人的渴望。新人向职场人的转变，仅仅是其职业生涯的开始。企业要想让新人进入高速成长的轨道，就必须将其成长方式从企业牵引成长转变为自我驱动成长。如果企业能激发新员工成长的自我驱动力，他们就一定能支撑企业走得更远。

1. 给新人多找事、找难事

初出茅庐的年轻人，尤其是具有**成长型思维**的人，天生就对改造这个世界、实现自我价值有着强烈的冲动，这种冲动会给他们带来更为强劲的学习动力。然而，正是这样的冲动让他们有时看起来"不知天高地厚"，因为他们迫切想要利用自己所能获取的各种资源去证明自己的价值。

与具有固定型思维的人相比，具有成长型思维的新人在遇到挑战时敢于迎接挑战，遇到阻碍时可以做到坚持不懈。

在现实中，这样的状态并不能持续太久。原因很简单，不少管理者并不相信他们的能力，交给他们的工作多是一些跑腿、打杂的工作，这导致他们不仅看不到自己的工作结果能给企业创造什么价值，还会让他们觉得自己被"大材小用"了。尤其是那些 2% 的"超优"人才，如果不能让他们获得成就感，他们要么离开、另择良木，要么逐渐丧失激情。因此，对于那些好不容易才招进来的优秀年轻人，一定要给他们**多找事、找难事**。从易到难、循序渐进的传统成长路径不一定适合新生代员工。

阿里巴巴有句话叫**"老人做新事，新人做老事"**，意思就是让老员工把成熟的业务交给年轻人去做，老员工则去开拓新业务。海底捞培养店长也是同样的思路，新店长看老店，老店长拓新店。这种操作模式有以下三个好处。

- 成熟业务做久了，老员工难免觉得没有挑战性，就会变得怠惰。如果安排老员工去做新业务，迎接新挑战，就有可能重新激发老员工的动力。
- 让新人去做成熟业务，老员工更容易对他们进行指导，减少业务风险，让他们更快地在实践中获得锻炼和成长，同时也能加深其对企业的了解。
- 新人在做成熟业务的时候可能会从不一样的视角出发，产生不一样的理念，有可能让本来已经趋于稳定成熟的业务焕发第二春、迎来新增长。

斯坦福大学心理学家卡罗尔·德韦克（Carol Dweck）经过数十年研究，发现了思维模式的力量。他在其著作《终身成长》（*Mindset*）中阐述：我们获得的成功并不仅仅是由能力和天赋决定的，还受到我们在追求目标的过程中所展现的思维模式的影响。德韦克提出了两种思维模式——固定性与成长型，这两种思维模式体现了应对成功与失败、成绩与挑战时的两种基本心态，其对比如图 7-7 所示。

但是，是否一定要**"老人做新事，新人做老事"**呢？实际上也不一定。

新人既可以做老事，也可以做新事。例如，企业的某些成熟业务，老员工一直做得不太好，或者难以有所突破，倒不如把这些业务交给年轻人试一试，没准他们天马行空的想法会带来意想不到的收获。再如，企业某些非常需要创意或需要非常贴近年轻用户的新业务也可以交给优秀的年轻人，让他们积极地贡献自己的才能。

固定型思维模式与成长型思维模式

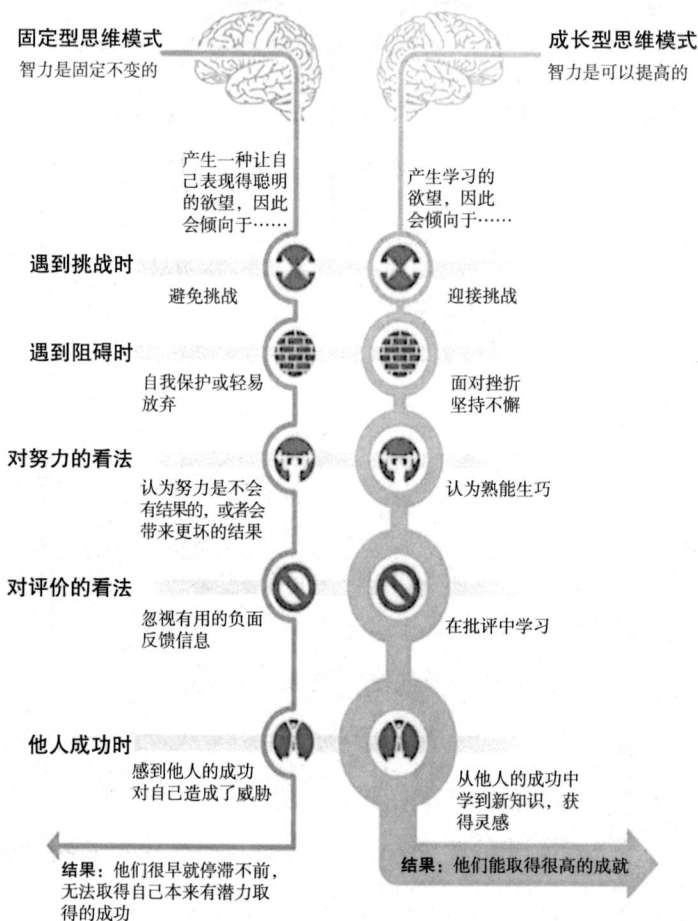

图 7-7　固定型思维与成长型思维

2. 开放包容，解除束缚成长的"封印"

要想让年青一代的新员工实现自我驱动成长，除了要信任他们、给他们提供机会，还要解除企业对他们能力的"封印"。

（1）**适度宽容，允许试错**。对这些初生牛犊来说，成长的路上不可能一帆风顺。刚开始的时候，对他们的一些小错误不必太过苛责，因为企业更看重他们未来的发展，给他们太多压力容易挫伤其积极性。在这个阶段，更重要的事情是发现问题、指出错误、协助改进。如果一开始就对新人很严格，他们很可能会想办法隐藏问题，或者做事变得畏首畏尾，这些都不利于新人的成长。

当然，话又说回来，这并不意味着新人享有"免死"特权，宽容不能没有底线。对于那些价值观与企业要求严重不匹配，触碰组织红线的新员工，以及那些成长步伐明显跟不上"大部队"的成员，都应该坚决地淘汰，否则对其他优秀新人来说就很不公平，也容易导致组织内部形成不良风气。对于剩下的人，企业应该更加大胆地为他们提供自驱成长的机会，鼓励他们创新，允许他们试错。

市值超过 100 亿美元的游戏公司 Supercell 只有约 280 名员工，但开发出来的游戏却个个都是"爆款"，这与该公司对试错行为的鼓励与包容有很大的关系。Supercell 的联合创始人说过："**创新非常艰难，可能尝试 10 次，9 次都会失败，最后一次才能成功，因此需要包容失败、迎接失败**。"新人没有那么多思想上的桎梏，正是大胆创新的好种子，企业应该为他们提供宽容的土壤，让他们萌发、成长。

真正优秀的企业之所以能够容忍试错，不是因为错误或失败不重要，而是因为对于已经发生的错误，只有尽力减少其带来的负面影响才是正确的做法。失败可以让那些具有成长型思维的人不断成长，而成长会让他们和企业更加接近成功。

（2）**营造透明、平等、自由的氛围，让新人享受自我驱动的快乐**。现在的年轻人喜欢挑战权威，更重视人格平等，不会因为对方比自己年长就言听计从，更希望做事时有自己的思考。因此，在他们自己认识到问题之前，"老一辈"很难用外力让他们屈服，还不如把空间留给他们，"是骡子是马，拉出来遛遛"。

管理大师彼得·德鲁克说过："**个人发展的最大责任人是自己，而不是组织或他的上司**。"这并不是说组织和领导者就发挥不了什么作用，组织和领导者应该为年轻员工创造自我发展的条件和环境。

字节跳动可以说是国内强调透明、平等、自由氛围的企业的典范之一。字节跳动全球员工超过 10 万人，面对这么多优秀的年轻人，强压式的集权管理显然是不可行的，这会把真正优秀的年轻人赶走，剩下的只是怨声载道的平庸者。在企业主要劳动方式从体力劳动转向脑力劳动之后，讲究明确分工、严格管控的流水线式的管理思维已经不再普遍适用了。对于智力工作者，要想解放他们的生产力，就要想办法让他们更主动、更专注。

企业首先要做到的就是透明。这里的"透明"是指，企业要让年轻人知道有助于他们工作的一切信息，甚至包括不涉密的企业战略规划及实施计划。例如，很多企业采用的目标与关键成果法（Objectives and Key Results，OKR）能够帮助员工与企业的战略目标对齐，与主管领导和周边同事的工作目标对齐。由此，他们可以思考自己工作的意义和目标是什么。管理者甚至可以直接告诉他们工作的意义和价值，这样一来，年轻人就会在目标和价值观的指引下，提高自己工作的主动性和投入程度，进而提升绩效水平。

接下来说平等。了解字节跳动这家企业的人都知道，其员工和领导都"没大没小"。他们竭力弱化组织的层级感，在内部相互称呼"××同学"，而不把职位、头衔加到称呼里。这种平等的氛围最大限度地遏制了让年轻人深恶痛绝的官僚主义，而官僚主义正是阻碍企业创新、感知市场和敏捷反应的大敌之一。这样一来，这些优秀的年轻人就不用再去考虑如何满足领导的要求、取悦领导。他们要做的就是考虑自己可以为公司和客户（用户）做什么及怎么实现。工作任务并不是强加给员工的，员工可以与负责某个项目的领导平等地讨论该项目的意义、目标及实施方案。完成工作任务成了员工自己的选择。即使在某些情况下，他们自己不能选择，但员工对工作有了更大的自主权，这会极大地增强他们的参与感，让他们收获项目成功时的成就感。

最后，以字节跳动和谷歌为代表的企业的办公环境看上去非常与众不同，谷歌甚至允许员工带宠物上班。这些企业都不太管员工的穿着、工位布置等，基本原则是员工自己喜欢就好。其实，这么做的目的并不是为了吸引年轻人这么简单，更重要的是不想让其他无关紧要的事情影响员工的思考。之所以给年轻员工如此宽松自由的环境，就是为了让每一个人都能专注于自己的工作及由此给企业带来的贡献。这种自由而不散漫的工作环境不仅可以吸引大量的优秀年轻人加入企业，同时大大解放了他们的生产力。正因为如此，年轻人会越来越热衷于迎接挑战，不断主动刷新自己的成长高度。这种拥有成长自驱力的年轻人，未来会更快地成长为企业的中流砥柱，成为企业最宝贵的人力资本。

7.3.3　训战结合，推动新人快速成长

很多企业认为新人上手慢，除了没有选对"材料"这个原因，更重要的原因是企业在培养新员工时用错了方法，耽误了新人的成长。

有些企业看上去非常重视新人的培养，给他们安排了大量的课程，就好像他们重新回到了学校。即使培训的内容与工作相关，这种培训方式下知识转化的效果也往往不尽如人意。另外，大部分企业的新员工在进入企业的头一两年往往都在干跑腿、打杂的工作，这样的培养方式必须加以纠正。

1. 贴近实际工作场景，让新人在训战结合中快速成长

所谓**训战结合**，是指培训内容要完全贴合实战要求，培训完就能用，培训完就能通过工作实践巩固、增强学习成果。很多企业的做法是：新人进来之后，简单交代几句就让他们开始工作，以战代训。这样的做法，说得难听一些，就是完全没有做培养新人的努力，让他们自生自灭。

虽然不能直接把新人放在工作岗位上，但也不能让他们天天没完没了地上课。那些培训课程里照本宣科的部分，没必要让讲师给新人"朗诵"，完全可以把相关材料发给新人自学，然后直接考试就可以了。另外，单凭讲课也很难让他们掌握需要深入理解的内容。华为采用实景案例教学的方式，将教学内容融入实际工作案例，不仅让新人能懂，更让他们会用。课堂培训不应该占用太多的时间，最长不超过5天，对大多数企业来说，3天以内就足够了。只要能让他们学会解决工作中会遇到的绝大部分问题就可以了。

除了训战结合，企业在新人成长的过程中还可以指派老员工担任其指导员或导师，帮助新人顺利度过成长阶段。过去大部分企业喜欢用"师傅"或"导师"之类的称谓，新生代员工则更喜欢"引导员"之类的称谓，因为他们希望大家看起来比较平等。

指导员既可以是新人所在部门的直接领导，也可以是部门里熟悉各项相关工作的老员工。华为的指导员制度值得很多企业借鉴学习，指导员制度不仅有助于新人的价值观培养，更重要的是能够提供个性化的辅导，促进每一位新员工的成长。指导员不仅可以解决新人在实际工作中遇到的困难，还可以疏解他们刚入职时感受到的不适与压力。

一名指导员所指导的员工一般不超过两名，因为如果指导人数较多，就会大大影响指导员的本职工作，或者导致指导员无法与自己指导的学生建立密切的"师徒关系"，指导员的个人影响力难以达到对华为文化进行有效传播与传承的要求。

2. 导入共创式工作模式，让新人在团队中快速学习和成长

新人刚入职时，企业一般不会给他们安排相对困难的工作，而是给他们安排一些辅助型、支持型的工作，其目的是让他们熟悉工作环境。辅导新人成长的一般套路如下。

- 给新人安排任务，指点解决问题的思路、方向和注意事项。
- 在新人完成任务过程中进行指导、监控、答疑。
- 新人完成任务后，检查成果，指导修改，然后反复循环。如果新人做得差强人意而时间又紧，指导员就得自己重做。

这些都是我们习以为常的新人培养方法，这些方法过去行得通，但现在就可能造成不少问题。前几年，我刚接触一些互联网企业，这些企业的员工都比较年轻，但思维活跃，做事主动积极，一个个团队讨论问题时都是热火朝天的样子。不过，说实话，有时候他们的专业能力确实也没有多强。

起初我并不理解为什么会这样，后来慢慢懂了。互联网企业发展速度太快了，其模式是边设计边迭代优化，快是第一位的。另外，因为面对的是新生事物，大家都不懂、都不是很专业，不如干脆发挥集体的力量——"三个臭皮匠赛过诸葛亮"，我们将这种工作模式称为"**共创**"。

共创可以理解为"**行动学习＋头脑风暴＋群策群力**"，这种工作模式的主要优点如下：

- 大家可以进行思维碰撞，汇集群体智慧，形成好的方案；
- 共创的过程就是"**场景化**"学习成长的过程；
- 碰撞的过程也是相互理解和达成一致的过程，便于后续方案的推行实施。

在共创式工作模式下，团队需要具备活跃的思维和看待问题的不同视

角，而这恰恰是新人最大的优势。因此，新人完全可以参与重要的工作任务，而不是仅仅跑腿、打杂。随着工作的推进，他们完全可以承担越来越重要的任务。以本人的经验看，原本需要 1~2 年才能培养出来的新人，现在采用共创式工作模式，半年左右就差不多了。当然，我们也不能夸大共创的作用，某些工作就不适合共创，如专业性非常强的工作。

3. 试用期评估与淘汰

为了检验新人的培养效果，企业必须对其在试用期的综合表现进行评估。

首先，新人培养效果有一个简单直观的衡量指标，那就是新人在试用期的主动离职率。如果企业招聘的大多是优秀人才，那么新人在试用期的主动离职率基本上可以视为企业在新人培养方面的工作成效。这是因为，优秀人才不会来企业混日子，也无法接受自己在较长时间内一无所获，否则他们就会产生"成长焦虑"。如果这些优秀人才发现在这里难以成长，很快便会离开。

对新人在试用期的综合表现的评估结果直接反映了新人成长的水平。企业通常可以进行三个维度的考察——**价值观认同、成长潜力、绩效水平**。如果新人在试用期的工作表现违背了企业的核心价值观，那么不管其能力有多强，都一定要坚定地将其淘汰，否则后患无穷。这种就属于当初"看走眼"的情况，招聘人员应该好好地总结经验教训，提高面试水平。

至于另外两个维度，建议提高成长潜力的评价权重。在面试时，招聘人员已经对新人的成长潜力做过评估，但在简短的面试过程中得出的评估结果可能是很不准确的。企业通过进一步考察新人在试用期的表现，可以对新人的成长潜力做出更加准确的判断。

如果新人潜力很大，但是绩效平平，管理者就得好好找找问题出在哪里了，到底是培养方式有问题，还是工作没有交代清楚，或者与新员工沟通不够，或者新员工的工作态度不端正？总之，对于拥有高成长潜力的新人，还是要尽量为他们提供成长的机会，并及时找出绩效受到影响的原因，尽快协助他们改进、提高。

试用期评估不是"一锤子买卖"，一般根据试用期的长短分为两到三次，每次评估都要找出企业在新人培养方面的不足，不断改进培养方法，并实时把握新人的成长动态。在此期间，如果新人表现不佳，除了要反思企业的培养方式是否存在问题，还要尝试根据其个人特点适当调整工作岗位，给他们提供更多成长和适应的机会。但即便如此，还是会有人明显跟不上其他新人的脚步。在这个时候，就必须考虑将他们淘汰了。

例如，华为会将那些绩效排在末尾 20% 的新员工直接淘汰。为什么是20%？这个比例会不会有点高？

美国管理协会每年都会对企业招聘人才的准确率进行大范围的调查，最后的结论是：**美国企业的人岗匹配率平均在 50% 左右**。通用电气前 CEO 韦尔奇在自传中表示，**通用电气花了 30 年的时间才将人才甄别准确率从 50%提高到 80%**，这已经是非常了不起的成就了。如果你们公司的人才甄别准确率能达到 50% 左右，那么在人才甄别方面已经算是非常优秀的企业了。因此，淘汰末尾 20% 的新员工可以说是只少不多。况且，试用期本身就是一个双方深入了解与磨合的过程，如果在这个时候就发现新员工不合适，一定要果断"放生"，这样既不耽误企业，也不耽误员工。

有了末位淘汰，就要有顶部激励。对于新人试用期评估结果排在前 30%的优秀人才甚至"超优"人才，应该采取一些优待政策，除了可以在试用期结束后适当提升其工资水平，更重要的是给他们提供快速成长、发挥个人创造力的空间，激发新人成长的自我驱动力。

小结

- 新人虽不成熟，但具备极佳的成长性。在快速变化的时代，哪家企业拥有优秀的年轻人，哪家企业就拥有未来。过去，人才管理要遵从"28 法则"。现在，我们要遵从"2-98 法则"，需要关注更小众的"超优"人才，这些人才会对组织整体效能产生巨大的影响。

- 寻找高成长性的新人，需要重点考察其是否具备成长型思维，即客观的自我认知能力、开放包容的心态和快速学习的能力，还要考察其是否具备真正基于内心对挑战的渴望、对进步的追求而表现出来的积极向上的态度。

- 要想让年青一代的新员工实现自我驱动成长，企业就要适度宽容、允许试错，给他们多找事、找难事。从易到难、循序渐进的传统成长路径不一定适合新生代员工。

第 8 章

人才重生：
数字化时代的人才成长

数字世界与现实世界的边界日益模糊，数字技术正在深刻地改变人们的生活和工作方式，数字化的趋势已然势不可挡。数字化转型如今已不再是一道选答题，而是企业的一道必答题！企业数字化转型不及预期，大多是因为缺乏人才和组织能力。数字化转型战略要求企业发展一系列新的数字化能力，如数字化领导力、数字化品牌建设、数字化营销、数据分析等。

8.1　数字化转型面临的人才挑战

8.1.1　数字化转型是企业的一道必答题

时代的变化太快了！

在 2000 年的巅峰时期，高盛集团在纽约证券交易所的交易大厅雇用了约 600 名交易员进行股票买卖操作。如今，那里只剩下 2 名交易员。交易员的工作已经几乎完全被计算机取代，摩根大通推出的 AI 金融合同解析软件能够将原先律师和贷款人员每年需要花 36 万小时才能完成的工作在几秒内完成，不仅错误率大大降低，而且从来不休假。

根据知名研究机构 IDC 的预测，2022 年全球 GDP 的 60% 以上都是与数字化相关的；到了 2023 年，超过 90% 的企业将建立数字原生的 IT 环境，以应对全球经济的数字化。纵观全球市值排在前 10 名的公司，从 1990 年到

2020 年，在短短 30 年的时间里，既是科技公司又是互联网公司的公司数量从 0 变成了 7（见图 8-1）。

针对中小企业的数字化实践，思科与 IDC 曾经开展过一项调研，这项调研将企业的数字化成熟度分为四个阶段，如图 8-2 所示。调研结果显示，已经开始着手实施数字化的企业占 61%，尚未开始的占 39%。

我国大多数企业的数字化成熟度尚处于第二阶段"主动观察"，部分企业已经进入第三阶段"积极挑战"。除了数字原生企业（如腾讯、字节跳动、阿里巴巴等），基本上没有企业能够达到第四阶段"游刃有余"。

2020 年，针对企业数字化转型的现状、取得的成效及成功经验，海德思哲联合科锐国际做了一次调研。调研结果显示，虽然数字化转型在企业的广泛实施已经超过 5 年，但仅有 16% 的企业数字化转型"已有成功样本，正在推广和深化阶段"，只有 40% 的企业"取得初步成效"。两者相加，取得成效的企业占样本总数的 56%，但取得初步成效的企业占比较高（40%）。因此，从总体上看，国内企业的数字化转型仍处于初级阶段，如图 8-3 所示。

过去 20 年是人与人、人与产品、人与服务相连接的"互联网上半场"，基本上都与人有关。全球数以千万计的企业和企业家伴随着数字技术的突破和创新而崛起，无论阿里巴巴、腾讯、百度还是小米、美团、字节跳动，都趁着这一股东风成了不同领域的领军者。

现在，以产业升级为特征的"互联网下半场"已经到来。过去几年里，许多先行者已经利用第三方平台技术重组企业架构（例如云计算、移动、大数据、社交网络），通过 IoT、AI、AR、VR 等创新加速器推动企业数字化转型。

数字化的趋势已经势不可当，但许多企业还未认识到一个事实：现在的问题已经不是在这场数字竞赛中争夺优势和领先地位了，而是如何奋起直追，确保自己不掉队。在整个产业都在进行数字化转型的时代，如果你不能跟上别人的脚步，过不了几年的时间，你就会丧失超过三分之二的潜在市

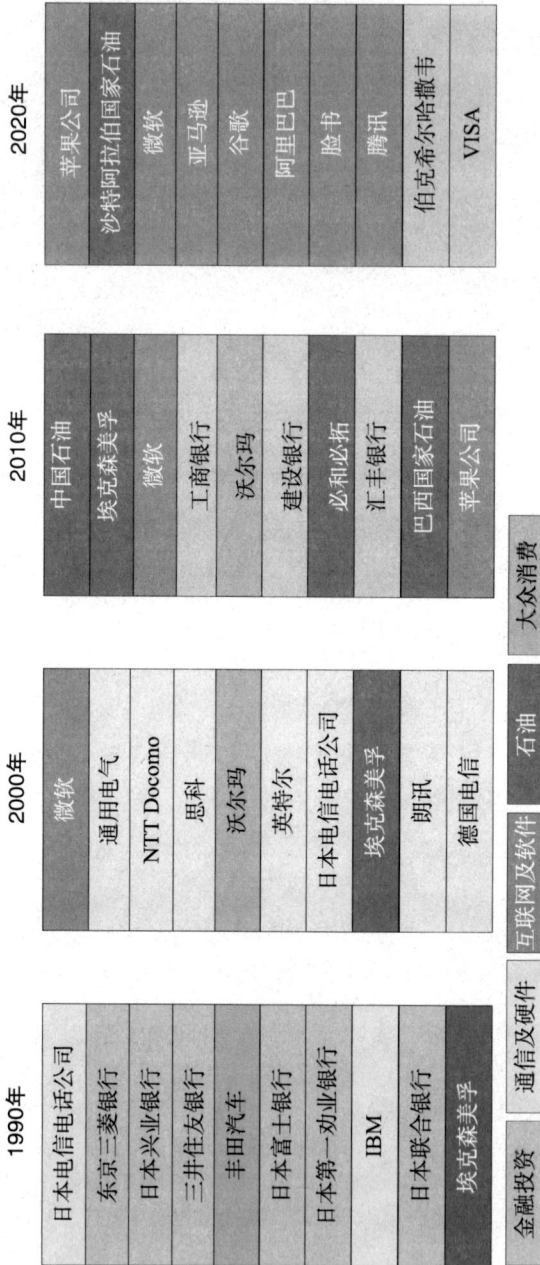

图 8-1　全球市值排名前 10 公司的变化

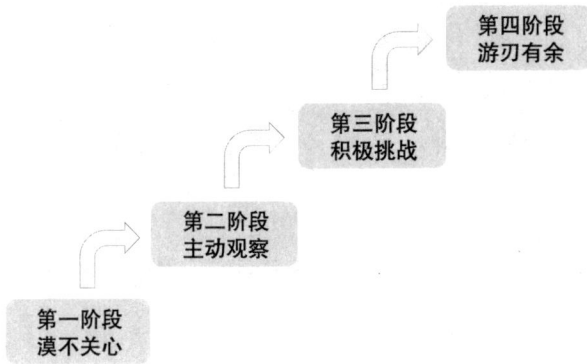

图 8-2　企业的数字化成熟度

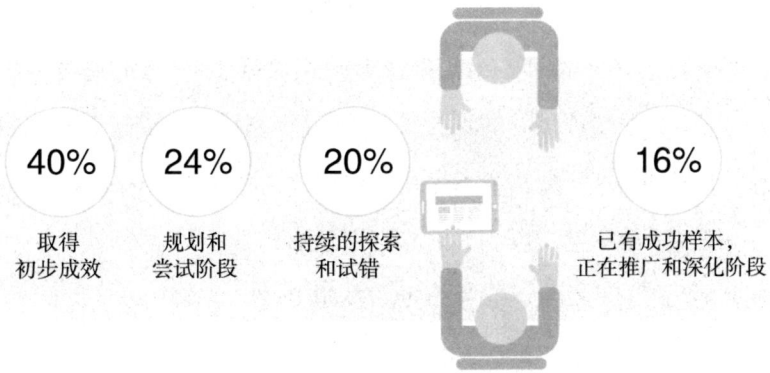

图 8-3　国内企业数字化转型现状

场，逃不掉被市场和产业抛弃的命运。

可以说，**数字化转型如今已不再是一道选答题，而是企业的一道必答题**。就算世界 500 强企业，在今天快速变化的环境中，如果不利用大数据等技术辅助决策，也很快就会落后于竞争对手。根据 Vanson Bourne 研究公司的报告，在 10 年内 40% 的世界 500 强企业将不存在。与此同时，很多企业高管都认为，必须在未来 2 年内完成数字化转型，否则就要承受经济损失和落后于竞争对手的风险，甚至一步落后、步步落后、最终消亡。

在 21 世纪初电子商务萌芽时，传统零售行业对其不屑一顾。然而，短短

10 年间，风云变幻，传统零售业危机重重，客流量、销售额明显下滑。曾经是国内女鞋行业霸主的百丽也未能躲开这场危机，在 2016 年短短 2 个月内关闭了 276 家门店。到了 2017 年，这家拥有 25 年历史的老牌鞋业零售巨头从香港证券交易所退市。

消费者购物习惯和商业环境的改变是彼时百丽面临的最大生存考验。在退市之后，百丽开启了数字化变革的自救之旅。

百丽拥有庞大的基础数据，此前却因为"数据割裂"而难以应用这些数据，导致这些数据未能充分发挥其应有的价值。

2018 年年初，百丽旗下的 STACCATO 门店通过数据分析发现：有一款刚刚上架的鞋子试穿率排名第一，但购买率只有 3%。百丽通过分析发现，导致购买率低的主要原因是鞋带过长。百丽将这款鞋返回工厂改进后重新推出，购买率很快从 3% 提高到了 20%，仅仅这一单品就创造了上千万元的销售额。如今的百丽将数据作为企业发展的重要驱动力，正在通过全流程的数字化转型重回产业之巅。

数字化转型并没有行业的分别，这是一场全球性的革命。在零售业，电商正在颠覆传统的线下零售企业；在交通业，网约车正在颠覆传统的出租车行业；甚至在农林渔牧业中，也有许多企业对土壤、水分、种子等进行数据分析，开展精细化运营，提高产能。试想，一家用数据全副武装的数字化企业和一家仍然停留在机械化乃至人力密集层面的企业对战，谁胜谁败岂不是显而易见？

8.1.2 数字化时代的运营模式

要想研究数字化转型对人才的要求及面临的人才挑战，我们就要先理解数字化时代的企业运营模式，因为这是源头。不过，本书的重点不是数字化转型，因此这里仅做简要的分析。

1. 数字化转型的本质与价值

数字化技术推动人与物之间实现广泛连接，从而引发数据爆炸，给企业带来巨大的机遇，使其借助生态圈做出更明智的决策并创造价值。**企业必须重新思考如何创造价值及如何通过改变运营模式获取价值。**

对于数字化转型，为什么我们反复喊"狼来了"？

"把数字世界带入每个人、每个家庭、每个组织，构建万物互联的智能世界"是华为的使命和愿景。作为全球领先的信息与通信技术企业，华为一直致力于构建一个万物互联的智能世界。这也从侧面说明，数字化对各行各业产生了巨大的影响，而颠覆性技术将改变几乎每一项业务。

企业和管理者必须认清事实：**信息让一切加速发展，颠覆已成新常态。**企业领导者必须加快响应速度，否则将面临衰落的命运。

根据德勤的研究结果，**数字化业务模式创造的价值是产品型业务模式的8 倍，是服务型业务模式的 4 倍，是软件和知识产权型业务模式的 2 倍，**如图 8-4 所示。

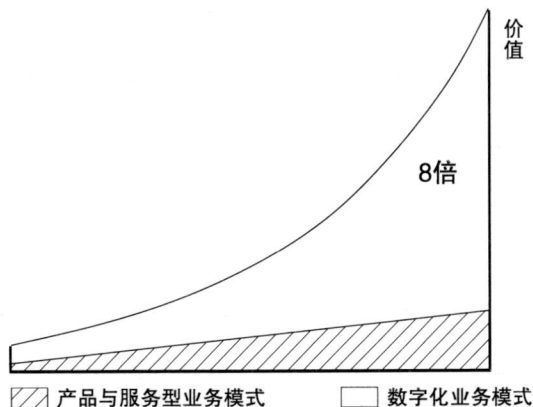

来源：德勤

图 8-4　数字化的价值体现

为什么在全球市值排名前 10 的公司中，既是科技公司又是互联网公司的公司占一半多，其道理就在于此。阿里巴巴集团学术委员会主席曾鸣在其著作《智能商业》中提到：能够继续留在榜单上的企业或新进入者，在三个重要方向的创新上至少把握住了其中两个，这三个创新分别是**在线化、智能化和网络化**，它们其实都与数字化有关。

2. 数字化转型成功的基础

孤立的数据是没有价值的。只有把数据变成信息，并且从信息中发现规律、趋势和机会，才能驱动企业对变化做出快速反应并做出决策。可以说，数字化运营的核心就在于**洞察导向与敏捷反应**。这是成功实现数字化转型的两大基础，二者相互促进，助力企业实现持续改进，如图 8-5 所示。

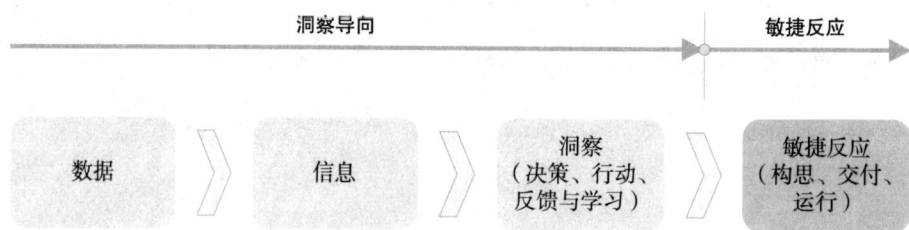

图 8-5　数字化运营的两大基本属性

洞察导向：以数据洞察为核心，简化各个业务部门的决策过程，提升决策的效率和质量。企业可以通过战略性地运用数据来扩大经营规模，并以速度更快、成本更低的方式提供个性化的客户体验，前文所述的百丽的案例就很典型。

敏捷反应：企业通过准确、及时地分析客户数据可以实现快速学习、迭代优化，这是应对不断加剧的业务变化、社会变迁和技术进步的关键所在。

敏捷反应是当今大型企业缺失的关键属性。它们容易对单一业务模式过于乐观，并且故步自封。如何才能为企业提供持续发展的动力，助其做出敏捷反应并推进变革？数字化技术显然可以帮助大型企业提升此方面的能力。

3. 数字化时代的运营模式

如前文所述，企业的数字化成熟度可以分为四个阶段。要想达到第三、第四阶段，企业就必须将运营与数字化合二为一，即在运营模式内合理部署恰当的数字化能力。按照德勤的研究，数字化技术一旦得到充分应用，必能促成企业运营模式的全面转型。换句话说就是，数字化技术要完全融入企业的运营，如图 8-6 所示。

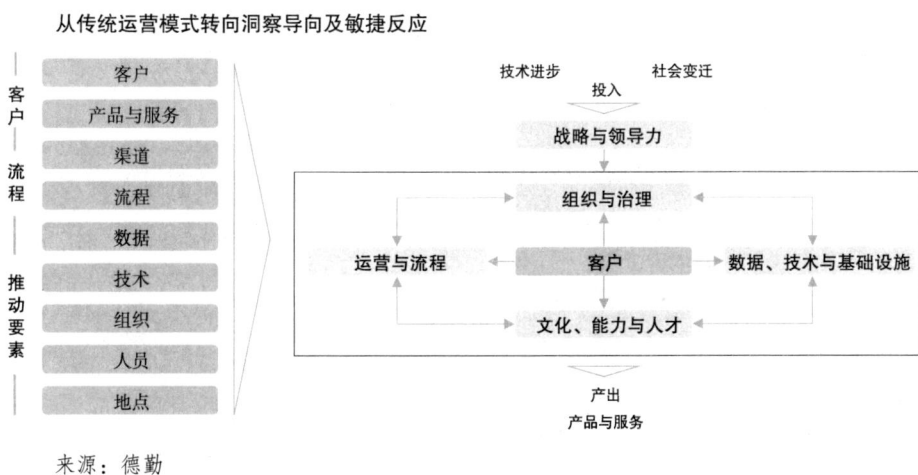

图 8-6 数字化促成企业运营模式的全面转型

图 8-6 看起来有点复杂，不太好理解。下面以出版业的变化为例进行说明。图 8-7 是我自己提炼出来的传统出版业的产业价值链：一位作者通过长时间的积累沉淀，撰写出自己的作品并将其交给出版社；出版社从众多作者的书稿中筛选出自认为能获得市场青睐的作品，然后完成编辑、校对、封面设计、排版等加工程序后，送印刷厂印制成书；之后，经销商将书运往各地的零售书店等场所或上架到网络销售平台；最后，读者从众多图书中选出这本书，完成购买。

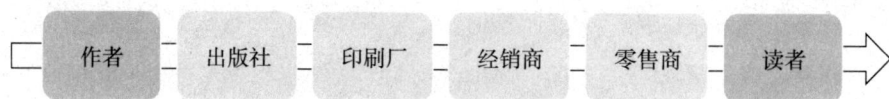

图 8-7　传统出版业的线性产业链

显然，这条价值链是单向的、直线式的。作品能否出版，从表面上看是由作者的水平决定的，但真正的决定权在出版社手里。如果出版社判断失误，书的销量就很可能会非常惨淡。

现在让我们看看线上阅读平台将如何打破传统的游戏规则。以专攻小说市场的起点中文网为例，它在互联网上提供一个虚拟平台，让热衷于写让小说的人能直接在平台上发布各种各样的故事，读者可以随时选择自己感兴趣的故事阅读。在这样的模式下，线上出版平台"弯曲"了价值链，如图 8-8 所示。它所塑造的产业变革意义深远，原本处于传统产业链两端的作者群与读者群能够直接与对方接触、沟通。

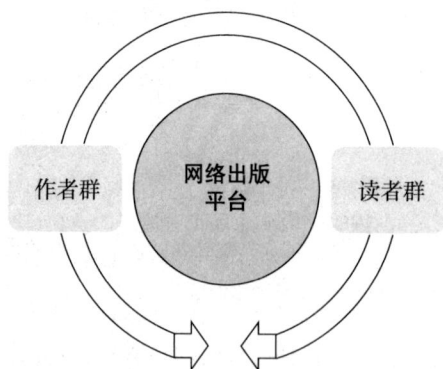

图 8-8　线上阅读平台"弯曲"了出版业的价值链

这样的模式具有传统出版模式所不具备的优点。

- 作者与读者可以直接互动。读者可以更加快捷地阅读新作品，甚至还可以影响作品内容的走向。

- 众多的读者之间可以互动，大家也可以彼此分享阅读的体验与感想。
- 传统出版社所扮演的角色被大幅削弱，真正将作品的选择权交给了读者。

8.1.3　数字化转型面临的人才挑战

对照图 8-6，企业数字化转型的挑战也来自这几个方面：**战略与领导力，组织与治理，数据、技术与基础设施，能力、文化与人才，运营与流程**。根据德勤和麻省理工学院联合开展的数字化变革研究，在接受访谈的 1 000 多名 CEO 中，有近 90% 的人认为自己的企业正遭受数字商业模式的冲击或重新改造，有近 70% 的人认为自己没有可应对变局的适当技能、领导者或运营架构（见图 8-9）。

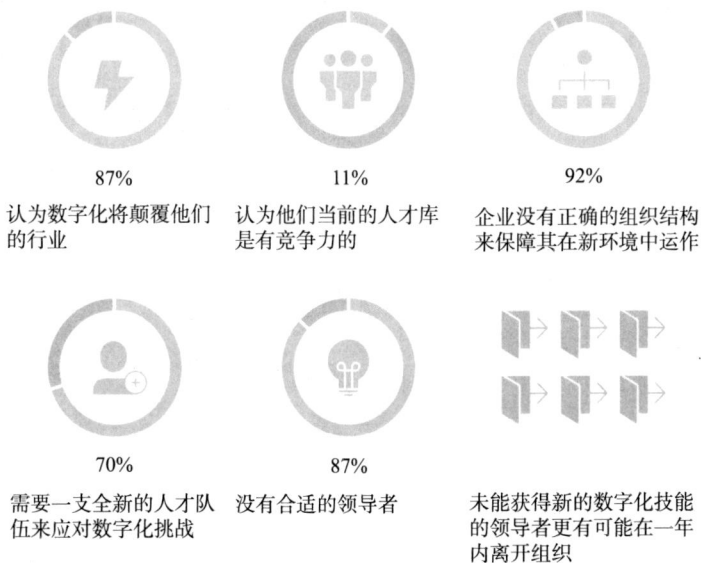

87%
认为数字化将颠覆他们的行业

11%
认为他们当前的人才库是有竞争力的

92%
企业没有正确的组织结构来保障其在新环境中运作

70%
需要一支全新的人才队伍来应对数字化挑战

87%
没有合适的领导者

未能获得新的数字化技能的领导者更有可能在一年内离开组织

图 8-9　德勤和麻省理工学院联合开展的数字化变革研究的部分结论

本书聚焦于人才成长，因此这里重点探讨**战略与领导力**及**文化、能力与人才**这两个方面的挑战。

1. 战略与领导力

迅速转变战略方向并推进变革是企业成功实现数字化转型的基础。当然，这也对企业的领导力提出了要求。数字化转型会从哪些方面影响企业的战略呢？我们可以借鉴华为制定战略的"五看三定"法，做一个大致的分析。

"五看"是战略洞察的方法，也是制定战略的前提。**战略洞察**的目标是输出机会点，找到企业的战略机会点，抓住战略机会窗。完整的战略洞察需要完成五个方面的研究，简称"五看"，即**看行业、看客户（市场）、看竞争、看自己、看机会**。

战略制定分为三步，包括**定战略目标、定业务设计、定战略策略**，简称"三定"。在数字化转型过程中，我们需要思考以下几个方面的问题。

- **行业洞察**：如何应对正在颠覆当前经营方式的技术进步和社会变迁？有哪些新的竞争对手或潜在的竞争对手？行业竞争有何不同？客户需求和期望有哪些改变？

- **价值主张**：客户价值主张有何特殊性？企业如何才能获得差异化竞争优势？

- **创新焦点**：企业有哪些新的创新（包括产品或服务创新、业务模式创新和运营管理创新）？数字化转型对上述三种创新都有影响，并不局限于运营管理创新。

- **战略控制点**：企业难以构建，但也不易被模仿、不易被超越的中长期核心竞争力。我们可以从**成本优势、品质优势、专利组合、品牌、客户关系**等角度，将企业战略控制力度划分为 10 个等级。等级越高，控制力越强。例如，华为目前构建的是一种"**专利组合 + 客户关系**"的复合战略控制点，相当于第 10 级和第 7 级的战略控制力。数字化转型能够影响价值链控制和客户关系，使企业达到第 7 级 ~ 第 9 级的战略控制力。

- **战略策略**：数字化领导者投资于哪些主要战略领域？同时，这意味着需要逐步终止哪些投资？战略就是一个选择的过程。

对于领导力方面的挑战，如何调动整个企业支持数字化转型并确保开展有效变革是重中之重。任何组织变革都会带来不确定性，给员工带来巨大的压力（见图 8-10），数字化转型也是如此。

对变革的有限理解　　　　　　　专业技术的缺失

察觉到的对工作
安全的威胁　　　　　　　　　　　需要学习新技能

影响力、权威性和
控制力的改变　　　　　　　　　　习惯的改变

社会地位的丧失　　　　　　低承受力

沟通方式或信息流的变化

图 8-10　变革带给员工的压力的来源

在数字化转型过程中，每个人对变革的适应能力不同、态度不同，自然就会有不同的表现：有的人积极投身变革，有的人积极对抗、阻挠变革，有的人对变革持观望态度，有的人事不关己、高高挂起，持无所谓的态度，如图 8-11 所示。

在数字化转型过程中，最大的难点并不在技术层面，而在于人的观念和能力。当然，这也是所有组织变革的共性。任正非说过，**变革最大的动力在**

于人，最大的阻力也在于人。 企业的高层领导要率先形成数字化的意识。

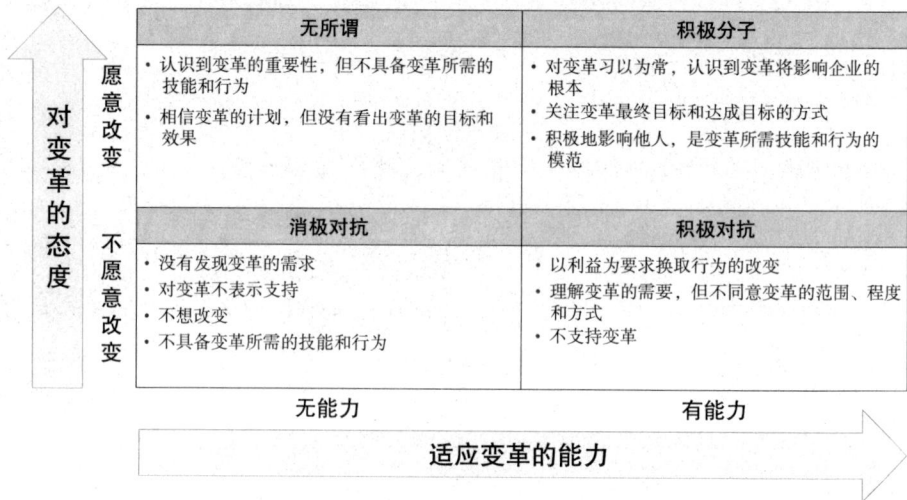

	无所谓	积极分子
愿意改变	· 认识到变革的重要性，但不具备变革所需的技能和行为 · 相信变革的计划，但没有看出变革的目标和效果	· 对变革习以为常，认识到变革将影响企业的根本 · 关注变革最终目标和达成目标的方式 · 积极地影响他人，是变革所需技能和行为的模范
不愿意改变	消极对抗	积极对抗
	· 没有发现变革的需求 · 对变革不表示支持 · 不想改变 · 不具备变革所需的技能和行为	· 以利益为要求换取行为的改变 · 理解变革的需要，但不同意变革的范围、程度和方式 · 不支持变革

对变革的态度 →

无能力　　　　　　　　　　　　　　有能力

适应变革的能力

图 8-11　员工对变革的四种反应

因此，企业要有能力管理广泛而复杂的变革，这是企业未来获得成功的基础。变革能力意味着敏捷反应，为此必须建立易于适应新形势的流程。企业要利用转型能力推进变革并让所有人员参与进来。企业要有能力构建乐于变革的文化，并管控变革对不同利益相关方所产生的影响。

2. 文化、能力与人才

对非数字原生企业（也就是通常所说的传统企业）而言，数字化转型带来的挑战要大得多。而成功的数字化企业能够吸纳最优人才、打造协同文化，推动持续学习和个人发展。

在数字化转型过程中，企业要有能力构建创新文化，帮助员工建立新思维，开展思维创新，促使员工相互交流并集思广益。数字化创新文化将推动企业持续转化创意，并利用数字化技术和管理实践打造新的产品、服务和流程。

除了文化，企业完成转型以后还要增加具备新能力的人员，现有人员也要转变观念、赋能成长。这并没有什么特别之处，无论是数字化转型还是其他的变革或转型，道理都是一样的。例如，华为从矩阵型组织向项目型组织转型的过程中，就采用了战略预备队循环赋能的方式。

简而言之，企业需要面对的主要挑战如下。

- 转型过程中不可能只依靠企业内部的人才，那么企业应该如何引入外部人才？
- 企业是否已经找到消除差距所需的（新）技能和方法？
- 采用哪些方法可以确保员工在期望的速度和范围内学习和发展？

8.2　数字化人才的赋能成长

8.2.1　数字化时代的人才战略

企业数字化转型未能达到预期目标，大多是因为人才和组织能力的缺乏。数字化转型要求企业发展出一系列新的数字化能力，如数字化领导力、数字化品牌建设、数字化营销、数据分析等。没有人才的支撑，一切都是空谈。因此，在数字化变革时代，数字化人才的重要性越发凸显。

1. 数字化人才能力组合

根据德勤和华为的研究，数字化转型所需人才的能力可以分为**数字化领导力、数字化运营能力、数字化发展潜力**这三个层次，如图 8-12 所示。这个能力模型的架构并无特殊之处，就是典型的胜任力模型的架构，本质上就是在"**领导力＋专业能力＋素质**"架构基础之上增加了数字化的元素。

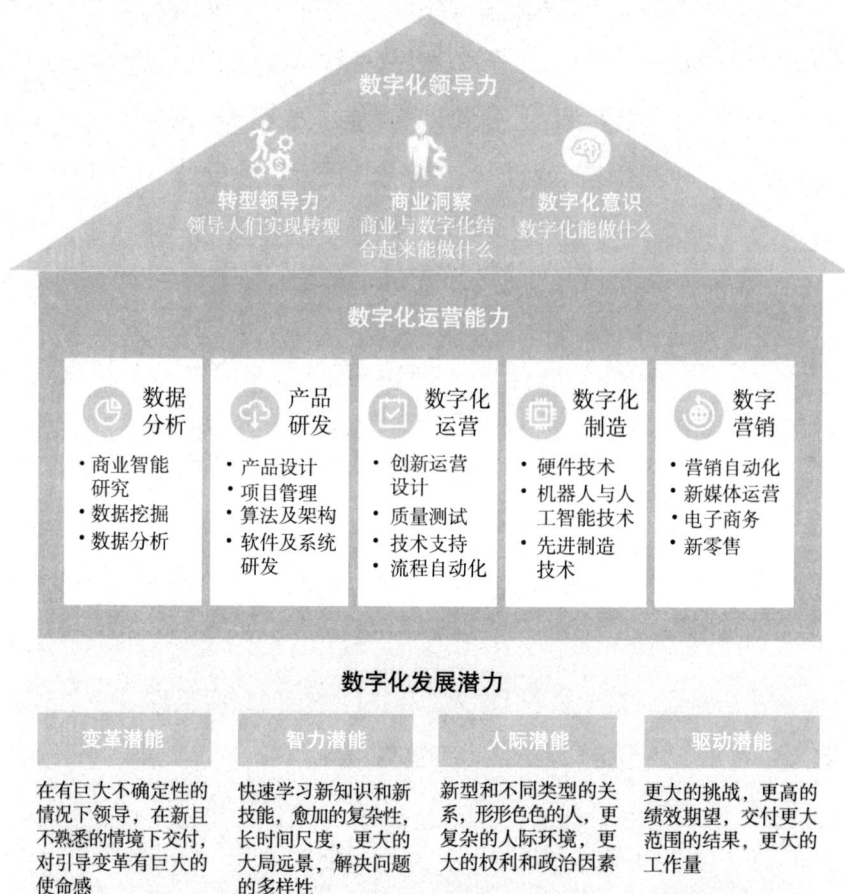

数字化领导力

转型领导力
领导人们实现转型

商业洞察
商业与数字化结合起来能做什么

数字化意识
数字化能做什么

数字化运营能力

数据分析	产品研发	数字化运营	数字化制造	数字营销
·商业智能研究 ·数据挖掘 ·数据分析	·产品设计 ·项目管理 ·算法及架构 ·软件及系统研发	·创新运营设计 ·质量测试 ·技术支持 ·流程自动化	·硬件技术 ·机器人与人工智能技术 ·先进制造技术	·营销自动化 ·新媒体运营 ·电子商务 ·新零售

数字化发展潜力

变革潜能	智力潜能	人际潜能	驱动潜能
在有巨大不确定性的情况下领导，在新且不熟悉的情境下交付，对引导变革有巨大的使命感	快速学习新知识和新技能，愈加的复杂性，长时间尺度，更大的大局远景，解决问题的多样性	新型和不同类型的关系，形形色色的人，更复杂的人际环境，更大的权利和政治因素	更大的挑战，更高的绩效期望，交付更大范围的结果，更大的工作量

来源：德勤、华为，《数字化技术加速人才转型》

图 8-12　数字化人才能力组合

数字化发展潜力接近于我们常说的素质层面的能力，**数字化运营能力**就是与数字化相关的专业能力。那么，**数字化领导力**又该如理解呢？我们可以从以下三个方面加以理解。

- **转型领导力**：一位真正的数字化领导者要能赋能身边的人。企业未来的领导者要为数字化带来的变化做好准备，不仅需要提升自我，还要带领团队主动变革，以适应新的时代。

- **商业洞察**：基于数据收集和数据分析，敏锐地发现商业机会，快速做出有效的战略决策。换句话说，商业洞察在某种程度上改变了领导决策的模式。

- **数字化意识**：在数字化时代，企业领导者不仅要具备传统的优秀素质，还要把自己的领导风格融入数字化的工作环境。敏捷的思维方式、快速的适应和转变、对未来需求的准确预期、旺盛的求知欲、提升技能的愿望都是数字化时代领导者应该具备的特质。

2. 企业数字化的人才类别

以上所述的**数字化人才能力组合**不可能集中在一两类人员身上。数字化转型需要组织内多个领域的人员参与，至少涉及以下几类典型人员。

- **数字化转型领导者**：他们主导数字化转型的愿景规划、推动组织转型及文化建设。究竟由谁来推动数字化是一个具有争议性的话题。从数字化转型推动者的职级来看，超过 1/3 的企业开始认识到数字化转型是一项"一把手工程"，应该由 CEO 直接推动。数字化转型负责人超过半数为业务负责人，其次是战略规划人员和管理咨询人员。这并无特殊之处，可以说，大型的组织变革基本上都是由"一把手"亲自操盘。例如，1998—2003 年，华为的 IPD、ISC 等组织变革都是由任正非和孙亚芳亲自挂帅。如何才能认清这一点？我们只要将数字化转型视为组织模式变革项目就容易理解了。如果我们将其视为信息建设一类的 IT 项目，就很容易走入歧途。

- **业务分析专家**：又称转译员。数字化转型与业务场景高度相关，比过去的流程变革、信息化建设的要求更高。转译员要理解业务场景，将业务需求与数字化技术能力匹配起来。

- **技术实现专家**：负责数字化技术改造，适配组织管理、营销管理、供应链管理等，类似于信息化建设过程中的 IT 工程师，包括系统架构师、开发测试人员等。
- **数据分析专家**：负责数据检索、收集和分析，在数字化转型的过程中扮演着重要角色。数字化技术打开了通向数据世界的大门，这些数据必须被揭示和理解，才能提供真正的价值。数据分析专家能够提供洞察力，支撑组织采用数据驱动的方法进行决策。

8.2.2 数字化时代的人才赋能成长

从某种意义而言，对于传统企业，数字化时代的人才赋能成长比其他背景下的人员赋能成长难度更高。

为什么这么说呢？这涉及向谁学习、学习什么的问题。

1. 向谁学习

对**非数字原生企业**而言，数字化转型是一个新生事物，完全依靠自己的力量实现转型基本上不太可能。总体而言，它们可以通过三种途径选择学习对象。

（1）**外部引入**。这种方法就是直接从外部引入"牛人"，然后依靠这个"牛人"带动内部团队推动数字化转型，在转型的过程中带领团队成长。

现在的困境是，我国数字化人才总量不足和结构性短缺并存，招聘市场竞争激烈。根据海德思哲的调查，在领先组企业中，有 63% 的企业的数字化转型负责人是从外部招聘来的，而对照组企业中仅有 31% 的企业选择了外部招聘。这表明，目前数字化转型人才在企业界依然属于较为匮乏的资源，企业往往需要从外部引进专业人才。

"牛人"一般有两个来源：一是数字化转型咨询服务人员，二是数字化转型比较成功的企业中的人员。对于第二类人员，企业最好是找"建过"数字化体系的人员，而不是"见过"数字化体系的人员。

这些"牛人"有哪些特征呢？前文已经阐述过，**前瞻性、强大领导力、灵活敏捷和勇于承担风险**是数字化转型领军人才的主要特征，仅仅具备数字化方面的专业能力是不够的。

（2）**项目学习**。一般来说，企业会从外部引入数字化转型咨询公司，在咨询项目的实施过程中，企业内部人员参与项目，实现学习和成长。这既是向他人学习，也是在实践中学习。

（3）**经验交流**。经验交流就是向其他优秀的数字化企业学习。经验交流有两个比较重要的时间点：第一个时间点是项目开始实施之前，数字化转型项目立项过程中。在这个时期向优秀企业学习可以避免一开始就犯错、少走弯路。第二个时间点是数字化转型推行一段时间之后，企业有了一些经验和感悟，也有了一些实践困惑的时候。这个时候向优秀企业取经，借他山之石解决数字化转型过程中的问题，往往效果不错。

2. 学习什么

数字化不仅要求企业提升人才的专业技能，还要求企业重构组织能力，包括思维方式、协作方式、组织方式的系统性转变，尤其是观念的转变。前文阐述**数字化人才能力组合**时介绍了一个模型，其中的**数字化发展潜力**就是我们所说的底层素质或潜质。从人才培养的角度而言，这是难以改变的，主要用于人才的选拔。因此，数字化转型的人才赋能成长应聚焦于**数字化领导力和数字化运营能力**，即与数字化转型相关的领导力和专业能力。下面以**转型领导力**为例，看看它如何助力于企业人才的赋能成长。

如前文所述，企业未来的领导者需要为数字化带来的变化做好准备，不仅要提升自我，更要带领团队主动变革，以适应新的时代。那么，我们应该如何确定转型领导力的赋能点，如何帮助团队转变呢？

（1）**营造数字化转型的紧迫感**。领导者要在组织内部营造数字化转型的紧迫感，要让大家理解不进行数字化转型就没有退路了，"狼"真的来了。

如果企业内部自满情绪很高，转型往往很难推动，因为人们对变革没有兴趣。如果你去推行数字化转型，他们就会抵制变革，认为你不识时务，与高层"唱对台戏"。我们都知道，数码相机最早是由柯达发明的，但是，在胶卷相机统治全球市场的时候，发展数码技术岂不是"自废武功"？因此，柯达采取的办法就是"雪藏"数码技术。但是，新技术终究是藏不住的，柯达被时代抛弃的命运也就在所难免。

哪些因素可能导致企业内部的自满情绪呢？典型的因素如下。

- **潜在威胁**：企业未面临重大且可见的危机。企业未亏损，未受到大规模裁员的威胁，竞争对手还没有打到家门口，媒体也没有报道企业的负面消息，企业业绩蒸蒸日上。总而言之，员工没有实实在在地感受到威胁。

- **绩效目标**：绩效衡量标准不具有挑战性，或者看绩效指标时只看自己，不与竞争对手对标。例如，企业内部看到企业今年的利润比去年上升了10%，却没有人看到利润率比3年前低了20%；看似利润率比去年提高了10%，但整个行业的利润率比去年提高了20%，企业的发展速度实际上是远远落后于行业的。

- **业绩总结**：看业绩多，看差距少。人们倾向于否定自己不愿意听到的事情，这也会助长自满情绪，让企业内部自我感觉良好。某大型集团公司每年的年终总结都是长篇大论地阐述今年取得的成绩，对公司存在的问题往往三言两语带过。我与他们的副总裁交流，他说这样做可以更好地鼓舞员工的士气。华为的做法正好相反，但我没有看到华为员工的士气不振，反而干劲十足。

那么，如何有效地建立、增强员工对数字化转型的紧迫感？建立紧迫感，仅仅靠领导说教是收效甚微的，最重要的是让企业内部真真切切地感知并看到危机。

- **感知危机**：创造一种危机，让员工感受危机的到来。例如，允许财务部门暴露企业亏损的状况，让管理者看到与竞争对手相比最大的弱点在哪里。当然，与标杆企业交流也是一种方法。

- **绩效指标**：设定具有一定挑战性的绩效指标，让相关人员很难轻易达成。同时，将绩效指标与组织目标、客户目标挂钩，避免从部门自身的视角衡量绩效。

- **客户交流**：坚持让各级管理者与不满意的客户、供应商及其他利益相关者交流，让各级管理者看到企业的差距和问题。例如，2021 年我为某企业提供管理咨询服务，为了帮助该企业解决订单交付延迟问题、提升客户满意度，我们带领合作方的项目成员一同去访谈客户，了解他们的痛点和诉求。

（2）**设计数字化转型的愿景**。从某种意义而言，领导力就是动员大家为了共同愿景而努力奋斗的艺术。

詹姆斯·M.库泽斯在其著作《领导力》中讲到，卓越领导者具有五种关键行为与十大承诺，"共启愿景"就是其中的一项关键行为，如表 8-1 所示。另外，世界级变革管理专家约翰·P.科特（John P. Kotter）在《领导变革》（*Leading Change*）一书中，也将"设计变革愿景"作为变革管理的关键要素。

领导者需要展望数字化转型成功的未来，想象令人激动的各种可能性，激发组织成员对数字化转型的热忱，提高大家的参与度。

不是"因为看见，所以相信"，而是要让大家"因为相信，所以看见"！数字化转型尚未成功之前，就要让大家憧憬数字化转型成功以后宏伟的"蓝图"。

表 8-1　卓越领导者具有的五种行为与十大承诺

五种关键行为	十大承诺
以身作则	1. 明确自己的价值观，找到自己的声音 2. 使行动与共同的价值观保持一致，为他人树立榜样
共启愿景	3. 展望未来，想象令人激动的、崇高的各种可能 4 描绘共同愿景，感召他人为共同愿望奋斗
挑战现状	5. 通过捕捉创意和从外部获取创新方法来寻找改进的机会 6. 进行尝试和冒险，不断取得小小的成功，在实践中学习
使众人行	7. 通过建立信任和增进关系来促进合作 8. 通过增强自主意识和发展能力来增强他人的实力
激励人心	9. 通过表彰个人的卓越表现来认可他人的贡献 10. 通过创造一种集体主义精神来庆祝价值的实现和胜利

来源：詹姆斯·M. 库泽斯，《领导力》

（3）**使众人行**。数字化转型必然会触动部分利益相关人。前文介绍过，转型过程中组织内部有四种反应。另外，这些人员受变革影响的程度及对变革影响的程度不尽相同，如表 8-2 所示。

表 8-2　利益关系人管理表 —— 受 / 对变革影响的程度

影响模式	影响程度：高（H）	影响程度：中（M）	影响程度：低（L）
受变革影响的程度	整个工作和部门完全改变	部分工作职责将重新定义	根本不会受变革的影响
对变革影响的程度	阻碍或促使变革的发生	使得变革更困难或更容易	对变革的发生没有影响或影响很小

　　针对行为表现不同的人员，分析其受变革影响的程度及对变革影响的程度，就可以对转型过程中不同的利益相关人采取不同的策略，如图 8-13 所示。转型领导力涉及的内容还有不少，限于篇幅，这里不再赘述。

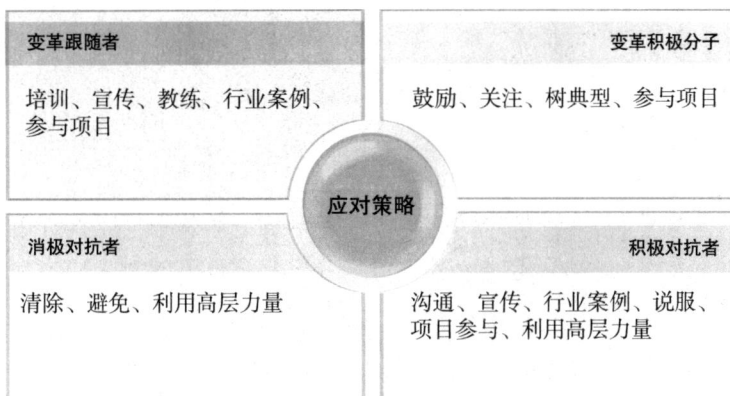

变革跟随者	变革积极分子
培训、宣传、教练、行业案例、参与项目	鼓励、关注、树典型、参与项目
消极对抗者	积极对抗者
清除、避免、利用高层力量	沟通、宣传、行业案例、说服、项目参与、利用高层力量

图 8-13　对不同的利益相关人采用不同的应对策略

8.2.3　打造全新的赋能型组织

前几年网上流传着一张六大科技公司组织架构图，如图 8-14 所示。

这张图是由 Web 设计师马努·科内特（Manu Cornet）绘制的，形象地描述了六大科技公司、组织架构的特点：亚马逊是典型的金字塔架构，森严有序；谷歌的架构有点类似鸟巢，庞杂散乱；微软的架构有点各自为政的味道；苹果则是以最高领导为中心。

这张图片在科内特的博客上发布之后，很快风靡网络，随后传入我国并在微博上引起了疯狂转发和火热讨论。我浏览了网上的评价，发现相当多的人从**管理幅度**和领导者的个人**影响力**这两个视角去解读这张图。

创新工场 CEO 李开复曾在微博上评论：过去苹果公司确实以乔布斯为核心；微软的确存在"军阀"文化；谷歌在施密特时代有较明显的矩阵结构特点；而 Facebook 是无边界的网状结构，既看不到领袖，也看不到下属，开放式网络平台构建了人人平等的组织体系。

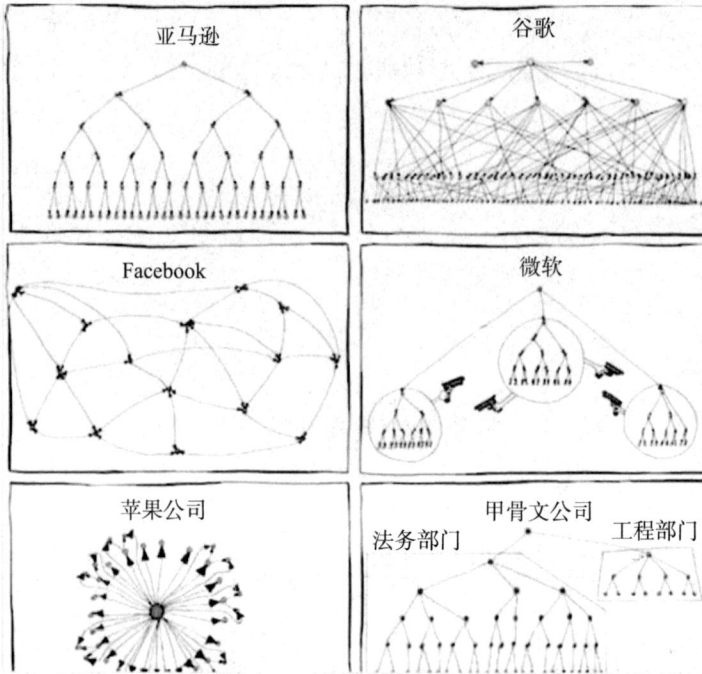

图 8-14　六大科技公司组织架构图

在数字化时代，企业更加强调创造力，组织正在被重新定义，组织的原则也需要进行相应的调整。未来，基于管理的传统模式必将让位于以赋能创新为核心功能的组织模式。创造力是未来最重要的生产要素，管理之所以要让位，是因为管理不能激发创造力，促成创造的唯一方法就是赋能。

管理和赋能到底有何不同之处？

在传统的管理理论中有一个很著名的论断：**一个人的管理幅度不应该超过 7 个人，也就是说直接汇报者不应该超过 7 个人**。显然，在 Facebook、谷歌等公司中，情况并非如此。Facebook、谷歌的领导者管理幅度通常是 20 多个人，有时甚至会达到三四十个。以传统的观点来看，这种安排无疑是极为出格的，它往往会带来团队效率低下、沟通不畅等恶果。

难道 Facebook、谷歌不知道管理幅度理论吗？答案当然是否定的。其实，

Facebook、谷歌这种组织设计背后的逻辑正是赋能。其内在原因有很多，最主要的是以下两个。

1. 领导者的目的不是管理，而是支持

在谷歌，领导者为团队全体成员提供创新上的支持和各种资源，帮助自己的下属取得更大的成绩。**领导者的目的不是管理，而是支持**，这与过去常说的领导和管理都不一样。**换言之，领导者的角色定位变了。** 当谷歌意识到这一点时，甚至有意让领导者拥有更多的汇报线，以打破他们习惯的管理幅度，逼着他们适应新的工作方式。马云在阿里巴巴也经常使用这个方法。对于某些习惯了传统管理方法的人，马云有时候会给他们安排远远超出他们管理能力的工作，让管理者没有时间和精力采用过去的管理方法，逼他们放弃老习惯，尝试新的赋能方法。

2. 团队成员的驱动力不再是劳动报酬，而是成就感和社会价值

丹尼尔·平克（Daniel Pink）在《驱动力》（*Drive*）一书中讲到，人类的行为受三种驱动力的影响。

- **第一种：生物性驱动力**。基本上对应于马斯洛需求层次模型的第一层（生理需求），人是生物，总要挣扎求生。
- **第二种：外在动机驱动力**。人做出特定行为时，环境会做出奖励或惩罚，人会做出回应。组织中的薪酬、绩效、晋升等激励体系，大部分仍属于这个层次。

奖励与惩罚只能带来短期的爆发，如同喝杯咖啡可以暂时提神，但其效果会逐渐消失，也会降低人们长期的工作积极性。

试想，牛顿、特斯拉、高斯、欧拉当年从事科学研究，还有大量的志愿者维护维基百科，有这两种激励吗？显然没有。1969 年，卡内基梅隆大学的

心理学研究生德西提出："人类有发现新奇事物、进行挑战、拓展并施展才能及探索和学习的内在倾向。"这种驱动力被称为"**驱动力 3.0**"，即去学习、去创造、去让世界变得更美好的动力。

在当今这个创造力革命的时代，自我激励是新生代员工的典型特征，他们最需要的不是来自外部的物质和精神激励，其最主要的驱动力来自创造产生的成就感和社会价值。这与传统的体力劳动者甚至一般的知识劳动者有本质上的区别。

第三种驱动力虽然更持久，但也比前两种更脆弱，需要合适的环境才能存在。正因为如此，未来组织最重要的功能应是提高组织整体的创造力，而赋能创造者是实现这一目标的唯一路径。如果我们理解了这样的发展趋势，从这个视角去解读上述公司的组织架构图，就理解了其中的奥秘。

8.3 人才成长的未来

8.3.1 智能学习时代已经到来

数字化技术不仅改变、颠覆了企业核心业务的运作模式，还改变了组织中人才学习成长的平台。技术的发展为我们创造了全新的学习环境。我们可以回顾一下，在过去短短的 10 来年时间里，人才学习与发展的工具和手段发生了多少显著的变化。我们获取信息的能力和效率比过去不知道提高了多少倍，越来越多的企业突破了传统培训方式的局限，转而运用数字化技术提高人才发展的效率和效果。

"互联网 +"时代的到来再次加速了人才学习与发展的变革，智能学习时代已经到来。如果说过去的学习与培训以老师和内容为中心，智能学习时代的人才发展将更加以人为本，以学员为中心。

过去，学习技术主要运用在学习内容的制作和学习内容交付渠道的便捷化上，主要还是从课程的角度开展数字化变革。当时，有不少学习平台直接将过去的培训录像复制到网上，就完成了线下到线上的转型。

现在，随着的 AI、IoT、AR、VR、大数据、云计算等技术的不断演进，学习技术的焦点集中在了学习动机强化、学习过程体验和学习结果分析上。这是从人的角度进行数字化变革，即通过更智能的技术应用（自适应、VR、模拟系统），让学员更深度地自主学习，进而达到提升学习效率和效果的目的。

8.3.2　重新定义学习成长模式

如前文所述，传统的人才成长模式是基于职业发展（能力）的人才发展模式，类似于"人才工厂"。不少企业投入大量资源，为员工系统地规划职业发展路径。按上述思路规划设计的员工职业发展路径如图 6-10 所示。这样的路径既可以用于领导力的发展，也可以用于各类专业能力的发展。

在职业发展路径的基础上，进一步识别成长过程中的关键里程碑和学习内容，并提供系统化、有层次的资源支持，这种思维的基本出发点是将员工个人的发展与组织的发展联系起来，最终实现双赢。基于职业发展（能力）的人才发展模式以专业为基础，立足于企业战略发展方向，并适度前瞻企业未来的人才需求，识别关键能力差距，辅之以**重点明晰、体系化、多手段**的发展体系；基于员工未来职业发展的需要，从任职资格的角度发展员工未来成长所需的能力和素质，努力做到将员工的职业发展与企业发展协调一致。

这种人才成长体系在过去行业发展相对稳定时是很有价值的，但在新的组织模式下存在明显的缺陷。这种职业发展路径主要基于**专业类别**构建，前提是组织运作相对稳定、技术迭代发展速度不是特别快。但是，现在组织发展越来越动态化，技术更新迭代速度越来越快，员工在组织中的发展路径呈现网状化的趋势，如图 8-15 所示。

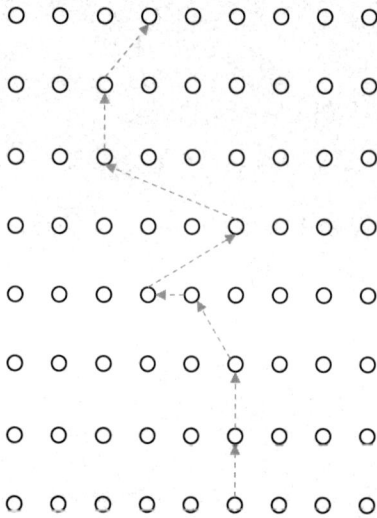

图 8-15　员工在组织中的网状化发展路径

行业环境变化越来越快，业务复杂多变，商业模式快速迭代，不少企业连战略都看不清。在这种大环境下，企业中的岗位会不断调整，岗位的职责会不断调整，随之而来的就是对员工的能力要求也在不断变化。再采用过去那种结构化的人才培养模式，显然已经行不通。在这样的情况下，**基于问题的人才发展模式**应运而生。

基于问题的人才发展模式，也可以称之为"**用以致学**"。该模式立足于企业当下需要解决的问题和员工的主要工作场景，帮助员工快速填补技能水平与绩效要求的差距，以实现"跑步上岗"、快速进入角色。正如本书第 2 章所述，基于问题的人才培养模式，用通俗的话说，就是采取"短、平、快"的方式，"急用先学"，帮助员工快速掌握、提升完成当前绩效目标所需要的能力，以达到企业绩效和个人绩效持续提升的目的。

未来，对大多数企业而言，基于问题的人才发展模式会逐渐占据主流，更好地帮助企业解决当前的业务问题，达成当前的绩效目标。当然，在解决问题、实现绩效目标的同时，员工的能力也提升了，但企业不会刻意、片面地强调帮助员工提升能力，更不会像过去那样前瞻性地培养未来可能用不上的各种能力。

8.3.3　重新定义学习体验

除了以学员为中心，各种数字化技术的应用也是智能学习时代的典型特征。数字化技术的发展不仅改变了人才培养的方式，还从**个性化、敏捷化、沉浸化和共享化**这四个方面带来了全新的学习体验，如图 8-16 所示。

个性化

人才发展呈现出越来越个性化的趋势，员工可以根据个人职业发展方向、兴趣爱好选择学习内容和学习方式。企业开始关注每一个人的学习成长需求，从"推"转向"引导"

沉浸化

"认知-运用-理解"三步式学习，通过模拟实际操作场景，使员工全身心投入学习过程，相比于传统的被动式教学，更强调员工主动学习与思考

敏捷化

智能移动终端为人才发展提供新思路，员工可以在任何时候、任何地点、学习任何内容，数字化技术让知识在"时间-空间-形式"产生多元组合，提供了"三个任何"的可能性

共享化

利用社交媒体的思维打造全新的学习模式，打破组织内部横向及纵向的壁垒，使员工能够通过知识共享，获取第一手学习资料，提倡"协作共享、共同成长"的学习文化

图 8-16　数字化时代全新的学习体验

1. 个性化

随着数字化的深入应用，人才发展呈现出越来越个性化的趋势，从过去的"大锅饭"转向关注每个人个性化的成长学习需求，从"推"（Push）转向"引导"（Guide）。员工可以根据个人职业发展方向和兴趣爱好选择学习内容

和学习方式。

培训课程目录曾是人才培训体系设计的一项重要内容，但在今天已经不是那么重要了。在互联网时代，人们对个性化、定制化体验的追求从来没有停止过。如同现在的线上购物页面，过去是"千人一面"，现在变成了"千人千面"。在人才发展的过程中，企业可以结合员工的职业发展规划、个人的能力特点、当前的绩效目标等，帮助员工设立定制化的个人目标，推送员工感兴趣的学习内容，最大化地创造以学员为中心的学习体验。

此外，企业还可以根据每个员工的不同特点创造差异化的学习体验。例如，在员工刚入职的时候，企业可以帮助员工了解工作岗位和企业文化，并与团队成员在线会面。随着员工职业生涯的发展与工作的转换，企业可以继续为员工提供持续学习的解决方案，学习模式已经转变为终身学习。未来，跟踪记录每个人的学习成长路径是完全可以实现的。

2. 敏捷化

过去，我们学习和培训时需要固定的场所，需要安排特定的时间段。电视、计算机、多媒体等技术手段逐渐打破了这种限制。当前，移动终端在便捷了人们生活的同时，也为人才发展提供了崭新的途径。我们现在获取信息、学习资源的便捷性在过去任何时代都是无法想象的。员工可以在任何时间、任何地点学习任何内容，数字化技术让知识在**时间、空间、形式**上产生多元组合，提供了"三个任何"的可能性。

我们过去学习和培训往往需要集中在某个整段的时间。如今，在数字技术的帮助下，我们可以利用各种平台，如微学习平台、间隔学习平台、移动阅读平台等，花很少的时间或碎片化的时间进行学习，但能达甚至超越过去的学习效果。

微学习平台可以向员工提供长度为1分钟左右的视频和音频课程，中间穿插模拟实践任务和小测试，通过微学习的方式增强员工学习成长的效果。

类似的技术都可以推动学习的敏捷化。

3. 沉浸化

通俗来说，**沉浸化体验就是一种身临其境的感觉**。

在数字化时代，各种新技术和新应用不断涌现，**员工可以通过模拟实际操作场景**，采用"认知—运用—理解"三步式学习法，产生一种置身于虚拟世界的感觉，这就是沉浸化学习。

在学习相对复杂的流程和工具时，沉浸化学习具有非常显著的优势。利用沉浸化的学习环境，员工可以全身心投入学习过程。通过虚拟技术让员工贴近工作实际场景，有利于学习成果的转化。相比于传统的被动式教学，沉浸化学习能更好地激发员工学习与思考的主动性与参与感。在全球范围内，许多企业在培训领域进行相关的尝试后，取得了良好的人才成长效果。

4. 共享化

各种各样的社交媒体，如微博、微信、QQ、领英等，大大增强了人与人之间沟通、共享信息的便捷性。以我个人为例，除了阅读图书、与他人沟通探讨，大部分知识和信息都是通过微信、今日头条之类的平台获取的。我还通过这些平台与他人分享信息，其时效性、便捷性是其他途径所无法比拟的。在短短的几年时间内，利用电子邮件传递学习资料的比例就大幅度降低了。

除了时效性、便捷性，共享化学习还打破了组织内部横向及纵向的壁垒，有助于建立**协作共享、共同成长**的组织氛围，促进员工之间的知识共享。员工在这种学习方式下获得了"社交（Social）＋学习（Learning）"的体验，这有利于经验、知识的沉淀与积累，加速企业内部知识与技能的复用。

对于这一点，任正非在 20 多年前就说过，**华为最大的浪费，不是金钱和物料的浪费，而是经验的浪费**。今天，从技术的角度而言，经验沉淀与复用已经很容易实现了。

除了学习成长过程的体验不同，学习成长的效果评估也可以实现动态化。随着 AI 技术的发展，基于学习者认知特点的自适应教学系统开始出现。

何谓自适应？

过去的学习和培训，都是老师将内容推送给学生，而且所有学生学习的内容也基本相同。自适应系统则能自动识别学习者的认知特点，为学习者提供符合其个人爱好的学习资源和学习方式。

除了学习内容、学习方式的改变，这些系统还可以在员工学完每个模块后对员工的学习过程和结果进行评价并生成成长报告，真正做到学习成长效果可验证、可体验。有些在线学习平台还能根据员工的能力差距、学习偏好绘制艾宾浩斯遗忘曲线（见图 8-17），进行大数据分析，为学员推荐下一阶段的学习内容。

这种"**自适应学习—动态评估学习效果—再自适应学习**"的迭代循环，如同线上游戏中的"打怪升级"，既可以精准匹配学习内容，也能即时检验学习成长的效果，还可以最大化地激发学员的**学习动机**，形成学习成长的闭环。

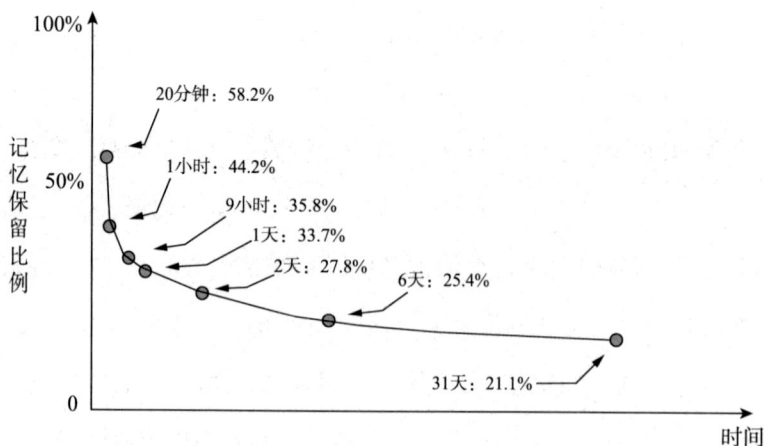

来源：赫尔曼·艾宾浩斯（Hermaan Ebbinghaus），《记忆》

图 8-17　艾宾浩斯遗忘曲线

小结

- 数字化转型已经不再是一道选择题，而是企业的一道必答题。企业必须重新思考如何创造价值及如何通过改变运营模式获取价值。

- 数字化运营的核心在于洞察导向与敏捷反应，这也是实现数字化转型的两大基础，二者相互促进，助力企业实现持续改进。

- 数字化转型所需人才的能力可以分为数字化领导力、数字化运营能力、数字化发展潜力这三个层次，本质上就是在胜任力模型的架构基础上增加了数字化的元素。

- 智能学习时代已经到来，学习成长模式正在被重新定义。数字化技术的发展不仅改变了人才培养的方式，还从个性化、敏捷化、沉浸化和共享化这四个方面带来了全新的体验。

1. 柯氏四级评估介绍

柯氏四级评估（Kirkpatrick Model）是美国威斯康星大学（Wisconsin University）的国际知名学者唐纳德·柯克帕特里克（Donald Kirkpatrick）于1959年提出的，是世界上应用最早、最广泛的培训评估工具之一，在培训评估领域拥有难以撼动的地位。

柯氏四级评估又称 4R，主要内容如下。

- 第一级——反应（Reaction）评估：评估被培训者的满意程度。
- 第二级——学习（Learning）评估：测定被培训者的学习获得程度。
- 第三级——行为（Behavior）评估：考察被培训者的知识运用程度。
- 第四级——成果（Result）评估：计算培训创造的经济效益。

柯氏四级评估的具体内容如表 1 所示。有些企业在此基础上发展出了第五级评估——ROI 评估。但实际上，柯氏四级评估的第四级评估已经包含 ROI 评估。

表 1 柯氏四级评估

评估层级	评估内容	评估方法	评估工具
反应评估	• 培训的组织实施 • 培训的后勤支持	• 通过问卷调查做即时评估 • 进行小组座谈做后续调研 • 分析数据信息后撰写评估报告	• 评估问卷 • 小组讨论访谈提纲
学习评估	• 知识掌握 • 技能掌握 • 态度改变	• 通过测试进行知识评估 • 运用工作模拟法或培训前后自我评估比较法进行技能评估 • 态度评估：采用培训前后自我评估比较法，并结合心得报告	• 知识类测试问题基本标准 • 综合评价中心法评估量表 • 自我评估量表（技能） • 态度调查表
行为评估	• 新知识、新技能的应用情况 • 工作行为的变化	• 行为评估：对学员培训前和培训后一段时间的工作行为分别进行评价，判断学员的行为是否发生改变 • 行动计划法：先制订行动计划，然后沟通与确认行动计划，对行动计划进行追踪，最后进行效果分析并撰写评估报告	• 行为评价量表（自我评估） • 行为评价量表（下属评估） • 行动计划示例 • 行动计划调查问卷示例
成果评估	培训之后的员工绩效及员工所在机构的整体绩效的变化	• 绩效评估法：分析比较培训前后学员的绩效是否改善。影响绩效的因素比较多，需要排除组织环境、外部环境等因素的干扰 • 绩效目标法：首先设定绩效目标和计划，然后跟踪绩效目标执行情况，最后进行效果分析并撰写评估报告 • ROI 法：通过计算培训项目的 ROI 确定培训效果	• 绩效改进计划示例 • 培训项目成本分析表示例 • ROI 法

　　显然，评估的层级越高，干扰因素越多，操作难度越大。大多数企业运用柯氏四级评估时都只能做到反应评估和学习评估，即第一级和第二级评估，少数企业能做到第三级评估，能够做到第四级评估的企业可谓凤毛

麟角。

2. 第一级评估——反应评估

反应评估就是大家所熟知的培训满意度调查，培训结束时就可以进行。它主要是从培训内容安排、培训课堂组织、讲师授课技巧等方面对培训效果进行评估。培训满意度调查表如表 2 所示。

表 2 培训满意度调查表（示例）

评估项目			满意 → 不满意				
项目		评估内容说明	5	4	3	2	1
课程评估	1	课程能达到我的期望，符合我参加培训的目的					
	2	课程内容逻辑清晰，理论基础能与实际相结合					
	3	课程内容符合我的工作需要，具有较好的指导性					
	4	课程内容丰富且易于理解和学习					
培训讲师评估	5	培训讲师有充分的准备，能满足培训需求（授课内容完整表达、案例举证和时间分配适当等）					
	6	培训讲师对培训内容有丰富经验并有精辟见解					
	7	讲师表达技巧良好（口齿清晰、语调生动、语速音量适中、肢体语言适当等）					
	8	课程互动性良好，鼓励学员参与，引导学员思考					
培训效用	9	我很乐于参与本次培训，学到了许多知识与技巧					
	10	我将运用在课程中学到的知识，并将其运用于实际工作					
总分							

培训满意度调查对课程设计、讲师安排、课程组织方面的效果检验有帮助，但它对检验学员的学习效果没有指导意义。

3. 第二级评估——学习评估

第二级评估就是检验学员在培训结束时是否掌握了培训传授的知识与技能。若是知识类的内容，则一般采取考试的方式，如同学习驾驶的理论知识；若是技能类的内容，则采取测试的方法，如同学习驾驶实操技能中的停车、斜坡起步等。

这种测试模式很容易理解，也相对容易操作。但是，我们无法确定参加培训的人员能否将他们学到的知识与技能应用到工作中，这里面存在态度层面的问题。

华为做第二级评估时采用"训后应用案例"的方式。也就是说，学员是否真正掌握培训所教授的知识和技能必须通过实际工作过程予以展现，要有具体的应用案例。例如，某培训专员（张三）参加"员工培训运作管理培训"项目后对培训内容进行具体应用，公司以绩效考核、绩效面谈的方式对该员工的应用效果进行评估，如表3和表4所示。

表3 员工训后应用绩效评估表

指标/工作项目	目标值或评价标准			权重	绩效完成情况及评价				
	底线值	目标值	挑战值		完成情况	自评	上级确认	加权得分	绩效评定
培训计划完成率	80%	100%	无	20%	100%	3	3	0.6	按照正态分布确定原则，绩效结果判定为D
培训满意度	60分	80分	90分	30%	90分	5	5	1	
课程开发完成率	80%	100%	无	10%	75%	1	1	0.1	
制定内部培训师选拔方案	未通过领导审批	通过领导审批	一次通过领导审批	10%	一次性通过	5	5	0.5	

（续表）

指标／工作项目	目标值或评价标准			权重	绩效完成情况及评价				
	底线值	目标值	挑战值		完成情况	自评	上级确认	加权得分	绩效评定
体系外部审核	有不符合项	无不符合项	获得外审专家表扬	20%	出现1项一般不符合项	1	1	0.3	按照正态分布确定原则，绩效结果判定为D
新员工上岗培训	记录不完整	记录完整	无	10%	记录完整	3	3	0.3	
				100%				2.8	
注：A代表卓越，B代表优秀，C代表合格，D代表待改进，E代表不合格									

表4　员工训后绩效面谈记录表

绩效面谈记录表			
部门	人力资源部	面谈时间	20××年8月4日
被面谈者	姓名：张三		职位：培训专员
面谈者	姓名：李四		职位：HR经理

优秀的工作表现：

1. 内部培训师方案设计质量高，一次性通过，获得总经理的高度认可。

2. 培训组织工作做得很好，培训满意度达到90分，非常好。

3. 校园招聘配合工作做得很好，获得招聘团队同事的多次认可。

欠佳的工作表现：

1. 课程开发工作进度滞后，需要提高效率。

2. 体系外审有1项一般不符合项，影响顺利通过认证，需要重视并尽快改进。

改进与提升的重点：

1. 课程开发。计划与课程开发部门经理沟通，争取获得支撑。需要多与课程开发人员沟通并考虑制定一份激励方案，在本周内完成，确保本月课程开发工作达标。

2. 体系外审工作。本月中旬要求企管部体系工程师帮助做一次内审，尽快完善和补充缺失记录和资料，争取下次审核一次性通过。

3. 继续保持培训组织工作的质量，持续提高培训的满意度。

被面谈者签字：张三　　　　　　　　　　　　　　　　　　**面谈者签字：李四**

4. 第三级评估——行为评估

第三级评估即员工行为评估。所谓行为评估，就是在培训之前和培训结束一段时间之后，对照学员训前、训后的行为表现，评估学员在多大程度上通过培训而产生了行为上的改进。

如前文所述，第二级评估无法确定学员能否将他们学到的知识与技能应用到工作中，而第三级评估恰恰针对这一点。行为评估的核心是回答一个问题："学员在工作中使用了他们所学的知识和技能了吗？"只有学员真正将所学的东西应用到工作中，才算是达到了培训的目的。训后行为改进效果评估表如表5所示。

表5 华为人才培养项目的训后行为改进效果评估表

训后应用及行为改进计划				
序号	应用及改进项目	具体措施/内容	评价标准	完成时间
1				
2				
3				
应用及行为改进计划确认		学员签名：	部门主管签名：	
学员部门主管对学员训后应用实际效果进行评价：				
训后应用及行为改进效果： • 优秀（　） • 良好（　） • 较差（　）		原因说明： 部门负责人签名：　　　　日期：		

训后行为改进效果评估主要针对培训结束后有明确应用项目的行为改进，相当于有"课后作业"的评估。对于某些管理行为，就算没有明确的应用项目，也可以采用行为评估方法。例如，我服务过的某家企业希望评估**中层管理者绩效管理学习效果**，当时也做了行为评估，评估问卷如表6所示。需要说明的是，类似的行为评估表（问卷）必须结合企业的业务场景进行设计，切不可简单地照抄照搬。

表6 绩效管理学习效果行为评估问卷

个人绩效管理推行效果调研问题（总监级管理者）	评分					
	8~10分	6~8分	4~6分	2~4分	0~2分	N/A
1 在制订中心（部门）的年度、季度工作计划时，我经常组织本中心（部门）人员一起研讨，将中心（部门）的工作计划合理地分解给中心（部门）员工						
2 对于中心（部门）员工的重点工作计划，我都能将其纳入员工的PBC						
3 我给中心（部门）员工设定PBC时能使其与员工的岗位职责相匹配、有完成质量和时间的要求、衡量标准清晰、可执行性强						
4 安排工作任务时，在考虑员工现有能力和精力的情况下，我会有意识地安排一些具有挑战性的工作任务，激发员工的成长动力，促进员工能力提升						
5 在设定中心（部门）员工的PBC时，我会与员工进行沟通并达成一致						

（续表）

个人绩效管理推行效果调研问题（总监级管理者）		评分					
		8~10分	6~8分	4~6分	2~4分	0~2分	N/A
6	我清楚中心（部门）每位员工PBC的关键环节，并设定了关键监控检查环节						
7	我会定期或不定期检查员工PBC完成情况，尤其是PBC的关键环节，分析判断存在的问题和风险，必要时采取有效措施						
8	对于中心（部门）员工，我能够基于客观事实和评价标准进行绩效考核						
9	做绩效考核时，对于中心（部门）员工，我能够基于贡献的差异拉开考核结果的差距						
10	我能够通过持续的绩效辅导和沟通帮助中心（部门）员工认识到自身的不足，改进工作方式，提升能力和绩效						

显然，相比于反应评估、学习评估，行为评估的难度要高很多，主要原因有以下几个方面。

- 员工改变行为需要时间，间隔时间太短就难以观察到行为改变的效果。如果行为已经变成了习惯或形成了企业文化（企业文化归根结底是员工行为的文化），改变起来就更加困难。

- 员工改变行为往往需要离开舒适区，但对任何人来说，离开舒适区都是比较痛苦的。

- 对培训前后行为改变的评估依赖于问卷调查，也取决于参与问卷调查的人员所做的自我评估的客观公正性。

5. 第四级评估——成果评估

人才培养做到第四级评估是非常困难的，因为影响绩效的因素有很多，而培训影响绩效的路径太长，很难分清楚哪些绩效改善是培训带来的。

影响个人绩效的因素如图1所示，能力只是其中的一个要素。培训主要影响个人能力，但其他因素对绩效目标达成的影响也是非常大的。

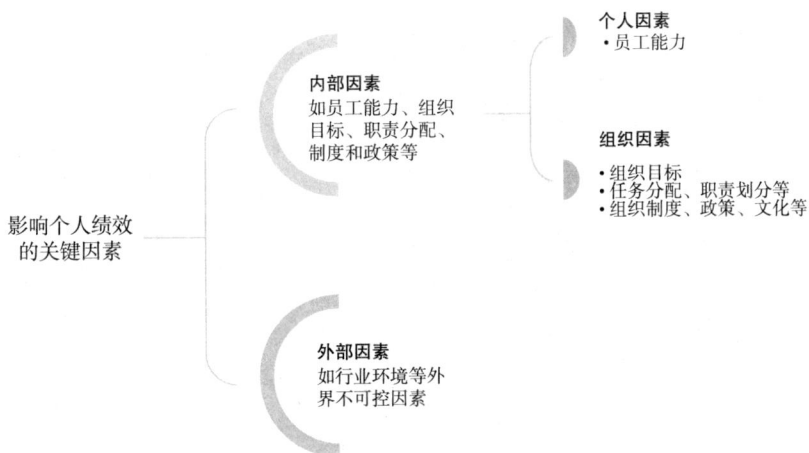

图 1　个人绩效的影响因素

华为接近做到了第四级评估，这已经是国内企业的"天花板"了。华为采取的评估方法是对一些 KPI 做训前、训后对比，培训评估报告示例如下。

××××培训评估报告

一、项目背景

二、项目实施情况

三、学员主管反馈

四、学员反馈

五、项目成果及效果分析

序号	姓名	读书心得评价	作业得分	应用案例评价	训后工作改进计划评价	KPI 对比	绩效整体回顾

六、不足与持续改进措施

参考文献

[1] 拉姆·查兰，杨懿梅. 贝佐斯的数字帝国 [M]. 北京：机械工业出版社，2020.

[2] 拉姆·查兰，诺埃尔·蒂奇. 良性增长 [M]. 北京：机械工业出版社，2019.

[3] 拉姆·查兰，斯蒂芬·德罗特，詹姆斯·诺埃尔. 领导梯队 [M]. 北京：机械工业出版社，2011.

[4] 詹姆斯·M.库泽斯，巴里·Z.波斯纳. 领导力：第 5 版 [M]. 北京：电子工业出版社，2013.

[5] 约翰·P.科特. 领导变革：珍藏版 [M]. 北京：机械工业出版社，2021.

[6] 埃里克·施密特，乔纳森·罗森伯格. 重新定义公司 [M]. 北京：中信出版社，2019.

[7] 卡罗尔·德韦克. 终身成长 [M]. 南昌：江西人民出版社，2017.

[8] 詹姆斯·罗宾斯. 敬业 [M]. 北京：世界图书出版公司，2004.

[9] 丹尼尔·平克. 驱动力 [M]. 北京：中国人民大学出版社，2012.

[10] 曾鸣. 智能商业 [M]. 北京：中信出版社，2018.

[11] 黄卫伟. 以奋斗者为本 [M]. 北京：中信出版社，2014.

[12] 范金. 任职资格与员工能力管理：第 2 版 [M]. 北京：人民邮电出版社，2011.

[13] 罗伊·波洛克，安德鲁·杰斐逊，卡尔霍思·威克 . 将培训转化为商业结果：第 3 版 [M] . 北京：电子工业出版社，2017.

[14] 陈威如，余卓轩 . 平台战略 [M] . 北京：中信出版社，2013.

[15] 庞涛 . 华为训战 [M] . 北京：机械工业出版社，2021.

[16] 孙科柳，丁伟华 . 华为大学 [M] . 北京：电子工业出版社，2019.

[17] 黄卫伟 . 走出混沌 [M]. 北京：人民邮电出版社，2002.

[18] 沙莎 . 赢在当下 [M] . 上海：上海交通大学出版社，2020.

[19] 林光明，徐志红 . 谁才是真正的高潜质人才 [J]. 商业评论，2012（7）：80-89.

[20] 德勤，华为 . 数字化技术加速人才转型 [Z] . 2017.

[21] 德勤 . 数字化时代的运营模式 [Z] . 2018.